진주 농민운동의 역사적 조명

진주 농민운동의 역사적 조명

진주농민항쟁기념사업회, 경상대학교 경남문화연구원

역사비평사

책을 내면서

1862년 진주농민항쟁이 일어난 지 140년이 흘렀다. 그동안 농민항쟁과 관련된 글들은 여러 편 나왔다. 특히 새로운 시각의 도입과 함께 민중사나 사회운동사에 대한 관심이 고조되던 1980년대 이후 농민항쟁에 관한 연구는 체계성과 구체성을 한층 더 높여갔다. 이젠 종전에 구태의연하게 사용되던 '민란'이란 용어도 학계에서 사라지고, 변혁운동의 시발점으로서 '농민항쟁'이란 용어가 일반화되고 있다.

그러나 일반사람들의 농민항쟁에 대한 관심은 아직도 낮은 편이다. 기존 교육체계에서 주입해왔던 민란이라는 막연한 인식에서 벗어나지 못했기 때문이다. 1862년 전국적 농민항쟁의 시발점이었던 진주농민항쟁을 자랑스럽게 여겨야 할 진주지역의 주민들조차 이에 대한 인식은 미미한 편이다. 학교현장에서 일부 교사들이 적극적인 자세로 농민항쟁의 의미를 알리고 지역 매스컴에서도 이에 대해 다각적으로 홍보를 했지만, 아직 주민들의 인식은 전과 별로 달라진 것 같지 않다.

2001년 가을, 진주지역에서는 진주농민항쟁 140주년을 맞이하여 이 운동을 새롭게 되새겨보고 이를 창조적으로 계승해가기 위해 '진주농민항쟁기념사업회'가 창립되었다. 농민항쟁을 기리는 기념조형물을 세우고 기념공원도 조성하려고 한다. 진주농민항쟁의 내용과 성격을 좀 더 체계화하기 위해 이와 관련된 자료발굴에도 관심을 쏟고 있다. 항쟁에 연루된 분의 자손들을 추적하고 이들이 조상의 행적을 자랑스럽게 생각하도록 다각적으로 홍보하는 방안도 구상하고 있다. 또 진주농민항쟁과 관련된 유적지 및 농민군 행진로와 관련된 답사 코스도 개발하고 안내원도 훈련하여 관심을 가진 타 지역 사람들에게 진주농민항쟁을 현장에서 되돌아보게 하는 기회도 마련하고자 한다. 아직 구체적인 것은 아니지만, 농민항쟁이 일어났던 다른 지역과의 연대사업도 구상하고 있다.

 이와 함께 진주농민항쟁 140주년을 맞이하여 분위기를 새롭게 하는 의미에서 경상대학교 경남문화연구원과 공동으로 기념 학술행사를 마련했다. 이 행사는 2002년 3월 29일과 30일 이틀 동안 학술대회와 유적지 답사를 중심으로 진행되었다.

 특히 학술대회에서는 과거 진주농민항쟁뿐만 아니라 그 이후 진주 지역에서 농민운동의 흐름이 어떻게 전개되어왔고, 앞으로의 과제는 무엇인가를 진단해보기 위해 "진주지역 농민운동의 역사적 조명"이라는 주제를 내걸었다. 학술대회는 시대별로 5개 주제로 나누어 5명이 각각 발표하고, 각 주제에 내정된 토론자가 문제점과 과제를 제시하고 토론하는 형태로 이루어졌다.

 이 책은 이러한 과정을 거친 후 발표자들이 자신들의 논고를 다시 수정 보완한 것으로, 그 다섯 편의 구성은 다음과 같다. 우선 「1862년 농민항쟁과 진주」(송찬섭)는 진주농민항쟁과 관련된 지금까지의 연구성과들을 종합하면서 농민항쟁의 전과정을 재정리하고 있다. 이전에 밝혀지지 않았던 많은 인물들이 구체적으로 소개되고, 농민항쟁 주도층의 성격도 좀더 분명하게 제시되고 있다. 「1894년 진주 인근에서의 동학군 봉기」(김준형)도 이전에 발표자가 내놓았던 연구를 기본으로 하면서 새로 발견된 자료를 통해 여러 가지 사실들을 추가하여 진주지역 동학군 봉기의 양상과 성격을 밝히고 있다.

「1920년대 진주지역 농민운동」(오미일)은 그동안 여러 연구들에 부분적으로 소개되었던 일제시대 진주지역 농민운동을 종합적으로 정리해서 서술하면서 진주지역 농민운동의 선구적 역할에 주목하고 있다. 「해방 직후 진주지역의 농민운동」(장상환)은 해방 직후 진주지역에서는 다른 지역에 못지 않게 건국준비위원회・인민위원회와 함께 농민운동이 활발했지만, 정세 변화와 함께 농민운동이 침체될 수밖에 없었던 상황을 서술하고 있다.

마지막으로 「진주지역 농민운동의 현단계」(정진상)는 한국전쟁 이후 맥이 끊어졌던 농민운동이 1980년대 이후 현재까지 전개되는 양상과 그 지역적 조건을 몇 시기로 나누어 살펴보고, 현재도 진주지역이 전국 농민운동에서 중요한 위치를 차지하고 있음을 밝히고 있다. 그리고 책의 말미에는 학술대회 종합토론의 내용을 그대로 채록하여 실었다.

여기에 수록된 글들을 보면 진주지역은 근대 초기 농민항쟁 이후에도 농민운동에서 선구적 역할을 해왔고 지금도 농민운동의 중심지적 역할을 하고 있는 특이한 지역으로 부각된다. 실제 진주지역은 농민운동에서뿐만 아니라 (한국인에 의한) 최초의 지방신문으로 『경남일보』를 창간한 것이나 형평운동・소년운동 등의 발상지 역할을 했던 데서 드러나듯이, 여러 사회운동 부문에서 뚜렷이 부각되는 지역이다. 현재 진주농민항쟁을 새롭게 기리는 것도 그것이 단순히 과거에 일어났던 사건에 머무는 것이 아니라 오늘날에도 이어지는 살아있는 역사적 사건이기 때문이다.

  민족적인 문제는 지역사회에도 내재되어있다. 우리 사회가 안고 있는 문제를 거창하게 민족적 차원에서 제기하고 실천하는 것도 중요하지만, 진주라는 특수한 지역적 조건에 맞는 차원에서 과거 농민운동의 흐름과 오늘 우리 지역사회의 상황을 돌아보는 것은, 소박하기는 하지만, 의미가 있다고 생각한다. 이런 작업이 밑바탕이 되어야 전국적이고 민족적 차원의 문제도 체계적으로 논의될 수 있을 것이기 때문이다.

  이 책이 만들어지는 과정에는 많은 분들의 도움이 있었다. 학술대회에 참석해주신 발표자와 토론자들의 적극적인 관심과 진주농민항쟁기념사업회, 경남문화연구원 임원 분들의 끊임없는 조언이 아니었으면 책 발간이 어려웠을 것이다. 특히 책이 발간되는 과정에서 많은 고생을 한 조교 심인경 군의 노고에도 감사드린다. 끝으로 책 출간을 쾌락해주신 역사비평사의 여러 분에게도 심심한 사의를 표한다.

2002년 12월
경상대학교 경남문화연구원장

☑ 책을 내면서 · 4

1862년 농민항쟁과 진주 / 송찬섭

1. 머리말 ·· 13
2. 19세기 진주의 환곡문제와 저항 ··· 16
3. 1862년 진주농민항쟁의 준비과정 ··· 24
   1) 이회 개최와 항쟁의 준비 · 24
   2) 민회 개최와 항쟁으로의 전환 · 36
4. 농민항쟁의 전개과정 ·· 44
   1) 항쟁 발발과 면리별 집결과정 · 44
   2) 진주목과 우병영 공격 및 읍 공격 · 46
   3) 외촌 지배세력에 대한 공격 · 50
   4) 농민군 해산 및 이후의 활동 · 53
5. 맺음말 ·· 54

진주 인근에서의 동학군 봉기 / 김준형

1. 머리말 ·· 59
2. 진주지역의 역사 · 지리적 조건 ··· 60
   1) 지리적 입지 · 60
   2) 진주지역 사족층의 침체 · 65
   3) 영남지역 민란의 확산과 배왜의식 고조 · 67
3. 진주 인근의 동학군 봉기와 패퇴 ··· 72
   1) 9월 봉기 이전 동학도의 활동 · 72
   2) 진주 동학군의 봉기와 활동 · 80
   3) 일본군 · 관군과의 전투와 패퇴 · 88
4. 동학도의 추구목표와 이후 추이 ··· 93
5. 맺음말 ··· 101

1920년대 진주지역 농민운동 / 오미일

1. 머리말 ··· 105
2. 농민운동단체의 결성과 조직적 발전 ···································· 106
   1) 조선노동공제회 진주지회의 결성과 조직 발전 · 106
   2) 진주노동공제회 해체와 진주군농민조합의 결성 · 117
3. 지도부의 성격과 변화 ·· 121
4. 소작조건 개선운동 ·· 127
   1) 진주노동공제회와 지주회의 소작조건 개선안 · 127
   2) 소작운동의 주요 현안 · 132
   3) 소작운동의 지도 · 134
5. 맺음말 ··· 138

해방 직후 진주지역의 농민운동 / 장상환

1. 머리말 ··· 141
2. 미군정의 농업정책 ·· 143
   1) 토지정책 · 143
   2) 식량정책 · 144
3. 진주지역의 자주적 민주국가 수립운동과 농민조합 건설 ········· 146
   1) 인민위원회 건설 · 146
   2) 농민조합의 건설 · 153
4. 미군정의 좌익과 농민운동 탄압 ··· 157
5. 모스크바삼상회의 결정과 좌우익의 대립 ····························· 161
6. 1946년 4월의 대탄압 ··· 165
7. '10월 인민항쟁'과 농민운동 ·· 169

1) '10월 인민항쟁'·169
   2) 좌우익 대립의 격화·176
8. 단독정부 수립을 둘러싼 좌우익의 대립 ·················· 183
9. 맺음말 ··· 189

진주지역 농민운동의 현단계 / 정진상

1. 머리말 ·· 193
   1) 한국 농민운동의 특징·193
   2) 진주의 지역적 성격·195
2. 진주지역 농민운동의 전개 ································ 197
   1) 태동기(1980~1986)·197
   2) 형성기(1987~1992)·204
   3) 성장기(1993~1997)·207
   4) 고양기(1998~   )·213
3. 농민운동의 조직 ··· 221
   1) 진주농민회·221
   2) 진주여성농민회·225
   3) 연대조직과 연대투쟁·226
4. 협동사업 : 우리영농조합법인 ···························· 229
   1) 우리영농조합법인 창립과정·229
   2) 우리영농조합의 조직과 사업·231
   3) 협동사업의 의의·234
5. 맺음말 ·· 237

   ▨ 종합토론 : 진주지역 농민운동 연구의 현황·239

진주 농민운동의 역사적 조명

1862년 농민항쟁과 진주 / 송찬섭
1894년 진주 인근에서의 동학군 봉기 / 김준형
1920년대 진주지역 농민운동 / 오미일
해방 직후 진주지역의 농민운동 / 장상환
진주지역 농민운동의 현단계 / 정진상

1862년 농민항쟁과 진주

송 찬 섭*

---

1. 머리말
2. 19세기 진주의 환곡문제와 저항
3. 1862년 진주농민항쟁의 준비과정
    1) 이회 개최와 항쟁의 준비
    2) 민회 개최와 항쟁으로의 전환
4. 진주농민항쟁의 전개과정
    1) 항쟁 발발과 면리별 집결과정(14~17일)
    2) 진주목과 우병영 공격 및 읍 공격(18~20일)
    3) 외촌 지배세력에 대한 공격(20~23일)
    4) 농민군 해산 및 이후의 활동(23일 이후)
5. 맺음말

---

1. 머리말

조선말기 삼남을 중심으로 수많은 고을에서 터져나왔던 1862년 농민항쟁이 올해로 140주년을 맞았다. 그간 이 사건에 대해서는 연구성과가 상당히 축적되면서 인식도 새로워졌다. 먼저 '사회를 어지럽히는 사건'이라는 누명에서 벗어나 1894년 농민전쟁과 더불어 반봉건 민중운동의 선봉으로서 당당히 자리매김되었다. 같은 맥락이라고 볼 수 있겠지만, 1862년 한 해에 일어났으나 우연히 일어난 사건이 아니라는

---

* 한국방송대학교 교양교육원 교수

점에서 다양한 역사적 배경이 짚어지고 조직, 활동, 역사적 성격 등에서 체계적인 연구가 이루어졌다.

진주농민항쟁은 1862년 농민항쟁 가운데서도 가장 중심적인 사건으로 인식되었다. 단성과 더불어 가장 먼저 일어난 데다가 사건의 양상이 심각했고 규모가 컸기 때문에 정부에서도 매우 주목했다. 이 때문에 안핵사, 선무사 등 중앙관리들이 파견되었고 이들이 작성한 비교적 자세한 자료들이 남아있다. 따라서 현재 대부분의 개설서와 교과서에서는 농민항쟁이 진주 중심으로 서술되어있다.

농민항쟁에 관한 그간의 중요한 연구성과를 간단히 정리해보자. 1950년대 후반에 시론적 연구로서 제기되었으나,[1] 출발은 다른 분야보다 늦었다고 하겠다. 북한에서는 이 분야에 대한 관심이 다소 앞서서 1960년대 초에 농민항쟁의 초석이 될 만한 상당히 정치한 연구가 이루어졌다.[2] 그 뒤 1960년대 말부터 1970년대에 걸쳐서는 실증적 연구가 다수 이루어졌다. 특히 연대기와 당시 농민항쟁에 관한 여러가지 자료를 묶어서 간행되었던 『임술록』(1958년 간행)을 이용하여 농민항쟁의 전개과정과 삼정이정의 진행과정을 자세히 다루었다.[3] 1980년대에 들어 새로운 성과들이 많이 나타났는데 농민항쟁을 보는 시각이 한층 확대되었다고 평가된다.[4] 직접적인 사건 자체만이 아니라 향회, 민

---

1) 김용섭,「철종조 민란 발생에 대한 시고」,『역사교육』, 1, 1956.
2) 김석형,「진주농민폭동과 각지 농민들의 봉기」,『봉건지배계급을 반대한 농민들의 투쟁(이조편)』, 과학원출판사, 1963.
3) 김진봉,「임술민란의 사회경제적 배경」,『사학연구』, 19, 1967 ; 박광성,「진주민란의 연구-이정청의 설치와 삼정교구책을 중심으로」,『인천교육대학논문집』, 3, 1968 ; 박광성,「임술민란의 연구」,『인천교육대학논문집』, 4, 1969.
4) 망원한국사연구실,『1862년 농민항쟁』, 동녘출판사, 1988 ; 안병욱,「19세기 임술민란에 있어서의 향회와 요호」,『한국사론』14, 1986 ; 이영호,「1862년 진주농민항쟁의 연구」,『한국사론』, 19, 1988 ; 이윤갑,「19세기 후반 경상도 성주지방의 농민항쟁」,『손보기박사 정년기념 한국사학논총』, 1988 ; 오영교, 「1862년 농민항쟁 연구-전라도지역의 사례를 중심으로」,『손보기박사 정년

회, 초군, 두레 등 관련된 조직과 요호부민 등 주도층에 대한 논의 등이 이루어졌다. 그리고 이 시기에는 새로운 자료들이 많이 발굴되면서 연구를 한 단계 높이는 데 크게 기여했다. 농민항쟁 연구의 초석이 된 『임술록』이 간행된 이후 『진양초변록(晉陽樵變錄)』, 『진주초군작변등록(晉州樵軍作變謄錄)』, 『진주민변록(晋州民變錄)』, 『분독공휘(汾督公彙)』, 『촉영녹초(矗營錄草)』 『용호한록(龍湖閑錄)』 등 새로운 자료가 많이 발굴되었다. 연대기에서도 『왕조실록』, 『비변사등록』을 넘어 『승정원일기』, 『일성록』 등 훨씬 풍부한 자료가 이용되기 시작했다. 그 뒤 농민항쟁 연구는 한동안 뜸하다가 1990년대 후반에 그간의 연구성과를 종합적으로 정리한 연구가 나왔다.5) 여기서는 농민항쟁 연구에서 가장 관심이 높았던 주도층 문제를 3계열로 나누었으며, 운동의 전개과정도 정소운동과 민란단계로 나누어 치밀하게 분석하고 있다. 한편 최근 진주농민항쟁에 관한 대중용 개설서가 간행된 점도 주목된다.6) 대중용 서적이란 일반적으로 그간의 연구성과를 쉽게 풀어쓰는 데 있는데, 이 경우 지역에 관한 답사와 관련자들 가문을 조사하는 등의 새로운 작업이 추가되어있어 가치를 더해주고 있다. 앞으로 농민항쟁에 관한 통사와 중요한 자료집을 간행한다면 일차적 연구는 마무리되지 않을까 생각된다.

  이 글은 이러한 근래의 성과를 바탕으로 본인의 이전 논문에서 미흡했던 점을 보완하고자 한다. 무엇보다 항쟁의 전개에 관한 사실관계 해명에 초점을 맞추고자 한다. 항쟁은 결국 참여하는 사람들이 중요한

    기념 한국사학논총』; 송찬섭, 「1862년 진주농민항쟁의 조직과 활동」, 『한국사론』 21, 1989 ; 김인걸, 「조선후기 촌락조직의 변모와 1862년 농민항쟁의 조직기반」, 『진단학보』 67, 1989.
 5) 김용섭, 「철종조의 민란발생과 그 지향」, 『동방학지』 94, 1996(『한국근대농업사연구』 3, 지식산업사, 2000에 재수록)
 6) 김준형, 『1862년 진주농민항쟁』, 지식산업사, 2001.

데, 당시 주모자들이 가졌던 생각과 이용했던 조직 그리고 활동양상을 들 수 있다. 지금까지 1862년 농민항쟁에 관한 연구가 적지 않지만 개별 읍에 따라 이같은 전개과정에는 차이가 있으므로 다양한 사례들을 모아서 전체 상을 만들어나가는 일이 필요하다고 본다. 따라서 그간의 성과를 바탕으로 진주농민항쟁에 관한 조직과 활동 그리고 평가 등을 정리하여 사건을 좀더 구체적으로 이해하는 데 도움이 되고자 한다.

2. 19세기 진주의 환곡문제와 저항

진주는 경상우도에서 가장 중심이 되는 고을이었다. 진주를 중심으로 지리산 동쪽 일대에 거창, 함양, 안의, 합천, 단성, 초계 등이 하나의 경제권을 형성하고 있었다. 토지는 약 1만 5,000결 정도이며[7] 호구수는 19세기는 약 1만 5,000호 정도였다.[8]

18, 19세기에 들면서 환곡이 진주의 재정운용에서 특히 중요한 재원으로 등장했다. 진주는 읍의 규모가 컸으므로 이에 비례하여 환총도 매우 많은 편이었다. 대체로 각곡 6~7만 석, 쌀로 환산한다면 4만 석 정도였다.[9] 19세기에 들어 어느 정도 늘어났으나 큰 폭은 아니었다.

진주의 재정결손은 크게 이무와 이서의 포흠에서 연유한 것이었다. 이는 대부분 다른 군현의 경우와 다를 바 없었다. 진주농민항쟁의 원인이 "이서의 포흠을 농민들에게 거둔 때문(吏逋徵民)"이었다고 할 만큼 이포는 매우 큰 문제였다. 철종 9년에는 그동안 쌓인 포흠[流來還

---

[7] 庚子量案 이래 1만 5761결 22부 3속으로 고정되었다.
[8] 『戶口摠數』(1789년)에는 1만 5,028호, 『慶尙道邑誌』(1832년)에는 1만 5,671호로 기록되었다.
[9] 『곡부합록』, 『日省錄』 정조 14년 6월 13일, 16책, 138쪽.

逋이 6만여 석이라 하는데 이는 계속적으로 축적된 결과라고 하겠다.10)

이같은 환곡 문제 때문에 농민항쟁 이전부터 농민들의 반발은 있었다. 1849년에는 박수익(朴守益) 등이 10년 사이에 환곡의 양이 5만 석에서 15만 석으로 늘어나 빈호가 감당할 수 없다며 격쟁의 방법으로 호소했다.11) 그 결과 민은(民隱)에 관한 문제를 함부로 격쟁했다고 하여 그는 처벌받았고, 그 뒤 항쟁의 중심인물이 되었다.

1855년부터 포흠을 채우려는 목적으로 결렴이 행해졌는데, 이 때문에 농민들이 다시 저항했다. 관의 용도를 위해 민결에 결당 2냥씩 거두었는데, 이 또한 처음에는 1년에 한 차례씩이었으나 최근에는 몇 개월간 잇달아 거두었다고 한다.12) 그 결과 1859년까지 5년간 18만 3,900여 냥을 거두었으며, 여기에 저항하여 진주의 대소민인들이 연장(聯狀)을 올려 저항했다.13)

진주민은 환곡 문제를 해결하기 위해 여러 차례 저항했는데, 처음에는 체제가 허용하는 등소의 방법을 사용하여 호소했다. 이 시기에도 민은에 관하여 관에 소청하는 것은 허용되었다. 농민항쟁 발발 이후 경상감사의 장계에서 병영과 진주목의 완포대책 때문에 진주인의 고통을 받고 있음을 인정하면서 "억울한 일이 있으면 관에 정소하여 법에 따라 판결을 내린다"14)고 했듯이, 민이 합법적으로 관에 호소하는 방법은 있었다. 이는 읍 차원에만 한정된 것이 아니라 감영, 비변사 등

---

10) 『日省錄』 철종 9년 3월 21일, 암행어사 徐相至 別單 ; 철종 10년 12월 17일, 63책, 43쪽, 朴承圭 原情. 그런데 1859년 목사 南芝薰에 의하면 전체 포흠액은 10만여 석이었다고 한다.
11) 위의 책, 철종 즉위년 11월 19일.
12) 위의 책, 철종 10년 6월 19일.
13) 위와 같음. 그러나 감영조사에서는 9차례에 걸쳐 12만 5,000여 냥을 거두었다고 한다(『비변사등록』 246책, 철종 10년 10월 29일).
14) 『日省錄』 철종 13년 2월 29일.

상위 관청에까지도 가능했다. 당시 비변사에서도 "관에 정소를 올려 들어주지 않으면 감영에 정소하고 감영에 정소하여 들어주지 않으면 비변사에 정소하고 그래도 들어주지 않으면 꽹과리를 울리고 북을 치며 왕에게 호소하는 것이 모두 가능하다"고 했다. 읍 - 감영 - 비변사 - 왕이라는 소청체계가 법적으로 존재했던 것이다.

진주민들도 이러한 절차를 밟아나갔다. 처음에는 읍에 등소하고 감영에 의송을 보냈다.15) 그런데 앞에서 보았듯이 결렴은 진주만의 사례가 아니라 중앙의 포흠충완에 대한 대책으로 행해졌으므로 읍 차원에서 해결되기 어려웠다. 따라서 1859년에는 마침내 집단상경하여 비변사에 연장을 올리고 호소했던 것이다. 진주의 지리적 위치를 감안할 때 집단상경은 진주민들의 의지가 어느 정도였는지를 충분히 보여주는 일이었다. 이에 대해 중앙에서는 포흠한 자에게서 충완하고 결렴을 혁파하라고 지시하고, 아울러 1855년 이래 결렴에 관여된 수령들을 처벌하도록 했다.

이는 결렴이 불법적 수취라는 점을 인정하는 정도의 현상적 조치에 불과했을 뿐, 포흠에 대한 실질적인 대책을 마련한 것은 아니었다. 그렇기 때문에 결렴은 쉽게 포기되지 않았다. 그 뒤 곧 1861년 5월에도 당시 신임목사였던 신억(申㐫)이 매결 2냥 5전씩 결렴을 수봉하려 했다.16) 그로서도 달리 포흠을 채우는 방법을 마련할 수 없었기 때문이다. 이때 진주민들은 결렴을 거부하고 유계춘이 중심이 되어 비변사에 등소하려고 준비하자 목사는 결렴을 포기했다.17)

---

15) 가령 유계춘의 공초에 의하면 "邑訴營訴 作爲生涯"라고 했듯이, 진주에서도 읍과 감영에 호소하는 방식이 보편적으로 행해졌음을 알 수 있다(『임술록』, 24쪽).

16) 『진주초군작변등록』 6호문서(이 문서는 김석형 논문에 부록으로 수록되어 있다) ; 이명윤, 「被誣事實」(하현강, 「이명윤의 「피무사실」에 대하여」, 『사학연구』 18, 1964에 수록).

수령과 진주민 사이에 환곡을 둘러싼 마찰은 오랫동안 계속되었다. 농민들의 끊임없는 반발로 말미암아 환곡의 수봉은 부실했고, 이 때문에 수령이 자주 교체되었던 것 같다. 환곡 포흠이 발생한 때부터 이후 약 15년 동안 진주목사가 16번이나 바뀌었던 것이다.[18] 신억의 경우도 반년 만에 교체되었다.

1861년 겨울 홍병원(洪秉元)이 신임목사로 부임하면서 다시 결렴을 계획했다. 그는 부임 직후인 1861년 11월에 이웃 산청, 창녕 현감과 함께 창고조사를 했는데, 이때 환곡의 실태를 비교적 자세히 파악할 수 있었다.[19] 그 결과 진주의 관곡포흠은 1847년 이래 일어났으며, 현재 포흠한 자들 가운데 과반이 도망하거나 죽었으며, 환곡장부가 분실된 것이 많았다고 한다. 그가 조사한 결과는 환총절미 4만 7,386석 가운데 ① 조포배납조(漕逋排納條) 8,836석, ② 배납기유년조(排納旣有年條), 이무신환조(移貿新還條) 9,090석, ③ 지징무처(指徵無處) 2만 8,649석 등이었다.

여기서 ③은 수봉할 곳이 없어서 전혀 조치할 방도가 없는 것으로 그 액수는 전체의 약 60%에 달했다. 이 부분에 대해 목사는 7년간 이자를 제하고 배봉하여 환곡이 적은 읍으로 이송하여 징수하도록 건의했다. 수령의 입장으로서는 가장 해결이 시급한 부분이었으며 읍의 부담을 최소화하려고 꾀했다. 그러나 이 액수는 결코 "징수할 곳이 없다(指徵無處)"고 할 수 없으며, 뒤에서 보듯이 이서층 등이 수취체제를 이용한 포흠이었다.

②는 배납한 지 이미 오래되었거나 이무를 통해 늘어난 액수였다. 일반적으로 배납의 경우 사실상 수봉이 어려웠으므로 오래된 배납은

---

17) 이명윤,「被誣事實」.
18) 『日省錄』 철종 10년 6월 19일.
19) 위의 책, 철종 12년 11월 28일.

독봉한다고 하더라도 충완하기란 매우 힘들었다. 따라서 이 액수도 곧 민의 부담으로 넘겨지기 쉬웠다.

①의 경우 조운선 사공과 관련된 환포로서 최근에 배납한 액수였다. 그러나 사실상 조포(漕逋)의 주범은 경저리(京邸吏)였던 것으로 보인다. 당시 조운선 사공이 세미(稅米)를 상납하면서 정비(情費)가 부족하자 경저리 양재수가 돈을 빌려주었다. 그러다가 1857년 봄에 이무미 8,000석(2만 4,000냥)을 감영으로부터 얻어서 이 가운데 1만 4,000냥은 자기가 빌려준 돈이라고 가져가고, 나머지 1만 냥을 우조창의 속읍에 나누어주고 식리를 하여 13년 동안 분납하도록 했다.20) 그러면서도 매년 이자조로 3,050냥을 뜯어냈으니 엄청난 고리대였다. 결과적으로 경저리는 이무미 8,000석으로 고리대를 운영하면서 그 환납의 책임을 사공들에게 돌린 셈이었다. 사공들은 그 액수를 감당하기 어려웠으므로 이 액수가 거의 환포로 잡혀있었다.

이처럼 조사에 의하면 실제로 창고에 보관되어있는 환곡은 거의 없었다. ③은 아예 걷는 것이 불가능하고, ①·②의 경우도 다만 포흠한 자를 파악하고 있을 따름이었다.

위의 포흠실태도 ①·②번에 해당된다. 개별적인 액수도 상당하며, 특히 하리 4명이 평균 1,500석씩 포흠했듯이 직책을 이용한 조직적인 포흠임을 알 수 있다. 그러나 이들보다 더 큰 범포자들이 있었다. ③에서 보듯이 60%에 달하는 '지징무처'의 주체를 주목할 필요가 있다. 홍병원의 조사보고에는 이 부분이 철저히 숨겨져있었다. 여기에 대해서는 항쟁이 일어난 뒤 안핵사로 파견되었던 박규수에 의해 어느 정도 밝혀졌다.21)

박규수가 조사한 바에 의하면 누락되었거나 그동안 변동이 있었던

---

20) 『임술록』, 사포장계, 10쪽 ; 『진양초변록』, 우조창사공정우안핵사.
21) 『임술록』, 사포장계, 9~10쪽.

것까지 계산하면 환총이 모두 5만 498석 4두 4승 3작이었다. 이 가운데 비변사의 명령에 의해 "받을 수 없는 것으로 처리된(未捧懸錄)" 8,000석 등을 제하면 4만 1,697석 12두 3승 4작이었다. 박규수가 다시 밝혀낸 포흠의 범인은 경저리와 목사, 대구영장 등이었다. 이 가운데 경저리 양재수는 바로 1861년 조사 때 조포의 실질적인 범인이었고, 그밖에 경저리와 지방관들이 '지징무처'의 주체였다. 수령은 부세수취의 최고 책임자로서, 경저리는 수취운영과정에 개입하면서 불법을 일삼았다. 특히 이들은 자신의 지위를 이용하여 감영으로부터 자의적으로 이무를 얻어 착복하고는 전임 이방이라든가 저채 채무자 등의 이름을 장부에 올리고 자신들은 빠져나갔다. 이들은 읍의 자체 조사에서는 대체로 드러나지 않았고, 지방관의 비호 아래 중앙으로부터 탕감조치를 받거나 민에게 전가하려고 했다. 따라서 홍병원의 보고에서도 이들에 대해서는 전혀 언급되지 않았다.

한편 경상감사는 홍병원의 조사에 의거하여 그 해결책으로서 '지징무처' 2만 8,000여 석에 대해 이자를 받지 않고 배봉하고 환곡액수가 적은 읍으로 이송하여 수세할 것을 건의했다. 중앙 차원에서 해결되기를 바랐던 것이었다.

비변사로서도 탕감 또는 "이자를 제한 분납 방식(除耗排捧)"을 점차 규제하는 마당인지라 이러한 요구를 받아들이기는 어려웠다. 도리어 감사를 처벌하고 환포 가운데 8,000석에 한하여 탕감하고 나머지 2만 석은 반드시 수납하도록 했다. 범포자에 대해서는 효수 또는 도배(島配)에 처했다. 중앙에서는 문제가 발생했을 때 처벌에만 중점을 두었을 뿐 실질적인 대책은 마련하지 못했다. 그러면서도 포흠곡에 대해서는 책임수납을 강요함으로써 그 부담이 결국 진주민에게 떠넘겨졌다.

홍병원은 다시 전임자들과 마찬가지로 민결(民結)에 부담시키는 도결을 시도했다. 그는 향회를 소집하여 사족 중심으로 도결에 대해 논의하도록 하고, 각 면의 부세 담당자인 훈장들을 차출하여 불과 수십 명의 의사로서 도결을 결정했다.22) 이때 결당 부담액수는 6냥 5전에 달하여 이전의 결렴이 2냥 5전이었던 데 비해 훨씬 많았다.23) 당시 진주의 토지면적은 1만 5,761결로서 실결을 1만 결로만 잡아도 도결액수가 6만 5,000냥이 되는데, 이는 약 2만여 석에 해당된다. 따라서 환포 총액을 한꺼번에 해결하려는 의도가 드러난다.

1861년 12월 도결이 결정되자 진주민들은 진주목과 감영에 다시 이것의 부당함을 호소했다.24) 그러나 별 효과가 없었다. 그러던 중 진주에 위치한 우병영에서도 진주목의 도결 결정을 틈타 병영의 환곡 포흠을 해결하고자 했다.

조선후기 병영의 재정구조는 병영곡을 확보하여 이를 병영소재지와 각 읍에 분급하여 환곡의 원곡을 삼게 하고, 그 모조를 수입원으로 했다. 그래서 우병영에도 환곡량이 10만 석이 넘을 정도로 매우 많았으나, 19세기에 들면서 중앙관서의 재정이나 흉년의 진휼에 활용되면서 많이 줄어들어 4~5만 석 정도였다.25) 이 때문에 부족한 재정을 채우기 위해 사설곡을 늘이거나 분급률을 높이고 화폐와 쌀값의 차이를 이용하는 고리대적 운영을 강화했다.

순조 6년 병사 조문언(趙文彦)의 환곡수탈은 대표적인 사례였다.26) 그는 환곡을 고가로 늑봉하고 다음해에 헐가로 곡식을 구입하여 채워 넣는 방식으로 많은 이익을 취하고 병고전(兵庫錢)을 높은 가격으로 수봉하는 등 폐단이 매우 심하여 진주 사민들이 비변사에 정소를 했다. 그런데 소장을 만들었다는 이유만으로 사족 하진영(河進英), 박천건(朴

---

22) 『진주초군작변등록』 6호문서 ; 권병천, 『幽窩居士遺稿』 권2, 한중만록.
23) 『日省錄』 철종 13년 7월 5일, 李寅命 서계.
24) 권병천, 앞의 책.
25) 송찬섭, 『조선후기 환곡제개혁연구』, 서울대 출판부, 2002. 141~149쪽.
26) 『日省錄』 순조 6년 5월 28일. 『各樣報草謄書』, 병인(1806) 5월 일 啓草.

天健) 등을 병영으로 끌어다 곤장을 쳐서 죽을 지경으로 만들 정도로 탄압하다가, 결국 처벌을 받았다.27) 당시의 분위기를 짐작할 수 있는 사건이다.

이처럼 분급이 늘어나고 고리대적 운영이 강화되면서 포흠도 늘어날 수밖에 없었다. 1862년경 우병영의 환향곡은 모두 3만 9,218석 9두 7승 6작인데, 그 가운데 1846년 이래 이서 김희순 등이 포흠한 액수가 2만 4,154석 4두 5승 7작으로 전체 액수의 약 60%에 달했다.28) 당시 우병영의 환곡은 중앙에서는 아직 문제가 되지 않았으나 병영에서는 환곡이 유일한 재정기반이었던 까닭에 진주목의 도결을 기회로 하여 이 문제를 해결하고자 했다.

물론 이러한 환포과정에 끼어든 수령의 사욕도 포함될 수 있었을 것이다. 우병사 백낙신은 1859년 전라좌수사로 근무할 때도 농민들에게서 환포를 거두어들여 상당한 액수를 착복한 적이 있었다.29) 그는 1862년 1월에 들어 읍내 두민들을 불러모아 회유, 협박을 가하여 약 6만 냥을 통환으로 충납하도록 결정했다.30)

이 때문에 농민들의 여론이 비등해졌다. 도결에 뒤이은 통환의 시행으로 농민들의 분노는 매우 컸다. 통환이 종종 대표적으로 거론되는 점으로 봐서도31) 통환의 비중은 적지 않음을 알 수 있다.

---

27) 이 때문에 조문언은 체포되어 처벌받고 장흥으로 유배당했다(『日省錄』 순조 6년 6월 4일, 16일, 17일).
28) 『임술록』, 사포장계, 12쪽.
29) 『비변사등록』 246책, 철종 10년 9월 20일.
30) 『임술록』, 재계, 8쪽.
31) 예를 들면 유계춘의 공초에는 "當初通還之論汝矣(유계춘-필자)之主之"라고 기록되었고, 가서의 정원팔과 청암의 강천여가 유계춘에게 보낸 편지에서 "吾輩五六里方以通還革罷次入邑"이라고 했다(『진주초군작변등록』 6호문서).

3. 1862년 진주농민항쟁의 준비과정

1) 이회 개최와 항쟁의 준비

(1) 이회의 개최 - 등소 단계

항쟁의 초기 논의는 지도인물들이 거주하던 유곡(杻谷)에서 몇 차례 회합을 통해 진전되었다. 이것이 이른바 '이회(里會)'였다. 동리단위로도 동계나 모임이 있었으나 여기서의 이회는 이(里)의 일상적 집회라고 보기보다 축곡리에서 있었던 주동자들의 모의를 편의상 이같이 일컬었던 것이다. 즉 공개적인 모임이 아니라 주도층이 결성되는 과정이었다. 여기서 읍의 폐막이 거론되고 그에 대한 대책이 논의되었으며 항쟁이 결정된 후에는 대중을 모으기 위한 통문 작성 등 구체적인 작업이 진행되었다.

구체적으로 날짜가 드러나는 것은 1월 30일 이웃 산기촌(山岐村)에 있는 사노(私奴) 검동(儉同) 집에서의 모임이다. 여기에는 유계춘, 이명윤 그리고 동리사람 여러 명이 참석했다.[32] 모두 이곳에서 구체적으로 통환과 도결을 타파하려는 논의가 있었다.

여기서 유계춘, 이명윤이 중심적 역할을 했다. 이명윤(1804~1863)은 본관이 전주이고 정종의 열째아들인 덕천군(德泉君) 14세손이다. 1836년(헌종 4)에 문과를 급제하여 성균관, 사헌부, 사간원, 홍문관 등 주로 청직을 맡았다. 철종대에 들어서는 홍문관 부교리, 교리 등을 제수받았으나 사양하고 향리에 은거했다. 그는 전직 조관 출신이어서 향촌에서도 상당히 명망이 있었고 경제적으로도 여유가 있어 지주였다고 보

---

32) 『임술록』, 32쪽. 유계춘은 여섯번째 공초에서 이 모임에 대해 처음으로 밝혔다.

인다.33) 그러나 이 시기에는 재지사족들의 세력이 약화되었고 수령이 향회를 부세운영에 활용하고자 하는 상황이었기 때문에 그는 아예 향회에 참석조차 하지 않았다.34) 이때 도결 통환이 결정되어 조관 출신인 그에게까지 부담이 지워지자 불만이 매우 컸다. 그는 직접 목사에게 도결에서 제외시켜줄 것을 요청했으나 거절당했다.35) 이 때문에 그는 초기 항쟁 논의과정에 참가하게 되었고 읍회 개최를 적극적으로 지지했다. 그의 지위나 명망은 준비활동에 어느 정도 도움이 되었다.

유계춘(1815?~1862)은 본래 진주 원당리(元堂里) 원당촌(元堂村) 출신이었다. 그는 문화 유씨로서 남명 조식의 제자 가운데 한 사람인 유종지(柳宗旨)의 9세손인데 후대로 내려가면서 몰락양반으로 떨어졌던 것으로 보인다.36) 그는 부친 지덕(之德)이 일찍 죽은 후 홀어머니 진양(晉陽) 정씨 밑에서 성장했다. 35세 되던 해(1850년경)에 어머니를 따라 원당에서 가까운 축곡리 내평촌으로 이거했다.37) 그는 토지와 같은 경제적 기반이 없었기 때문에 몰락양반에 해당하며 정소 등을 맡으며 향론을 주도한 농촌지식인이라고 볼 수 있다.

두 사람은 이 지역 유력사족과 몰락양반의 대표격으로 설정할 수 있다. 다만 두 사람의 관계는 썩 좋은 것은 아니었던 듯하다. 앞서 1861

---

33) 가령 초군들이 축곡에 들어왔을 때 그의 집에서는 솥을 4, 5개 내걸고 거의 100명의 식사를 담당했다고 한다(『임술록』, 32~33쪽).
34) 이명윤, 「피무사실」.
35) 『임술록』, 32쪽. 한편 이명윤은 자신이 조관 출신이므로 도결, 통환과 관계없다고 주장했다(「피무사실」). 그러나 단성 김인섭의 경우에도 조관이면서 부세문제를 거론하는 점으로 보아 자신의 변명서인 후자보다는 전자의 사료가 신빙성이 있어보인다. 또는 이때까지는 결렴이 탈급되었으나 이해에 새로이 도결을 결정할 때 탈급되지 않았다고 가정할 수 있다. 만일 그렇다면 향사에 전혀 간여하지 않았던 그가 갑자기 읍회 개최를 주도하는 등 적극적으로 참여하고자 한 이유가 어느 정도 설명된다.
36) 이명윤도 그를 유반이라고 불렀듯이 양반임을 인정했다(「피무사실」).
37) 『진주초군작변등록』 12호문서.

년 5월 비변사 등소건 때문에 사이가 좋지 않았다고 한다. 곧 이때 등소를 하기 위해 자금을 모았다가 목사가 결렴을 포기하는 바람에 등소를 하지 않아도 되었다. 여기서 남은 돈을 유계춘이 취했다고 한다. 그는 고을민에게 고소를 당하여 감옥에 갇혔다. 그의 어머니는 이명윤에게 목사를 만나 부탁할 것을 요청했다. 그러나 이명윤이 이를 들어주지 않아 서로 사이가 좋지 않았던 것이다. 그러다가 1862년 이회를 열 무렵에 '억지로' 감정을 풀었다고 하는 것으로 보아 진심으로 보기는 어려울 것이다.38)

그러나 두 사람은 이 무렵 서로 공조했다. 유계춘 공초에 의하면, 이때 이명윤이 도회소(都會所)를 수곡장시(水谷場市)로 정하자고 하면서 유계춘에게 통문을 만들어 발송할 것을 권했다고 한다.39) 그리고 유계춘이 관의 처벌을 염려하자 이명윤은 자신이 처리해주겠다고 자신있게 말했다고 한다. 이 점을 볼 때 통문 발송자는 유계춘이지만 이명윤 등 사족들도 관여했음을 알 수 있다. 이날의 모임 직후 이명윤은 인접한 가이곡(加耳谷)에 가서 그곳 사족인 정수교(鄭守敎, 子若), 정광덕(鄭光悳, 乃明) 등과 만나서 읍회에 대해 논의했다. 이들은 읍회에 찬동하면서 이명윤이 선두에 설 것을 요구했다.40) 이 때문에 이명윤이 읍회를 개최한 주모자라는 소문이 나돌게 되었고, 뒤에 그가 모의에서 탈락한 후에도 병영이서들이 그를 찾아가 수곡도회를 금지시켜줄 것을 요청하기도 했다.41) 이처럼 이때 수곡도회를 열 것을 결정했으며 이를

---

38) 이명윤, 「피무사실」. "이번 봄에 억지로 그와 그동안의 감정을 푼 지 며칠 되지 않았다"고 하는 점으로 보아 등소에 즈음하여 서로 화해했다고도 볼 수 있다.
39) 『임술록』, 32쪽.
40) 위와 같음. '李敎理往加耳谷歸後楊言曰 鄭子若鄭乃明等謂以此事 不可不如 老兄先宣力 以爲革罷之地云云'.
41) 이명윤, 「피무사실」.

알리는 통문을 여러 면리에 발송했다. 통문 내용은 통환과 결렴을 혁파하자는 것이었다.42)

등소를 전제로 한 읍회를 여는 일에는 유력사족들도 적극적으로 참여했음을 알 수 있다.43) 이들은 다음 두 가지 측면에서 초기에는 반관투쟁에 관심을 두었다. 첫째, 경제적 측면에서 그들 또한 도결, 통환의 영향을 받았다. 원칙적으로 그들의 토지도 도결에서 제외되지 않았던 것이다. 당시는 작인(作人)에게 전세를 전가하는 것이 이 지역의 관행이었다고 하더라도 작인이 파산하여 세를 물지 못하면 지주에게 되돌아갈 수 있듯이, 그들의 토지에 부과되는 세 자체가 토지경영에 부담을 주었다. 둘째, 사회적 측면에서 이미 수령과 이서들의 통제를 받을 정도로 사족의 권위는 하락되어있었다. 앞에서 보았듯이 관에서 향회를 열어 사족들의 참여를 독려하여 부세수취를 합리화시키는 데 이용될 정도였다.44)

박규수는 항쟁 시초에 통문을 돌리면서 사람을 모으는 과정이 있었음에 주목하여, 이를 주도한 자는 당연히 글을 알고 동시에 지벌이 있어서 향촌 내에서 세력이 있는 자라고 보았다.45) 박규수가 사족 또는 요호호민을 지목하는 이유는 여기에 있었다. 그리고 그 대표적 인물로 이명윤을 들었는데 그와 의견을 같이하는 가이곡의 정수교, 정광덕도 비슷한 처지였다고 볼 수 있다.

도회 통문이 나돌자 병영의 이속이 이명윤을 찾아와 통환에 대한 견해를 묻고 도회를 열지 못하도록 요청한 것도46) 그 때문이었다. 그는

---

42) 『분독공휘』, 2월 20일, 상묘당각처서.
43) 이들이 곧 박규수가 말하는 **饒戶豪民**에 해당되었다(『진양초변록』, 안핵사 박○○계초초군작변후각인등봉초발사).
44) 이명윤, 「피무사실」.
45) 『임술록』, 5쪽, 도진주행관각읍.
46) 이명윤, 「피무사실」.

고을 일에 관여하지 않겠다는 의미에서 요청을 거부했는데, 조관 출신의 유력사족으로서 관에 이용당하지 않겠다는 입장을 견지한 것으로 해석할 수 있다.

(2) 이회의 발전 – 항쟁준비 단계

이때까지 '이회'는 등소를 목표삼아 읍회를 준비하는 과정이었다. 그런데 통문을 발송한 이후 유계춘을 중심으로 한 일부 세력은 계획을 바꾸었다. 한 단계 차원 높은 대응이 모색되었던 것이다. 이는 농민들의 요구에도 불구하고 관에서 도결과 통환을 강행했기 때문인 듯하다. 다음의 사건이 그 구체적인 증거이다. 즉 통문 발송 직후인 2월 1일 축곡에서 서쪽에 위치한 가서(加西)의 정원팔(鄭元八)과 청암(靑巖)의 강우묵(姜宇默, 千汝) 등이 유계춘에게 편지를 보내어 그곳 5, 6개 동리에서도 통환을 혁파하기 위해 읍으로 쳐들어가겠으니 유계춘의 동리에서도 참여할 것을 권하였다.47) 그곳에서도 별도로 통환에 대한 논의가 진행되었고, 그 결과 읍내에 들어가 등소하기로 결정했던 것 같다. 그러던 차에 축곡에서 통문이 발송되자 같이 "읍으로 들어가(入邑)" 등소하자고 요구했던 것이다. 그러나 유계춘은 '등소'를 목표로 삼고 있지 않았기 때문에 가서 쪽의 제안을 거절했다.

가서 쪽은 어떤 행동을 취했을까. 먼저 이들은 예정대로 읍에서 등소를 벌였다고 추측할 수도 있다.48) 그랬을 경우 이 사건은 이후 항쟁에 상당히 영향을 주었을 수 있다. 왜냐하면 이들이 요구한 통환 혁파는 실제로 받아들여지지 않았으며, 당시의 일반적인 관례를 본다면 오히려 이들은 관의 처벌받았을 가능성이 크기 때문이다.49) 다음 이들은

---

47) 『진주초군작변등록』 6호문서.
48) 위와 같음. 유계춘은 공초에서 같이 가자고 권유받았으나 "우리 동은 가지 않았다"고 말한 점에서 이들은 예정대로 들어갔다고 유추된다.

'입읍'을 포기하고 수곡도회 쪽을 택했을 수도 있다. 실제로 주모자인 청암의 강우묵은 수곡도회에 참여했다.

어떤 경우든 유계춘 등은 더 적극적인 항쟁의 방향을 모색할 수밖에 없었다. 2월 2일 박수익(숙연) 집의 모임에서 이러한 변화가 보인다. 사료상으로는 박수익 집에서 여러 차례 모임이 이루어졌던 것 같다.50) 그러나 언제부터 몇 차례에 걸쳐 이용되었는지는 알 수 없다. 박수익은 1850년에 환곡부담이 많다고 격쟁까지 한 인물로서 교유범위로 보아 양반으로 추정된다.51) 이때도 역시 적극적으로 활동했다. 그가 항쟁과정에서 뚜렷한 활동을 하지 않았음에도 나중에 효수 다음으로 중한 벌을 받은 것은 여러 차례 장소를 제공했을 뿐 아니라 적극성을 띠었기 때문일 것이다.

2월 2일 여기에 참석했던 이명윤의 주장을 보면 상황이 급격히 변했음을 알 수 있다.52)

> 촌내에 박숙연 집이 있는데 잡기를 하는 곳이었다. (중략) 2월 2일 내가 친히 그 집에 가니 유계춘, 박숙연, 정홍팔이 앉아있었다. 유계춘이 내가 오는 것을 보고 급히 손을 소매에 감추었다. (중략) 이에 언문 한 통을 꺼냈는데 철시에 관한 내용이었다. 나는 크게 놀라 매우 꾸짖기를 "이것이 무슨 일이요. 이것이 무슨 말이요. 화를 당함이 적지 않을 테니 빨리 불태우고 다시는 그와 같은 해괴한 짓을 하지 마시오" 하니, 유계춘은 말하기를 "오늘 새벽 이미 사람을 보내어 읍시(邑市)에 걸었소. 오늘은 장날이오. 한 읍의 사람들이 모두 볼 것이요. 또한 죽어도

---

49) 위의 책,「若呈官家 難免被杖」; 이명윤,「피무사실」.
50) 『임술록』, 25쪽.
51) 박수익은 단성의 유력 사족인 김령, 김인섭과 교유했던 인물로서 자는 淑然이었다(김준형, 앞의 책, 76쪽). 다만 그가 격쟁했을 당시 『日省錄』에서는 양인으로 나타난다(『日省錄』 철종 즉위년 11월 19일).
52) 이명윤,「피무사실」.

내가 죽는 것이며 살아도 내가 사는 것이니 교리 어른에게 무슨 상관이 있어서 이와 같이 꾸짖소." 나는 노하여 일어서서 말하기를, "여기는 내가 잠시라도 앉아있을 수 없는 곳이구나" 하고는 즉시 집으로 돌아갔다.

자료에서 보듯이 이 모임은 상당히 중요했다. 2일 새벽에 언문 통문을 읍내 장시에 내건 것으로 보아 적어도 1일 저녁부터(가서, 청암의 입읍에 대한 거부를 한 뒤) 지도부가 모임을 시작했으며, 이명윤이 참석하기까지 모여있었던 점으로 봐서 2일까지도 모임을 지속하고 있었음을 알 수 있다. 그리고 이때 이미 유계춘 등의 입장은 상당히 바뀌었다. 며칠 전에 통문을 발송했는데도 새로이 통문을 만들어 배포했다. 이런 점에서 보아 지도부 내의 변화를 몇 가지로 정리할 수 있다.

첫째, 이전까지 논의를 같이해온 이명윤과 일절 상의도 없이 새로운 통문을 배포할 계획을 세웠다는 점이다. 처음부터 이명윤과 입장이 달랐는지는 확실히 알 수 없으나, 적어도 항쟁방식을 강화하려는 시점에서 계급적 이해관계가 갈라지면서 함께 논의하기가 어려웠던 것이다. 둘째, 항쟁방향이 등소에서 벗어나 철시 등 집단행동으로 나아갔다. 한글로 통문을 작성한 것도 일반농민들을 행동의 주도세력으로 설정했기 때문이다. 셋째, 항쟁을 읍 전체 차원으로 끌어올리려고 했다. 같은 부세조건이라고 하더라도 한 읍을 한꺼번에 묶어서 행동하기는 어려웠다. 지난 해 유계춘이 비변사에 등소하려고 할 때도 남면이 중심이었으며,53) 앞에서도 가서, 청암 등 5, 6개 동리가 중심이 되어 등소를 따로 주도했다. 그러나 이때 와서는 읍내 장시에까지 사람을 보내 방문을 붙이면서 읍 전체 대중의 참여를 유도했다.54) 이후 항쟁이 서

---

53) 위와 같음.
54) 수곡장날이 1일과 6일임을 근거로 「피무사실」에서 2월 2일에 이 모임이 있었다는 것은 2월 1일의 誤記이고, 또 수곡도회가 1, 6일 두 차례 열렸다고 보

부 지역에서 시작되었으나 곧 다른 지역에서도 가담할 수 있었던 것도 이같은 노력의 효과가 컸다고 하겠다.

이처럼 지도부에서는 초기 논의와 다른 방법을 준비하고 있음이 드러났다. 이명윤은 이에 대해 적극 반대하면서 계획을 중단할 것을 요청했다. 그러나 유계춘이 결연한 자세를 보이면서 그의 요청을 단호히 거절하자 이명윤은 자리를 뛰쳐나갔고, 이후 논의에 전혀 관여하지 않았다. 이는 이명윤의 계급적 한계를 보인 것으로써 그 개인만의 탈락에 그친 것이 아니라 그와 함께 하는 사족들도 참여하지 않았다.

그런데 이 단계의 참여자들에 대해 좀더 살펴볼 필요가 있다. 이명윤의「피무사실」에서는 세 명밖에 거론되지 않았지만 그 숫자만으로는 진행하기 매우 어려웠을 것이다. 다른 자료에서는 명단이 좀더 자세히 나타난다. 이에 따르면 2월 초 정홍팔(鄭弘八, 順季)의 이웃집에서도 모의가 있었다고 하는데, 이 모임은 앞서 이명윤의 박숙연 집 모임과 일치한다고 보인다.55)

그런데 이 자료에는 참석자들이 유계춘, 이계열을 비롯하여 강승백(姜承白), 강쾌(姜快), 정치회(鄭致會), 정홍팔(鄭弘八, 순계), 정지우(鄭之

는 견해가 있다(김용섭, 앞의 글, 33쪽). 그러나 유계춘은 통문을 읍시에 내걸었으며 읍장은 2, 7일이므로 2일이 옳다고 할 수 있다. 또한 이날 내건 통문은 6일 수곡도회를 연다는 사실을 읍내에 알리는 통문이므로 1일 수곡도회가 열렸다고 보기 어렵다.

55) 『임술록』, 32쪽. 그 이유는 다음과 같다. 첫째, 양자의 날짜가 비슷하다. 박숙연가는 2월 2일이고 정순계 이웃집은 2월 초라고 한다. 둘째, 참여자가 비슷하고 박숙연 집의 경우 이명윤, 유계춘, 박숙연, 정홍팔이고 정순계 이웃집의 경우도 이명윤, 유계춘, 정순계(정홍팔) 등이 나타난다. 셋째, 모임 도중에 이명윤이 퇴장하는 점이 일치하다. 필자의 이전 논문(1989)에서는 박숙연과 박수견을 같은 인물로 보았다. 발음도 비슷할 뿐 아니라 함께 기록된 적이 없고 각각 한쪽 사료에만 나타나기 때문이다. 그런데 박숙연(수익)이 처벌받은 데 비해 박수견은 사건 발생 후 도망하여 수배명단에 올랐다는 점이 가장 큰 문제점이 된다(『임술록』, 34쪽) 이 때문에 같은 인물로 판단하는 것은 일단 유보하고자 한다.

愚), 정지구(鄭之九), 강수복(姜守福), 박수견(朴水見), 박숙연(朴肅然) 등이다. 그리고 이들은 항쟁의 방향이 전환된 이후 이회에서는 이미 준비되었던 읍회를 대중집회로 확산하기 위해 준비작업을 본격적으로 진행했다. 가장 중요한 것은 대중을 의식화시키고 앞으로 읍회에 참여하도록 유도하는 것이었다. 이를 위해 통문을 여러 벌 베껴서 면리에 돌렸다. 초군좌상 이계열의 요청에 따라 초군에게 돌릴 회문도 작성했다. 주로 유계춘이 직접 작성했고 정순계, 정지우, 정지구 등이 글을 다듬었다.56) 이들이 곧 항쟁주도층이라고 할 수 있다.

이 명단을 살펴보면 다음 두 가지 점이 중요하다고 보인다. 먼저 이들은 대부분 사족인데다가 유계춘과 이웃일 뿐 아니라 이들 가운데 상당수가 유계춘과 인척관계일 가능성이 보인다.

먼저 이들은 대부분 축곡리 주민이었고, 강승백 등 일부는 마동리 등 인근 동리에서 살고 있지만 유계춘과 이웃이라고 한다.57) 이처럼 이웃을 통해 자연스럽게 읍폐에 대해 논의가 이루어졌다고 보인다. 또한 명단에서 나타나듯이 이들은 거의 모두 강씨와 정씨로 이루어졌다. 강씨의 경우 그 가운데 강쾌가 유계춘과는 이성 사촌이었으므로58) 다른 인물들에게서도 그 가능성을 찾을 수 있다. 실제로 내평촌의 한쪽 마을인 오산에는 진주 강씨들이 많이 살고 있다고 한다.59)

정씨의 경우 유계춘의 외가 성이란 점이 주목된다. 유계춘은 아버지 고향인 원당리를 떠나 어머니를 따라 축곡리 내평촌으로 이거했다.60) 이곳이 외가이기 때문에 여기서 새로이 생활기반을 얻으려 한 것으로 풀이된다. 이회 참석자 가운데 정씨가 많고 적극적으로 참여하고 있으

---

56) 『임술록』, 32쪽.
57) 김준형, 앞의 책, 81쪽 ; 『임술록』, 30쪽.
58) 『임술록』, 30쪽.
59) 김준형, 앞의 책, 81쪽.
60) 『진주초군작변등록』 12호문서.

며, 그 가운데 정지우·정지구는 은렬공파로서, 정순계는 충장공파로서 가까운 촌수는 아니지만 같은 성씨이며 양반으로서 친밀한 관계를 유지했다고 보인다.

유계춘으로서는 자신을 중심으로 한 이웃 또는 인척 등 가능한 모든 계기와 조건을 이용하여 초기의 은밀한 모의와 그 준비작업을 이끌어 나갔던 것 같다. 아직 뚜렷한 세력이 없는 시점에서 이같은 방법은 당연한 것이라 여겨진다. 이 점은 또한 지도부 내에서 유계춘이란 인물의 비중을 말해주기도 한다. 유계춘이 몰락양반이기 때문에 이들도 대부분 양반으로서 경제적으로 그와 비슷한 수준이거나 그의 주장에 동조했던 층으로 보인다.

여기서 등장하는 중요한 인물로 먼저 이계열(李啓烈, 命權)을 들 수 있다. 그는 이명윤과 6촌으로 매우 가까웠으며,[61] 단성의 유력 가문인 김령(金欞)과도 평소 교분이 있었으므로 사족으로서 인정을 받았다.[62] 그러나 그의 사회경제적 처지는 매우 달랐다고 한다. 박규수가 "그 위인을 보면 거름통을 지고 소를 모는 농사꾼이다. 그 말하는 소리를 들으면 전혀 무지몰각한 어리석은 백성이다"[63]라고 표현했듯이, 그는 무식하고 빈한한 농민이었다고 하겠다. 유계춘과 비교한다면 유계춘이 가문은 높지만 가난한 지식인이었다면, 그는 순수한 농민적 인물이었다. 그는 '초군좌상'이었고 항쟁의 전과정에 참여했음에도 박규수는 무식한 농민이라는 점을 들어 주모자에서 그를 제외시켰다. 유계춘 같은 교활한 자가 그와 같이 우매한 자의 명령을 들었을 리 없다는 것이었다.

---

61) 『전주이씨족보』에 따르면 이명윤은 집-기항-완길-명윤으로 이어지고, 이계열은 집-기태-현길-계열(명권)으로 이어졌다.
62) 金欞, 『艱貞日錄』.
63) 『임술록』, 25쪽.

그러나 박규수 자신도 "다만 공초에 의거하여 이야기를 들어보면 이번 사건의 중요성은 이계열에게 달린 것 같다"[64]고 했듯이, 이계열은 이 항쟁에서 매우 중요한 역할을 했다. 곧 그는 개인적인 참여가 아니라 초군좌상으로 참여했기 때문이다.

진주항쟁은 일반적으로 '초군작변(樵軍作變)'이라고 불리었는데 초군이 대거 참여하여 중심세력을 이루었기 때문이다. 그러면 이 시기 초군의 존재형태와 조직에 대해 살펴보자.

초군이란 본래 나무꾼을 지칭한다. 그러나 이들은 "산에 오르면 나무꾼이요 들에 나가면 농부"[65]라고 하듯이 바로 농민들로 이루어졌다. 초군들이 농한기에 사건을 일으켜서 감옥에 갇혔는데 5월 농번기라고 풀어주는 예에서도 잘 드러난다.[66]

이 시기 목재는 집안의 땔감용일 뿐 아니라 상품성도 상당히 커서 시장판매가 되기도 했다. 수요가 많은 읍내, 나아가 다른 읍의 장시에까지 판매영역이 넓혀졌다. 땔나무를 해서 파는 일은 농한기 동안 농가의 가계보충에 이용되었고 전업(專業)으로까지 행해진 듯하다. 특히 경작지가 부족한 빈농들이 적극적으로 매달렸다.[67]

초군들은 무엇보다 자신들의 생계 또는 경제적 이익을 위해 활동했다. 이들은 공동 소유지뿐 아니라 개인 소유의 산지 또는 벌채가 금지된 지역에서까지 벌목을 하여 문제가 생기기도 했다. 진주 초군의 동향도 주로 벌목사건과 관련하여 찾아볼 수 있다. 이들은 수십, 수백 명씩 무리를 지어 다니면서 마을의 공유지, 개인의 사유지까지도 작벌했다.[68] 이 때문에 채벌권을 두고 마을 사이에 서로 갈등이 빚어지기도

---

64) 위와 같음.
65) 위의 책, 101쪽.
66) 『비변사등록』 174책, 정조 13년 1월 12일, 5월 20일.
67) 위와 같음.
68) 『촉영민장초개책』, 1862년 8월 22, 24, 25, 29일.

했다. 때로는 수십 년간 갈등이 지속되기도 했지만, 관에서도 제어하기 어려울 정도였다.

이처럼 집단성을 띠게 됨에 따라 이들간에는 일정한 조직이 형성되었다. 즉 진주읍내에 초군청(樵軍廳)이라는 기구가 있었고 그 속에 일을 맡는 삼소임(三所任)이라는 직책이 있었다. 이것이 초군들의 자치기구인지, 아니면 관에서 통제하기 위해 만든 것인지는 확실하지 않다. 그러나 어떠한 관청 사료에도 초군청이란 명칭이 보이지 않고, 또 위에서 보듯이 이들은 관의 통제를 받은 것 같지도 않다. 따라서 초군들 자치조직으로 보는 것이 타당할 듯하다. 또 초군청이 읍 전체의 초군들을 다 통괄했는지도 알 수 없다. 다만 읍저초군, 읍오리초군, 가서초군 등으로 칭하는 것으로 보아 각 면리별로 조직이 있었던 것 같다.

초군의 우두머리는 '좌상'이라 불리었다. 이들은 수본(手本), 회문(回文), 통문(通文), 방목(榜目) 등을 작성하여 위로부터의 지시, 연락에 이용했으며, 때로 집회를 갖는 등 일정한 틀을 가지고 활동했다.

이들이 항쟁에 참여한 계기는 무엇일까. 먼저 이들은 본래 농민이고 특히 빈농계층이어서 읍폐에 가장 크게 피해를 입는 자들이었다. 이러한 초군들의 처지와 관련되어있어 초군좌상 이계열은 초기부터 모의에 깊이 관여하면서 유계춘과 초군 사이에 통로 역할을 했다. 그는 초군과 유계춘 사이에서 초군을 농민항쟁의 주체로서 참여시키는 데 앞장섰다. 이계열의 요청에 따라 유계춘 등은 이들이 쉽게 볼 수 있도록 한글로 노랫가락처럼 지어 돌리기도 했다.[69]

이처럼 초군은 농민대중의 중요한 세력이었고, 이들이 항쟁대열에 집단적으로 참여함에 따라 항쟁은 구체성을 띠게 되었다.

---

69) 『임술록』, 33쪽.

2) 민회 개최와 항쟁으로의 전환

(1) 수곡도회

　농민항쟁을 수행하기 위해서는 대중의 역량에 바탕을 두어야 했다. 이를 위해서는 농민대중이 공개적으로 참여할 수 있는 대중집회가 필요했다. 대중집회를 통해 함께 읍사를 논의하고, 의견을 수렴하며, 여론을 확산시키고, 나아가 역량을 강화시킬 수 있었다. 이것을 대중조직화 단계라 일컬을 수 있다. 2월 6일 수곡에서 열린 도회는 기존의 향회와 달리 고을민들이 모두 참여할 수 있는 집회였다. 따라서 이름 그대로 '민회'라 규정지을 수 있다. 당시 참석자는 축곡리의 유계춘, 이계열, 부화곡리의 김윤화, 북평리의 김계용, 가이곡리의 정수교(자약), 그밖에 조학면, 김세엽, 성계주, 강화영, 장진기, 장진권, 하달명, 조학오, 강우묵, 하임원, 조성진 등 양반들을 비롯한 수많은 군중들로서 이들이 서로 에워싸고 지켜보았다.

　수곡도회는 항쟁의 방식을 결정하는 중요한 계기가 되었다. 본래 도회 개최과정에서 1월 30일에 만들어졌던 "고을과 감영에 정소를 하자는(呈邑呈營)"을 하자는 통문과 이후 2월 2일에 새롭게 만들어진 "장시를 철거하고 행동으로 나서기를(撤市)" 주장하는 통문 등 두 종류가 발송되었는데, 도회에 참석한 자들의 논의도 둘로 나뉘었다. 참가자들은 모두 진주읍의 당면문제에 대해 의견일치를 보았다. 곧 진주읍의 환폐가 농민의 생존권을 위협하고 있으며, 특히 올해와 같이 도결과 통환이 병행된다면 농민들이 더이상 지탱하기 어렵다고 입을 모았다.[70]

　그러나 문제를 해결하는 방안에서는 의견이 일치하지 않았다. 일부는 처음 발송된 통문의 견해와 같이 먼저 감영에 의송을 내고 그외 감

---

[70] 『진주초군작변등록』 5호문서.

사에게 직접 의사를 표현하는 방법으로 감영에서 망궐례(望闕禮)를 할 때 길을 막고 호소하자고 주장했다. 관에서 읍민들의 반대를 무릅쓰고 도결과 통환을 결정했으므로 그 상위 기관인 감영에 직접 호소하자는 것이었다. 이는 온건한 방법으로서 주로 사족 또는 부민들에 의해 제기되었던 것 같다. 수곡도회에는 사족들도 많이 참여했을 것으로 보인다. 이들 가운데 이명윤과 뜻을 같이하는 가이곡의 사족 정수교 등은 유계춘 등의 적극적인 행동에 반대하면서 자신들의 입장을 강하게 표방했다.

유계춘 등은 더욱 강화되는 환포 문제를 근원적으로 해결하기 위해서는 한층 강경한 대응이 필요하다고 보았다. 따라서 그는 앞의 주장과 달리 읍내에서 집단시위를 주장했다. 그 자신은 뒤에 체포당하여 심문받으면서 수곡도회에서 "본읍에 정소하지 않는 것은 크게 도리에 어긋나니 먼저 목소리를 모아 본관에게 간청하고 처분을 기다리는 것이 옳다"[71]고 말했다고 진술했다. 마치 더 온건한 방법을 택한 것처럼 보인다. 그러나 당시 상황으로 볼 때 이는 사실과 거리가 멀다. 그의 의도는 '감영에 호소하는(呈營)'의 전 단계로서 "고을에 호소하는(呈邑)"이 아니었기 때문이다. 그는 이미 수곡도회 개최 이전부터 '철시' 등 적극적인 항쟁을 계획했다. 따라서 그의 주장은 장두(狀頭) 몇 명이 대표격으로 관에 나가 등소를 올리는 방법이 아니었다.

이 점은 도회에 참석한 김윤화(金允化) 공초에서 잘 드러난다. 즉 그는 유계춘이 "여기에 모인 사람들이 마음을 같이하고 힘을 모은 후에야 읍폐를 가히 고칠 수 있으니 굳게 맹세하자"[72]고 참석자들을 열심히 설득했다고 한다. 이로써 볼 때 유계춘의 주장은 고을을 상대하지만 실제 내용은 집단시위였음을 알 수 있다.

---

71) 위의 책, 6호문서.
72) 위의 책, 5호문서.

초기에 읍회를 주도한 자들은 대체로 앞의 견해를 지지했다. 그동안 지도부에서는 통문을 통해 대중들의 호응을 불러일으키려고 노력했으나 아직 읍회에서 주도권을 장악하지 못했다고 보인다. 유계춘은 참석자들에게 자신의 의견을 계속 강조했으나 이것이 받아들여지지 않자 먼저 일어나서 퇴장했다. 그리고 그 자리에서는 앞의 견해를 내세운 자들의 의견이 채택되어 장진기(張震基), 조학오(趙學五) 등을 의송대표로 뽑아 감영으로 파견했다.

그러나 그것으로 읍회가 끝난 것은 아니었다. 이에 반대하는 세력들은 다시, 또는 별도로 읍회를 열었다고 보인다. 여기서는 '철시' 주장이 다시 제기되면서 논의가 새로이 진행되었다. 이러한 반전과정은 명확하지 않으나 집회대중들에 대한 지도부의 계속적인 선전활동의 결과였다고 보인다. 즉 이들이 만든 한글방문이 집회장소에 반입되면서 제기되었다. 박규수는 부화곡의 유학 김윤화가 방문을 소매에 넣고 집회장소에 들어왔다고 의심했다.[73] 그밖에도 성계주(成啓周)가 먼저 철시를 주장했고 하임원, 조학면, 김세업, 하달명, 장진권, 조성진 등이 호응했다고 한다. 이들도 상당수는 사족임을 알 수 있다. 특히 조학면은 향임을 지낸 인물인데도 계속 참여했고, 철시 주장이 '윗자리'에서 계속 일어났다는 점에서도 사족들이 여기에 상당히 동조하고 있었음을 알 수 있다.[74] 조학면이 그러한 주장을 대하면서도 단호히 배척하지 않는 점에서 철시라는 행동방침은 설득력을 얻고 있었던 것 같다.

이처럼 철시 주장은 일단 여론화되면서 참석자들에게 상당히 호응을 받았으며, 나아가 읍폐 책임자에 대해 집을 부수자는 주장이 제기

---

73) 『임술록』, 28쪽. 그러나 그는 이날 세미를 찧어달라는 정자약의 부탁을 받고 운곡에 있는 농장으로 가던 도중에 수곡도회를 구경했을 따름이라고 변명했다(『진주초군작변등록』, 5호문서).

74) 『임술록』, 29쪽.

되었고,75) 실제로 행동으로까지 나아갔다고 보인다.76) 이러한 분위기 속에서 읍회가 다음날까지 이어졌다는 점은 매우 중요하다.77) 그것은 장날이 지났음에도 계속 농민들이 모였다는 뜻이다. 분위기가 일시적이 아니라 연속되었다는 점을 가리킨다. 여기서 지도부의 계획은 대중들의 지지를 받으면서 '주론(主論)'으로서 확산되어갔던 것이다.78) 따라서 수곡도회에서는 어느 정도 예정했던 성과를 얻을 수 있었다.

(2) 수청가회의

수곡도회 이후 상당한 시일이 지난 뒤 수청가회의(水淸街會議)가 열렸다. 수청가회의 개최 날짜는 나타나지 않지만, 그 후 곧바로 농민들의 행동이 시작되었으므로 그 바로 전에 열렸음이 분명하다. 유계춘의 진술에 의하면, 초군취회 회문이 유포되고 나서 곧 '초군들이 모여' 바로 덕산장시를 공격했다고 한다.79) 여기서의 초군들 모임이 바로 수청가회의를 가리킨다고 보이며, 따라서 이 집회는 덕산장시를 공격한 당일인 14일 새벽 또는 아침이라고 추측된다.80)

수곡도회 후 7일이나 지난 뒤에 수청가회의가 열린 이유는 무엇일까? 준비시간이라고 보기에는 너무 길지 않을까? 먼저 수곡도회의 결정에 따라 장진기, 조학오 등이 의송 대표로 감영에 파견되었으므로

---

75) 위의 책, 23쪽.
76) 박규수는 수곡에서 재회한 다음(수곡도회), 수곡시에서 소란이 일어났다고 했다(위의 책, 23쪽).
77) 위의 책, 27, 29쪽.
78) 수곡도회의 '주론'은 앞에서 보았듯이 감영 의송과 철시에 관한 논의를 말한다. 그러나 감영 의송에 대해서는 처벌대상이 되지 않았으므로 공초에 나타나는 '주론'은 모두 '철시설'을 가리킨다.
79) 『진주초군작변등록』 6호문서.
80) 축곡에서는 자정쯤 동임이 초군들을 불러모았다고 한다(『임술록』, 26쪽). 이들은 바로 집회에 참가했고, 이후 곧 항쟁이 발발한 듯하다.

여기에 대한 결과를 주시했을 수도 있다. 그 결과에 대해서는 어디에도 나타나지 않는다. 다음으로 수곡도회 직후 주모자인 유계춘이 병영에 감금되었다는 점이다. 그는 7일 우병영 내 진무청에 구금되어있다가 2월 13일 집안의 제사를 구실로 휴가를 얻어 집으로 돌아왔다.[81] 수청가회의는 그 뒤에 열렸는데, 이 점은 유계춘의 비중을 잘 보여준다.

수청가는 금만리에 위치해 있으며,[82] 덕산과 가까웠다. 이를 자료로 통해 확인해보자.

유계춘 공초에 의하면 "처음에는 수곡에서 모이고, 다음에는 덕산에서 모였다"[83]고 했고, 이에 비해 박규수는 "처음에는 축곡에 모였고, 다시 수곡에서 모였다"[84]라고 했다. 양자를 비교해보면 박규수는 축곡모임과 수곡도회만을 언급한 데 비해 유계춘은 축곡모임은 주도층만의 모임이므로 제외시키고 수곡도회를 1차집회 그리고 덕산집회를 2차집회라고 했던 것이다. 덕산의 2차집회는 그가 이후 곧바로 항쟁이 시작되었다고 진술한 내용과 연결해본다면 틀림없이 수청가회의를 가리킨다고 하겠다. 덕산은 읍치에서 가장 멀리 떨어져 있고 지형상으로

---

81) 유계춘은 13일 밤을 집에서 지내고 다음날 읍으로 떠났는데 중도에 다시 하룻밤을 묵었고, 그 후 17일 아침 감영 의송에 대한 대책으로 감영에서 통환을 혁파한다는 전령이 내려왔다는 소문을 듣고 즉시 집으로 돌아왔다고 한다. 그의 행적은 여러가지 점에서 의문이 있다. 제사가 공교롭게도 항쟁 발발 전날이었다는 점, 축곡에서 읍까지는 15리에 지나지 않는데 중간에 유숙했던 점, 17일에 돌아오게 된 것이 병영에서 그를 석방했기 때문인가 하는 점 등인데, 항쟁과정에서 그의 행적은 매우 중요하다고 하겠다.
82) 수청가는 덕산에서 덕천강이 동쪽으로 5킬로미터 정도 흘러가다가 남쪽 수록리 방면으로 돌아흐르는 지점에 위치해있었는데, 지금은 산청군 단성면 자양리 부근이라고 한다(김준형, 앞의 책, 91쪽).
83) 『진주초군작변등록』 6호문서.
84) 『임술록』, 23쪽, '始集杻谷 再會水谷.' 박규수가 두 모임에 대해 '集'과 '會'라는 차이점을 둔 점도 주목된다.

도 집회에 적절한 곳이었다.85) 덕산장시가 최초의 공격대상이 되었던 것도 이 때문이다.

　수곡도회가 대중과 함께 진주의 현실을 인식하고 투쟁의 방향과 방법을 합의하는 집회였다면, 수청가회의는 항쟁에 참여할 대중들을 규합하고 조직적으로 동원하기 위한 모임이었다. 이미 항쟁이 결정된 가운데 열렸기 때문에 별다른 논의는 없었던 것 같다. 이 집회에 관한 자료가 거의 보이지 않는 이유도 이 때문인 것 같다. 따라서 도회라는 표현을 쓰지 않은 듯하다.

　수청가회의의 구체적인 성격은 일부 참가자를 통해 살펴볼 수 있다.86) 하원서(河元瑞), 하대겸(河大謙)은 일가 사람들을 모으고 감고(監考)를 불러들여 철시에 관한 주장을 퍼뜨리고 초군들을 불러모았다고 한다. 배석인(裵石仁)은 수청가회의에 참석하여 초군들을 따라 읍내로 들어갔으며, 허정태(許正太) 역시 본인은 호남으로 행상했다고 하며 수청가회의에 참석하고 초군들을 따라 읍내로 들어갔다고 한다. 허호(許湖)는 양반인데다가 나이가 많았음에도 불구하고 초군들 기송하는 일에 참여했으며, 수청가회의에도 참석했다고 한다. 이처럼 수청가회의는 초군들이 모여서 이루어진 대중집회이고, 철시 등 집단행동을 선동하는 분위기였으며, 지도부의 주장이 거의 받아들여져서 바로 항쟁으로 나아갔던 것이다.

　이때 초군들은 개인적 의사보다 조직적으로 투쟁대열에 참여했다. 초군 자체는 본래 항쟁을 위해 만들어진 조직이 아니기 때문에 이들을

---

　85) 덕산은 읍치에서 약 90리 떨어져있고 지리산의 여맥과 덕천이 마주치는 곳에 있다. 강변에 넓은 모래사장이 있어서 집회장소로 이용된 듯하다. 참고로 1871년에 이필제도 덕산에서 동모인과 초군들을 모아 진주읍성을 공격하고자 했다(윤대원, 「이필제란의 연구」,『한국사론』16, 1987, 71쪽). 이때도 덕산을 초군들을 모아 거사하기에 가장 좋은 지역으로 선택했다.

　86)『임술록』, 27쪽.

동원하는 데는 어느 정도 조직적인 강제가 필요했다. 초군 동원에는 면리의 동소임 또는 영향력 있는 사족이 가담했다. 조석철(曺錫哲)과 황응서(黃應瑞)는 동임(洞任)으로서 삼경 무렵에 초군들을 불러모아 보냈다고 한다.[87] 김정식(金正寔)은 본동 두민으로서 벌전을 매긴다고 하여 겁이 나서 초군을 보냈다고 한다.[88] 이처럼 동리 말단행정의 책임자가 가담한 사실이 주목된다. 그들 자신은 각자 직책 때문에 어쩔 수 없이 가담했다고 변명했다.

그런데 말단 행정책임자 중 이들 몇 명만이 처벌받았다고 하여 이들만이 초군 동원에 가담한 것은 아니었다고 보인다. 일반적으로 항쟁지역에서는 각 면리에 통문을 돌리면서 동리당 일정한 인원을 배정했고, 이를 따르지 않으면 벌전 등을 매긴다고 하여 참여를 강제했던 것이다. 진주에서도 여러 면에서 이러한 방법이 이용되었을 것이다. 그러나 이들은 주도층의 일원이라기보다 직책상 담당한 것이었다. 따라서 동원에 참여했다고 해서 등소임들을 처벌할 수는 없었다. 실제로 농민항쟁사례에서 단순히 동임으로서 동원에 참여했다고 하여 처벌받은 경우는 잘 나타나지 않는다. 조석철, 김정식 두 사람이 처벌당한 것은 초군 동원에 한정되지 않고 더 적극적으로 가담한 흔적이 보였기 때문이다. 조석철은 돈 5냥을 지원하였으며, 김정식도 자기 머슴에게 참여를 권하면서 "시장을 공격하여 돈을 빼앗아 술과 밥을 사 먹으라"고 유도했던 것이다.[89] 이처럼 동소임이 초군 동원에 일정한 역할을 한 것은 사실이나, 이들이 모두 항쟁에 적극적으로 참여한 것은 아니었다. 더구나 이들은 관의 명령에 따라 통환, 도결 결정에 이용되기도 한

---

87) 위의 책, 26~27쪽.
88) 위와 같음.
89) 두 사람은 모의의 진원지인 축곡의 동소임이었기 때문에 처벌받았을 수도 있다.

자들이므로 항쟁에 주체적으로 참여하기 어려웠다.

　이들이 참여할 수밖에 없었던 것은 당시 항쟁의 분위기 때문인 듯하다. 즉 수곡도회 때까지도 이들이 참여한 흔적을 찾기 어려웠다. 이때까지는 자발적 참여 속에서 집회가 열렸기 때문이다. 그 뒤 분위기가 고조되고 항쟁지도부의 목소리가 커지면서, 이들에게 통문을 통한 인원동원 책임을 지웠던 것이다. 따라서 이들의 참여는 항쟁 발전과정에서 필연적으로 나타나는 현상이라고 봐야 할 것이다.

　그렇다고 이러한 조직적 동원이 대부분 농민들의 비자발적 참여를 뜻하는 것은 아니다. 당시 면리는 하나의 향촌공동체이고 활동단위이기 때문에 면리의 소임을 통한 동원이 겉으로 두드러지게 보일 따름이었다. 기본적으로 농민들의 자발적 참여가 우선했다. 즉 몇 차례의 선전활동에 따라 농민들의 참여의지가 확산되었던 것이다. 따라서 이러한 향촌조직을 통하지 않고도 자연스럽게 참여하는 분위기였다.

　예를 들면 앞에서 보이듯이 하원서, 하대겸은 일가를 참여시키는 데 앞장섰고, 박찬순(朴贊淳)은 일가 8명과 함께 초군에 가담했다.[90] 초기 모의단계에서도 유계춘 인척들이 많이 가담했듯이 이때도 일가 내에서 집단적으로 참여하는 모습이 보이는 것이다.

　사노 맹돌(孟乭), 귀대(貴大) 등은 노비 신분인데도 동리인 30여 명을 이끌고 적극적으로 가담했다.[91] 이 또한 말단지배층의 조직적 동원과 관계없이 자발적으로 참여하는 실상을 보여준다. 이처럼 동향, 이웃, 혈연 등 이미 존재하는 관계를 이용하여 참여의 폭을 넓히면서 세력을 확대시켜나갔다. 수청가회의는 이와 같이 농민들을 조직적, 집단적으로 동원하는 장이 되었다.

---

90) 『임술록』, 28쪽.
91) 위와 같음.

4. 농민항쟁의 전개과정

1) 항쟁 발발과 면리별 집결과정(14~17일)

항쟁조직을 바탕으로 곧바로 농민항쟁이 전개되었다. 그런데 농민항쟁은 짧은 기간이지만 대체로 여러 단계를 거치면서 진행되었다. 특히 진주의 경우 그 단계가 잘 구분되며, 그에 따라 진행양상이 잘 드러난다.

먼저 첫번째 단계를 살펴보자. 수청가에 모인 농민들은 곧바로 행동으로 나아갔다. 주로 각 면리별로 조직적인 활동이 시작되었다. 일차 목표는 예정대로 장시였다. 진주 서북지역은 초기 활동의 중심지였다. 먼저 마동(馬洞)과 원당면 농민들은 1차집회가 열렸던 수곡장시를 장악했다. 백곡(栢谷)과 금만면(金萬面) 농민들은 서쪽 변경지역인 삼장(三壯), 시천(矢川) 등지를 옮겨다니면서 세력을 규합하여 2차집회가 열렸던 덕천장시를 공격했다. 이전에 등소를 시도했던 가서, 청암 등도 진주 서부지역이였듯이, 이 지역이 항쟁의 열기가 더 높았음을 알 수 있다. 이들은 읍치와 반대방향인 서쪽 변경으로 나아가면서 농민대중을 투쟁의 대열로 묶어세워 역량을 강화시키려는 전술을 썼다.[92] 이 과정에서 많은 농민들이 자발적으로 가담했으며, 항쟁에 반대하는 자에게는 벌전을 매기거나 집을 부수겠다고 위협했다.

최초의 공격대상인 덕천장시에 대해서는 이미 예정되었듯이 장시를 철거하고 집을 부수는 행동으로 나아갔다. 장시는 많은 농민들이 왕래하는 곳이어서 기본적으로 항쟁을 일으키는 데 가장 적격지였다. 그런

---

92) 위의 책, 23쪽.

데 철시는 소상인들을 대상으로 한 것이 아니었다. 당시 대상인들이 지방권력과 결탁하여 향촌의 상권을 장악하여 이득을 취한 데 대해 공격한 것으로 봐야 할 것이다.93) 한편 집을 직접 부수는 행동은 이곳 훈장(訓長) 이윤서(李允瑞)의 집부터 시작되었다. 그는 진주목에서 도결을 결정할 때 참여했는데, 도결이 항쟁의 직접적 계기였으므로 그를 공격한 것은 당연했다.

1차목표를 공격한 후 농민들은 기세를 올리며 읍치로 향했다. 덕천강변을 따라 여러 면리를 거치면서 그곳의 부호를 공격하는 한편, 농민들을 규합했다. 이처럼 농민들의 세력이 커지자 항쟁에 반대하거나 소극적인 태도를 보이던 사족 또는 요호층까지도 그 위세에 눌려 이들을 호의적으로 맞아들였다.94)

이들이 읍치에 도착하기 직전인 17일 감영에서는 통환과 영불수(營不受 : 병영곡이 뇌물 등을 통해 빠져나가는 것을 가리키는 용어로서 이것 또한 '불균등한 환곡부담'에 속한다)를 영원히 혁파하고 도결에 대해서도 혁파하도록 진주목에 명령을 내리겠다는 공문을 발송했다.95) 이러한 답변은 발문이 반드시 의송의 결과라고는 볼 수 없다. 말미에 "모두 각 면리로 돌아가 생업에 종사하라"고 권하듯이, 의송 이후 농민들 활동에 대한 대책이었다고도 할 수 있다. 그러나 항쟁지도부는 수곡도회에서 감영에 의송을 보내는 것 자체를 거부했으므로 감영의 결정에도 불구하고 바로 해산하지 않았다. 이 점은 진주항쟁의 단계가 매우 진전되었음을 보여준다. 즉 의례적인 감영의 태도에 흔들리지 않고 예정된 집단시위를 감행하여 실질적으로 그들의 요구를 보장받고

---

93) 이후 읍내에서 개성상인들이 공격당한 것도 같은 맥락이라고 하겠다(『진양초변록』, 진주목삼공형문장).
94) 『임술록』, 33쪽.
95) 『진주초군작변등록』 6호문서.

자 했던 것이다.96)

　이상 첫번째 단계에서 농민들의 활동은 다음과 같이 정리할 수 있다. 첫째, 지도부의 역량이 크게 발휘되었다고 보인다. 그간 지도부에서 논의를 이끌어나갔던 중심인물인 유계춘이 체포되었는데도 계획이 폐기되지 않았으며, 그가 귀가하자 곧바로 실행에 옮겨졌다는 점이 그것을 잘 보여준다. 둘째, 농민대중을 조직적으로 동원할 수 있었다. 일시에 여러 지역에서 대중을 모았으며 이들을 공격목표에 맞게 적절하게 배치했다. 셋째, 처음부터 공격대상을 정확하게 설정했다. 농민들은 직접적인 피해를 주었던 상인, 훈장, 지주 등 향촌 내에 거주하는 적대세력을 공격했으나 부호라고 하여 무조건 공격하지는 않았다.

2) 진주목과 우병영 공격 및 읍 공격(18~20일)

　두번째 단계에서 농민군의 조직활동은 더욱 두드러지게 나타난다. 18일 오전에 농민들은 진주성에서 서쪽으로 5리 정도 떨어진 오죽전 부근에서 집회를 가지면서 평거역촌의 집을 부수고 있었다.97) 이곳은 서면 쪽에서 진주읍으로 들어오는 길목이었다. 이들은 도결과 통환 혁파를 외치며 시위했다.

　이때 이미 동, 남, 서부지역 농민들까지 항쟁에 참여하고 있었다. 집결한 농민들은 관리들에게 자신들의 요구조건을 제시하면서 미리 예정했던 대상을 철저하게 공격했다. 농민들은 진주목을 처음에는 직접 공격하지 않고 관청 부근에서 시위하면서 요구조건을 제시했다. 물론

---

96) 가령 성주의 경우 감영 의송을 보내면서 그 압력수단으로 집회를 가졌는데 그것이 항쟁으로 발전했다. 그러나 감영에서 읍폐를 바로잡겠다는 공문이 도착하자 바로 해산하여 올바른 성과를 끌어내지 못했다(망원한국사연구실, 앞의 책, 177~186쪽).

97) 『진주민변록』, 본영병사백락신장계 ; 『임술록』, 33쪽.

도결 혁파가 가장 중요했다. 이때 목사는 두려움에 질려 직접 협상에 나서지 못하고 영향력 있는 사족인 이명윤을 초치하여 농민들과 접촉하도록 부탁했다.98) 농민들은 이명윤에게 도결 철폐를 보장하는 완문을 요구했고, 이명윤이 목사에게 이를 권하여 완문을 얻어내어 농민에게 전달했다.

읍내를 공격하지 않고도 완문이라는 성과를 얻어낸 농민들은 다시 읍내로 들어갔다.99) 진주목은 성 바깥에 있었기 때문에 농민들은 쉽사리 이방과 호방의 집을 부수고, 그밖에 여러 서리들과 서울에서 내려와서 수세하러 머물고 있는 자들과 매매차 머물고 있는 개성상인들의 거처를 부수었다. 이상과 같이 초기에는 관청을 공격부터 먼저 한 것이 아니라 시위를 통해 요구조건을 내세웠으며 도결 철폐를 쟁취할 수 있었다.

19일 아침 농민군은 읍내 대안리(大安里)에 있는 객사 앞 장터에서 집회를 가졌다. 이때 병사는 농민들 힘을 간과하고 객사 군막(농민군의 둔취소를 말하는 듯—필자)에까지 나왔다. 그러나 농민들의 기세가 거세어지자 이에 눌린 병사는 중영의 포흠서리 김희순(金希淳)을 즉석에서 처형하여 이들의 불만을 해소시키려고 했다. 그렇다고 농민들의 기세가 누그러들 리 없었다. 농민들은 본래 목표대로 통환 철폐를 강력히 요구하여 끝내 공문을 받아냈다.100) 그리고 관리와 서리에 대한 공격은 이때부터 표면화되었다.101) 병사를 둘러싸고 이때부터 하룻밤 감

---

98) 『임술록』, 32쪽 ; 이명윤 「피무사실」.
99) 『진양초변록』, 진주목삼공형문장.
100) 위와 같음.
101) 진주항쟁을 직접 목격한 강위는 백낙신이 아무런 대비없이 병사의 권위를 믿고 농민군 진영에 들어갔으나 오히려 굴복당하는 바람에 농민들이 국가권력에 대해서까지 저항적인 태도를 보이며 공격을 강화했다고 한다(『고환당수초』 권4, 「의삼정구폐책」).

금했으며, 병영 이방 권준범과 그 아들 만두를 죽였다. 그러나 그와 함께 있었던 영장(營將)은 통환과 직접 관계가 없다고 하여 길을 열어준 데서 알 수 있듯이102) 농민들은 부세수탈이 관리를 중심으로 구조적으로 일어나고 있음을 인식하고 있었던 것이다.

목사에 대한 공격은 이 사건 직후에 일어났다. 목사에게서는 도결 철폐 완문을 얻은 뒤 물러났으나, 병사에 의해 격화된 농민들은 다음날 다시 목(牧)으로 향했다. 본래 목표는 본부 이방이었으나 그는 미리 눈치채고 도망가고 없었다. 그러자 농민들은 대신 목사를 동헌에서 끌어내어 위협을 가하고 강제로 가마에 태워 이때까지 감금되어있던 병사에게 끌고 갔다. 그러나 농민들은 초군 지휘자의 명령에 따라 병사와 목사를 풀어주었다.103) 농민지도부에서는 처음부터 이들을 직접 공격할 의도는 없었던 것 같다. 병사를 감금하고 목사를 강제로 옮기는 데서 보듯이 관리의 권위는 이미 크게 저하되고 있었다.

이서들에 대한 공격은 읍내로 들어오면서 바로 시도되었다. 이들에 대한 직접적인 공격뿐 아니라 집을 부수고 불을 지르는 등 철저하게 공격했다. 농민들은 18일 목사에게서 완문을 받은 직후 본부 이방, 호방 및 여러 이서의 집을 부수고 재물을 빼앗았다. 다음날 병사를 포위했을 때 병영 이방 권준범(權準範)과 그 아들 만두(萬斗)를 처형하고 동생 종범(淙範)도 구타했다.104) 이들이 수탈의 일선 담당자인 만큼 처벌이 가장 가혹했던 것이다. 그밖에도 수세와 관련이 있던 경저리나 대

---

102) 이명윤, 「피무사실」. 영속들까지 해치지는 않았다고 한다.
103) 『진양초변록』, 진주목삼공형문장, '悖黨中初有知覺者 指揮諸漢 卽爲散退兵 使主還營 牧使主還衙.' 여기서 '처음부터 지각이 있는 자'를 진보적 요호부민이라고 해석하기도 한다(이영호, 앞의 글, 439쪽). 그러나 이 구절은 병사, 목사에게 위해를 가하지 않고 돌려보낸 데 대해 이렇게 표현했다고 생각되며 요호부민으로 볼 수는 없을 듯하다.
104) 『진주민변록』, 본영병사백낙신장계.

상인 등을 공격하여 이들이 머물던 가옥을 부수고 재물을 빼앗았다.[105]

　읍내에서 벌인 농민들 활동이 일률적이었던 것은 아니다. 활동목표는 함께 하면서도 구체적인 활동양상은 면리별 조직단위로 움직였다. 농민들의 주력이 진주목 근처에서 시위를 하던 18일에 앞서 보았듯이 읍내에서 조금 떨어진 오죽전(五竹田)에서도 일부 농민들이 도회를 열고 있었고, 일부 농민들은 평거역촌(平居驛村)의 부호가를 공격했다. 또한 같은 때 읍저초군(邑底樵軍)은 읍저 이서가를 부수었다든가,[106] 가서초군(加西樵軍)이 20일 읍으로 들어가는 길목에서 활동하는 모습이[107] 그러한 예이다.

　농민들의 조직활동을 가장 잘 보여주는 예는 본부 이방에 대한 공격 과정이다. 농민들이 목에 몰려갔을 때 이방이 이미 도망쳐버리고 없자 그 일대의 초군들이 체포에 나섰다. 여기에는 이귀재(李貴才)를 지휘자로 하여 최용득(崔用得), 안계손(安桂孫), 조성화(趙性化), 강인석(姜仁石), 사노 순서(順瑞) 등이 가담했다.[108]

　이들 가운데 이귀재는 부모 때부터 용봉리 승음촌에 살았고, 안계손은 용봉리 염초군으로서, 강인석은 모군이었듯이 대부분 용봉리에 사는 초군이었던 것 같다.[109] 즉각 지역 초군들이 함께 항쟁에 참여하면서도 면리별 조직체계에 따라 활동했고, 경우에 따라서는 일을 분담했다고 볼 수 있다.

　이러한 활동에서는 각 지역 지휘자들의 역할이 컸다. 앞에서 보듯이 초군 지휘자의 명령에 따라 곧바로 병사와 목사를 풀어주는 모습을 볼

---

105) 『진양초변록』, 진주목삼공형문장.
106) 『임술록』, 33쪽.
107) 위와 같음.
108) 위의 책, 24~27쪽.
109) 『진주초군작변등록』 12호문서 ; 『촉영민장초개성책』, 1862년 6월 17일.

수 있다. 특히 이서를 체포했던 용봉의 이귀재라든가, 가서의 정원팔이라든가[110] 목사를 공격할 때 앞장서서 초군을 지휘했던 곽관옥(郭官玉) 등이 대표적인 인물이었다.[111] 박규수가 대체로 "무뢰지배(無賴之輩)"라고 분류했던 자들이다.

이상 두번째 단계의 농민군 활동을 정리해보자. 첫째, 면리가 활동의 기본단위였으며 공격과정에서 지휘자의 역할이 두드러졌다. 둘째, 지휘자의 명령에 따라 초군들이 조직적으로 움직였다. 셋째, 공격대상이 미리 명확히 정해져있어 무차별적인 공격은 일어나지 않았다. 첫번째 단계와 비교한다면 항쟁지역이 읍치라는 특성 때문에 공격대상이 다양해졌다는 점, 관리와 직접 부닥치면서 자신들의 요구를 관철시켰다는 점 그리고 항쟁이 가열되면서 인명살상까지 일어났다는 점 등이 부각된다. 이 과정에서 조직활동이 더 강화되는 모습도 찾아볼 수 있다.

3) 외촌 지배세력에 대한 공격(20~23일)

세번째 단계는 읍내 공격을 마치고 다시 외촌으로 항쟁을 확대시켜가는 과정이었다. 첫번째 단계에서도 외촌에 대한 공격이 있었지만, 그것은 일부 특정 지역, 특히 항쟁이 처음 발발한 서부지역에서만 주로 나타났다. 이제는 이미 타 지역 농민들도 항쟁에 참여했을 뿐 아니라 읍내에서의 활동을 성공적으로 수행한 뒤였으므로 진주의 전지역으로 공격을 확대시켜나갔다. 20일 오후 농민들은 앞으로의 활동에 대해 토론을 벌이고 대오를 다시 정비했다. 그리고 지역에 따라 농민들을 분담하여 외촌으로 나섰다.[112] 농민들은 23일까지 약 22개 면을 지

---

110) 『임술록』, 43쪽.
111) 위의 책, 25쪽.
112) 위의 책, 1쪽.

나면서 56채의 집을 부수고 40채의 집에서 재물을 압수했다.113) 공격 받은 자는 주로 대상인, 지주 등이었다.

이때 농민군의 활동양상을 전체적으로 알 수 없고, 다만 동남쪽으로 진출한 부대의 활동만을 찾아볼 수 있다. 이들은 소촌(召村), 대여촌(代如村), 개천리(介川里) 등을 거치면서 소촌역(召村驛), 옥천사(玉泉寺) 그리고 평소에 악명 높은 토호집 등을 공격했다.

소촌역은 읍치에서 동남쪽으로 24리 정도 거리에 위치했으며 교통의 요지였다.114) 이곳은 찰방(察訪)이라는 중앙관리가 직접 관할했으므로 농민들로서는 목과 병영에서와 마찬가지로 관에 대해 자신들의 의지를 보일 필요가 있었다. 20일 밤 농민들은 대열을 지어 이곳으로 들이닥쳤다.115) 이곳 600-700호에서 농민을 대접할 정도였다고 하니 상당히 많은 수효가 참여했음을 알 수 있다. 21일 아침 농민들은 아사(衙舍) 앞에서 시위를 벌였다. 그러나 관리의 특별한 죄상이 보이지 않아 별다른 공격은 없었고, 다만 몇 가지 소소한 사항에 대해 시정을 확인하는 완문을 받아내는 정도였다.

이 지역에서 철저히 공격당한 자는 평소 농민들을 괴롭혔던 양반 권세가였다. 대여촌 남성동(南星洞)의 양반 성석주(成奭柱)와 개천면(介川面) 청강(靑岡)의 생원 최운(崔澐)은 대표적인 인물이었다. 이들은 양반이자 부호로서 권세와 부를 이용하여 농민들을 괴롭혔으므로 평소 원성이 높았다. 따라서 농민들의 첫째 가는 공격대상이 되었다.

그 다음 공격대상은 옥천사(玉泉寺)였다. 옥천사는 개천리 부근에 있는 큰 절로서 승려가 수백 명에 달했다. 이 절은 산지의 채초를 금지하여 농민들의 원성을 샀고, 절에 속한 토지의 환곡분급을 면제받아 상

---

113) 『진양초변록』, 병사백공삼차수계.
114) 『경상도읍지』, 진주조.
115) 『분독공휘』, 상묘당각처서.

대적으로 이 지역 농민들의 부담을 늘였다.116) 또한 절의 토지를 얻어서 부치는 농민들과도 마찰이 심했으리라고 짐작할 수 있다. 평소의 이 같은 봉건적 수탈 때문에 이 절이 공격대상이 된 것은 당연하다고 하겠다. 그런데 농민들이 공격할 낌새를 알고 절 쪽에서 미리 사람을 보내 농민들에게 절에서 유숙하도록 요청했고, 그리고 쌀 62섬, 짚신 50죽, 남초 50파 등을 바쳐 공격을 모면했다.

한편 이전에 지도부에서 공언하던 불참한 면리에 대한 별전을 이때에 거두었다. 농민군은 개천면에서 200냥을 징수했다.117) 상당히 중한 징벌이라고 볼 수 있다. 이때 개천면만이 불참하여 징수된 것을 보면 이러한 규약이 농민들의 참여도를 크게 높였음을 인정할 수 있다.

위와 같이 이들은 동남쪽 지역에서 소촌역, 옥천사 등을 주요 공격대상으로 설정하고 그밖에 양반가, 부호가 등을 공격하면서 나아갔으며, 남동쪽 변경에 이르러서 해산했다. 다른 지역의 경로는 알 수 없으나 공격받은 자들 가운데는 마동의 정영장(鄭營將), 각 면의 훈장, 남강원(南岡院) 주사(主事), 평소 향리에서 무단을 저지른 권세가, 부호가 등이 있었다.118)

이 단계의 조직활동은 첫째 각 지역별로 농민군을 나누어서 활동했으며, 둘째 공격목표를 미리 설정하여 효과적으로 공격했다. 당시 진주에는 70여 개 면이 있었는데 이 가운데 22개 면만을 공격한 것은 미리 중요 대상을 설정했기 때문인 듯하다. 또 활동기간까지도 계획하여 모든 지역에서 23일 같은 시간에 해산했다.119) 그러나 이 기간 동안에도 병영에서는 아무런 대책을 세우지 못하고 단지 포교들을 각처에 보

---

116) 이영호, 앞의 글, 주 81) 참조.
117) 『분독공휘』, 상묘당각처서.
118) 이영호, 앞의 글, 주 84) 참조.
119) 『진양초변록』, 병사백재차수계.

내 정탐할 따름이었다. 병영의 물리력으로는 도저히 제압하기 힘들 정도로 농민들의 세력이 강성했던 것이다.

4) 농민군 해산 및 이후의 활동(23일 이후)

마지막으로 해산 이후 농민들의 활동을 살펴보자. 본래 농민군은 외촌으로 나가기 전에 뒷날 다시 날짜를 정하여 성내에 들어오겠다고 공언했다.[120] 외촌을 공격한 뒤 바로 해산한 것으로 보아 다시 읍내를 공격하겠다기보다 이후 추이에 대해 계속 대처하겠다는 의도였다고 보인다. 이들이 해산한 뒤에 과연 어떤 활동을 했는지 알 수 없다. 그러나 다음달인 3월에도 수만 명이 다시 성 아래에 진을 쳤다고 하며,[121] 박규수가 안핵사로 내려갔을 때도 약 70개 지역에서 둔취하면서 안핵사에게 부세 문제를 건의했다고 한다.[122] 당시 진주는 70여 개 면으로 이루어졌으므로 이때도 면단위로 집결했음을 뜻한다. 이때의 우두머리는 정동(鄭童)이라고 하는데 유계춘 등 주도층이 체포된 후[123] 농민군을 이끌었던 인물이었던 것 같다.

이처럼 23일 해산 이후에도 농민들의 열기는 가라앉지 않았다. 특히 안핵사 같은 중앙관리가 파견되자 그들의 요구를 재확인하려고 다시 모였다고 여겨진다. 심지어 체포, 구금된 자가 몰래 각 면에 통문을 보내 다시 집회를 열어 자기들을 구해달라고 촉구하기도 했다.[124] 따라서 이미 신임목사, 병사가 파견된 뒤에도 항쟁의 분위기는 여전했던

---

120) 『日省錄』, 철종 13년 2월 29일.
121) 『용호한록』 12책, 삼남민요록.
122) 위의 책, 안핵사효유.
123) 유계춘 등은 신임병사가 부임한 3월 15일 이전에 체포되었다고 한다(『분독공휘』, 상묘당각처서).
124) 『진양초변록』, 병사백공삼차수계.

것이다.

네번째 단계 조직활동의 특징은 첫째, 해산 후 관의 탄압으로 유계춘 등의 인물이 체포된 뒤에도 새로운 인물들이 활동을 주도했다는 점이다. 이들은 항쟁과정에서 부각된 매우 활동적인 인물이었을 것이다. 둘째, 활동내용은 미리 예정한 대로 다시 집단시위를 벌인 것이었는데 이는 이전에 목사와 병사에게서 획득했던 내용을 중앙관리를 통해 다시 확인하려고 한 것이다.

이 단계에서는 농민군 조직활동의 한계성도 잘 드러나고 있다. 가장 중요한 것은 23일 바로 해산함으로 인해 농민들의 요구를 관철시키는 힘이 미약해졌다. 약 10년 뒤 이필제가 진주거사를 계획할 때 함께 모의했던 성하담(成夏膽)은 진주항쟁에 대해 다음과 같이 평가했다.

> 내가 임술년(진주) 초변 때 그 읍의 물정을 살펴본즉, 당시 쉽게 모이고 쉽게 흩어져서 이미 굳은 의지가 없어 당연히 대패했다.[125]

요컨대 읍권을 장악하고 감영 및 중앙관리에 대해 자신들의 요구를 적극적으로 표출하려는 시도가 부족했던 것이다. 그 결과 농민군이 해산하자 곧 탄압이 자행되기 시작했다.

5. 맺음말

1862년 진주농민항쟁 사례에서 드러난 조직과 활동을 검토한 결과 다음과 같은 결론을 얻었다.

첫째, 진주농민항쟁은 이 해에 갑자기 일어난 사건이 아니었다. 적어

---

[125] 『경상감영계록』, 1870년 6월 14일 유영렬 공초.

도 19세기 환곡을 비롯한 읍폐에 대해 여러 차례 저항이 있었으며, 이러한 경험을 토대로 하여 1862년 조직력을 강화시키고 적극적인 항쟁으로 나아갔다. 둘째, 항쟁이 발발하기까지의 과정을 살펴보면 먼저 지도부가 형성되고 이들을 중심으로 모의가 이루어지는 과정과 공개집회를 통해 대중을 끌어들이는 과정이 있었다. 이를 초기 조직화 단계, 대중조직화 단계라고 구분할 수 있다. 이때 운동의 전개과정에서 지도부의 변화가 있을 수 있었다. 그러나 전체적인 운동양상에서 볼 때 잔반 또는 초군지도자가 중심이 되었으며, 양반층의 참여가 몰락양반을 넘어 상당히 폭이 넓었고 농민층도 또한 폭이 넓었다. 이런 점에서 유력사족과 토호층 그리고 일부 요호부민층을 제외하고는 참여폭이 매우 넓었던 것으로 파악된다. 그리고 '이회', '도회'는 기존의 향회와 달리 조직을 확대해나가는 과정에서 형성된 농민들의 집회였다. 이러한 집회과정에서 의식이 더욱 강화되어나갔음을 알 수 있다. 셋째, 초군의 대거 참여는 단순히 항쟁의 양적 확대만을 가져온 것이 아니라 조직활동을 강화하는 기반이 되었다. 면리 단위의 초군조직이 항쟁 전개과정에서 그대로 활용되었던 것이다. 넷째, 항쟁과정은 지도부의 면밀한 계획과 실천의지 그리고 초군의 적극적인 참여가 결합되면서 이루어졌다. 이 점은 항쟁 전개과정에서 명확히 드러났다. 그밖에도 외지의 고용노동자들이 상당수 참여했으리라 보이지만, 자료상 잘 드러나지 않는다. 이귀재의 경우 의령에서 유리된 자라고 한다.[126]

1862년 진주농민항쟁은 우리나라 농민운동의 수준을 한 단계 드높였지만, 반면 당시 농민운동의 한계도 명확히 드러냈다. 첫째, 항쟁이 진주라는 한 읍에서만 이루어졌다. 당시 인근 읍의 농민도 참가하기는 했으나,[127] 읍 차원의 연대가 이루어지지는 못했다. 다만 항쟁 전개과

---

126) 『임술록』, 24쪽.
127) 『진주초군작변등록』 6호문서.

정에서 이를 극복하려는 움직임이 나타나고 있음을 주목할 필요가 있다. 군현 단위의 국지적 규모에서 벗어나 이웃 군현에까지 활동을 확대시키면서 다른 읍의 항쟁을 도와주거나 연대하려고 한 점이 보인다.128)

둘째, 한 차례 공격이 끝난 후 쉽게 해산했다. 이 때문에 자신들의 요구를 확실히 보장받지 못하고 곧 탄압을 받게 되었다. 이 점은 봉건권력을 무너뜨리지 않는 한 겪을 수밖에 없는 한계라고 볼 수 있다. 이 점 또한 항쟁이 각지로 번져나가면서 뛰어넘으려고 한 노력이 있었다. 몇 개 지역에서 계속 읍권을 장악하거나 둔취하는 사례가 보이며, 나아가 한 읍을 완전히 장악하고 협상을 통해 자신들의 요구를 충분히 관철시키기도 했다.129)

1862년 농민항쟁은 전개과정에서도 끊임없이 발전했고, 이후 농민운동에도 커다란 영향을 주었다. 특히 개항 뒤의 농민항쟁, 1894년 농민전쟁으로 연결되었다.

지금까지 몇 가지 측면에서 검토 결과를 정리했으나 아직 진주농민항쟁에 대해 충분히 밝혔다고 볼 수는 없다. 지도부의 활동이 은밀히 이루어진 데다가 항쟁 후에도 주도층 가운데 상당수가 잡히지 않았기 때문에 당시 관에서도 농민항쟁의 조직과 활동의 전모를 제대로 알아내지는 못했다. 유계춘, 김수만, 이귀재 등 3명이 효수당하고 수십 명

---

128) 『용호한록』 12책, 삼남민요록상. 충청도에서도 은진의 농민이 전라도 여산을, 회덕 농민이 청주목을 공격하는 사례가 있었다(『1862년 농민항쟁』, 336쪽).

129) 선산이 대표적인 예이다. 이곳에서의 활동은 다음과 같다. 읍을 장악하고 외곽도로를 차단하면서 왕래하는 자들을 검문했다. 몰래 들어오려는 진영의 포졸을 잡아 처형했다. 감사의 비장을 잡아 그를 인질로 하여 감영옥에 갇혀 있던 동지들을 구출했다. 선무사와의 협상을 통해 결가 8냥을 확인받았다. 이처럼 선산은 오랜 기간 동안 읍을 장악하면서 활동을 벌였다(『1862년 농민항쟁』, 189~198쪽).

이 처벌받았지만, 당시 체포되지 않은 자들이 배순지, 정원팔, 유돌금, 조윤검, 정치회, 박수견, 황개동, 정자약, 오익, 한홍락, 정순일, 박오복, 곽채, 황달철, 사노 검동 등 상당수에 달했다.130) 그래서 안핵사 박규수도 주모자는 사건 후에 이미 도망가버렸고 잡아들인 자는 기껏 풍문에 의하거나 용모가 비슷한 자에 불과하다고 하면서 주도층을 잡아들이는 일은 "그림자를 쫓고 바람을 잡는" 격이라고 한탄했다.131)

진주농민항쟁은 앞으로 더 연구되어야 할 과제가 많다. 사실 지금까지의 농민항쟁 연구들은 대부분 진주를 대상으로 할 정도로 농민항쟁에서 절대적인 비중을 차지하는데, 그 가장 큰 이유는 자료가 비교할 수 없을 정도로 많기 때문이다.

그러나 여기에도 한계와 문제점이 있다. 과연 진주의 사례가 농민항쟁의 일반적인 모습일까 하는 점을 짚어봐야 할 것이다. 진주의 특수한 측면이 있는데, 그것을 과도하게 일반화하지 않았을까 하는 우려가 있을 수 있다. 앞에서 보았듯이 그런 측면이 없지 않다. 이를 규명하기 위해서는 다른 지역의 사례들이 널리 연구되어야 한다. 현재까지는 사료의 한계 때문에 다른 지역의 세밀한 연구는 별로 이루어지지 않고 있다. 따라서 사료발굴도 중요하지만 사료를 뛰어넘어 현지조사 등의 방법이 필요하다. 진주, 단성, 성주 등은 족보라든가 지역조사 등을 통해 상당히 밝혀졌다. 그러나 아직까지 연구된 지역은 한정되어있으며, 실제로 함평, 익산 등 항쟁이 크게 일어난 지역의 경우도 제대로 연구

---

130) 『임술록』, 34쪽.
131) 『환재집』 권 8, 書牘 3월 12일, 15일, 4월 17일. 여기에 대해서는 김석형도 일찍이 다음과 같이 지적했다. "초군이 어떠한 조직을 가지고 어느 정도로 이 당시에 움직였는지 안핵사의 곤장도 이를 알아내지는 못했다. 오늘 우리로서는 그들이 극히 산발적으로라도 감정, 사상과 처지의 공동성으로 인하여 일정하게 그 어떤 그루빠적인 것을 가지고 움직이고 있었다고 최소한도로 말할 수 있다고 생각한다"(「1862년 진주농민폭동과 각지 농민들의 봉기」, 『봉건지배계급을 반대한 농민들의 투쟁』(이조편), 1963, 148쪽).

되어 있지 않는 실정이다. 앞으로는 폭넓은 연구를 통해 농민항쟁을 일반화시키는 노력이 필요하겠다.

   그런 점에서 진주는 전체 연구를 끌어나가는 데 앞서 나가는 역할을 해야 할 것이다. 앞으로도 방증사료를 활용한다면 진주농민항쟁에 대해서 보완할 내용이 많다고 여겨진다.

진주 인근에서의 동학군 봉기

김 준 형*

> 1. 머리말
> 2. 진주지역의 역사·지리적 조건
>   1) 지리적 입지
>   2) 진주지역 사족층의 침체
>   3) 영남지역 민란의 확산과 배왜의식 고조
> 3. 진주 인근의 동학군 봉기와 패퇴
>   1) 9월 봉기 이전 동학도의 활동
>   2) 진주 동학군의 봉기와 활동
>   3) 일본군·관군과의 전투와 패퇴
> 4. 동학도의 추구목표와 이후 추이
> 5. 맺음말

1. 머리말

 1862년 농민항쟁에서 선도적 역할을 했던 진주는 이후에도 이 경험을 바탕으로 사회변혁운동에서 선구적 역할을 해왔다. 1894년 제2차 동학군 봉기 때도 진주는 경남 서부지역에서 주요한 역할을 했다.
 필자는 이미 10년 전에 경남 서부지역의 동학군 봉기와 보수세력의 대응에 대한 글을 발표한 적이 있지만,[1] 미진한 부분이 적지 않았다.

---

* 경상대 사회교육과 교수
1) 김준형, 「서부경남지역의 동학군 봉기와 지배층의 대응」, 『경상사학』 7·8합집, 1992.

그 이후 새로운 자료도 발굴되었고 논지를 새롭게 전개해야 할 부분도 생겼다. 그리고 이번 학술대회를 계기로 동학군 봉기 때 진주지역이 맡았던 역할을 체계적으로 정리해볼 필요성을 느꼈다.

그런데 동학군 봉기를 언급할 때 한 가지 전제해야 할 점이 있다. 즉 동학군 봉기는 이전에 일어났던 농민항쟁과 차이가 있다는 것이다. 1862년의 농민항쟁은 고을 차원에서 문제가 제기되고 고을 단위에서 끝나버리는 한계를 지니고 있었다. 이에 비해 동학도의 활동이나 동학군 봉기는 고을 단위를 넘어 다른 고을과 서로 영향을 미치면서 연대하고 있었다. 경남 서부지역에서도 진주를 중심으로 동학세력이 뻗어나가면서 인근 고을과 조직적 연대가 이루어지고 있었다. 따라서 진주지역 동학군의 활동추이를 살펴보려면, 진주 이외에 인근 고을을 포함한 경남 서부지역 전체를 시야에 두어야 한다.

필자는 먼저 진주에서 동학군이 봉기하게 된 역사·지리적 조건을 살펴보고, 다음에 동학군의 봉기과정을 서술하려고 한다. 마지막으로 동학군 봉기의 성격과 그 이후의 추이에 대해서도 언급할 것이다.

2. 진주지역의 역사·지리적 조건

1) 지리적 입지

우리나라에서는 많은 변화를 겪기는 했지만, 대읍을 중심으로 하는 지역권이 형성되어 오랜 기간 동안 정치적·군사적·경제적·문화적 권역으로 존속했다. 진주는 이런 대읍의 하나로서 경남 서부지역의 주변 여러 고을을 통할하면서 이 권역의 중심 고을로 기능하고 있었다. 통일신라 때 9주 중의 하나로 설치된 강주(康州)는 진주라는 고을을 지칭할 뿐만 아니라 경남 서부 일대와 경북 서남부 일부를 통할하는 영역으로도 기능했다. 그 이후 고려시대 지방제도의 변천과정을 거쳐 주읍(主邑) - 속읍(屬邑)체제가 소멸되고 중앙집권체제가 강화되는 조선시대로 들어오면서 기존의 권역은 약화되었다. 그러나 『신증동국여지승람(新增東國輿地勝覽)』의 진관(鎭管) 조직에서 진주목진(晉州牧鎭)에 속하는 읍이 합천(陜川)·초계(草溪)·함양(咸陽)·곤양(昆陽)·거창(居昌)·사천(泗川)·남해(南海)·삼가(三嘉)·의령(宜寧)·하동(河東)·산음(山陰)·안음(安陰)·단성(丹城)으로 나타나듯이, 일부 읍의 출입이 있었고 영역이 좀 축소되긴 했지만, 기존의 전통적 지역권이 유지되어가고 있었다.

　이러한 진주권 지역을 지리적으로 위치지어보면, 대개 지리산과 섬진강의 동쪽, 가야산의 남쪽, 낙동강의 서쪽에 자리잡고 있었다. 이 권역이 갑오경장 이후 23부제(府制), 13도제(道制)라는 지방제도 개편에 대체적으로 계승되어 진주에 관찰부가 두어짐으로써 진주는 경상남도 도청소재지로서 중요한 기능을 할 수 있었다.2)

　이렇듯 진주는 경남 서부지역의 중심지적 입지를 점하고 있었기 때문에 변란이 일어나면 주위 고을에 큰 영향을 주고, 다른 고을에도 동조세력이 쉽게 형성될 수 있는 여건이 조성되어있었다. 게다가 진주 서북쪽에 있는 지리산은 산이 넓게 퍼져있고 곳곳이 비옥할 뿐 아니라 산이 높고 골이 깊기 때문에 옛날부터 도적들이나 여러 변란 및 사회운동을 도모하는 세력들의 근거지로서 중요한 표적이 되기도 했다. 이중환은 『택리지』에서 다음과 같이 이야기하고 있다.

　지리산은 남해가에 있다.…… 흙이 두텁고 기름져서 온 산이 모두

---

2) 김준형, 「진주지역 형평운동의 역사적 배경」(형평운동 70주년 기념사업회), 『형평운동의 재인식』, 솔, 1993, 32~34쪽.

사람 살기에 알맞다. 산 속에 백리나 되는 긴 골이 있어 바깥쪽은 좁으나 안쪽은 넓어서 가끔 사람이 발견하지 못한 곳이 있고 나라에 세금도 바치지 아니한다. 지역이 남해에 가까우므로 기후가 따뜻하여 산중에는 대나무가 많고 또 감과 밤이 매우 많아서 저절로 열었다가 떨어진다. 기장이나 조를 높은 산봉우리 위에다 뿌려두어도 무성하게 자란다. 평지 밭에도 모두 심으므로 산중에는 촌사람과 중들이 섞여서 산다. 중이나 세속사람들이 대를 꺾고 감·밤을 주워서 수고하지 않아도 생계 꾸리기가 족하며, 농부와 공장(工匠)들이 또한 심히 노력하지 않아도 충족하다. 이리하여 이 산에 사는 백성은 풍년·흉년을 모르므로 부산(富山)이라 부른다.…… 다만 지역이 너무 깊고 막혔으므로 마을에 죄를 짓고 도망쳐온 무리가 많고 또 도적이 나오기도 한다. 온 산에 잡신의 사당이 많아서 해마다 봄·가을이 되면 사방에서 무당이 모여들기도 한다.3)

위의 글에서도 알 수 있듯이 지리산은 범위가 넓고 깊은 골과 내부에 농사지을 곳이 많아 관리들의 통제력이 제대로 미치지 않는 지역이 많이 형성되어있었다. 따라서 죄를 짓고 도망해온 자나 도적들의 소굴이 될 가능성이 컸다. 실제로 1894년 동학군 봉기 이전에 하동군 화개면에서는 영남·호남을 넘나들면서 기승을 부리던 도적들을 막기 위해 자체 방어조직인 민포(民砲)를 만들어 운영한 적도 있었다.4)

이 중에서도 특히 지리산 동남쪽 기슭의 깊숙한 부분에 자리잡고 있던 덕산은 변란이나 항쟁의 중요한 거점이었다. 덕산은 진주 관아에서 서북쪽으로 70리 가량이나 떨어져있었다. 또 덕천강이 흘러가는 곳 이

---

3) 『擇里志』 卜居總論 山水條.
4) 『梧下記聞』 第2筆 7월 6일. "河東民兵 逐光陽賊 劃江防守 河東處湖嶺界 綰江海之利 爲南方一都會 故多姦民獰盜 智異山起脚 首環一邑 而花開一洞 巖壑遽險 十年以來 火賊窟其中 湖逐則嶺 嶺逐則湖 各營捕卒 因以擾之 民不堪命 乃倡率鄕社 團束保伍 備火砲軍 號曰民砲 自是火賊捕卒 皆敢不入."

외에는 산으로 둘러싸여 있고 비옥한 토지들이 넓게 형성되어있어 숨어사는 인물들이 머물 수 있는 좋은 입지를 지니고 있었다. 따라서 여기에는 조선중기 남명 조식(南冥 曺植)이 이곳에 정착한 이후 많은 사족들이 들어와 자리잡기도 했지만, 일반 민간인들도 어느 지역보다 많이 밀집되어있었고 시장도 열리고 있었다. 이런 곳이었기 때문에 사람들을 동원하기 쉬웠다. 또 무슨 모의를 하다가 여의치 않으면 지리산 깊은 계곡으로 숨어들어갈 수 있는, 지형상 여러가지로 유리한 점이 있기도 했다.

따라서 이곳은 1862년 진주농민항쟁 때 첫 봉기지 역할을 했고,[5] 1870년 이필제(李弼濟)가 진주작변(晉州作變)을 계획할 때도 중요한 거점으로 주목받았다.[6] 당시에 떠돌던 여러 비기(秘記) 중 하나에서는 진양(진주)이 변란의 선봉 역할을 할 수 있는 곳으로 지목되기도 했다.[7]

경남 서부지역 동학도들의 세력확장에서도 덕산은 핵심 근거지가 되었다. 덕산이 중심이 되어 그 주변, 즉 지리산 기슭의 삼장(三壯)·시천(矢川)·사월(沙月)·청암면(靑巖面) 등에 영향을 미쳐 이곳이 동학도들의 중요한 거점으로 주목되고 있었음은 다음의 자료를 통해 알 수 있다.

각 읍의 동비를 제거하려면 먼저 진주의 동비를 제거해야 합니다. 그리고 진주의 동비를 제거하려면 먼저 덕산(德山)의 동비와 삼장·시천·청암(靑巖)·사월 및 사오리에 거주하고 있는 반인(班人)·상인(常

---

5) 宋讚燮,「1862년 진주농민항쟁의 조직과 활동」『韓國史論』21, 서울대, 1989, 350~358쪽.
6) 尹大遠,「李弼濟亂의 硏究」『韓國史論』16, 서울대, 1987, 152~153쪽.
7) 『慶尙監營啓錄』제3책 同治8년(1870). "節到付右兵使任商準謄報 居昌幼學楊永烈 供招 … 成七日 秘記云 天命奎仙 義旗先倡 晉陽先動也 所以直往德山 嘯起樵黨 驅入營府 擔昇官長 遍行邑村 軍丁自可收聚 軍械倉穀 亦在其中."

人)이 동비들과 함께 살고 있는 마을들을 제거해야 합니다. 영남 각읍의 동비들은 모두 덕산에서 나온 자들인데, 덕산은 진주의 서쪽에 있는 지리산 밑에 있으며, 그 괴수(魁首)는 언제나 덕산에 있으면서 그곳을 소굴로 삼았던 것입니다.8)

진주의 지리적 조건과 관련하여 한 가지 더 지적할 것은 앞에서도 언급되었듯이 진주권은 다른 지역에 비해 토지가 비옥했다는 점이다.

나라 안에서 가장 기름진 땅은 전라도 남원(南原)·구례(求禮)와 경상도의 성주(星州)·진주(晉州) 등 몇 곳이다. 그 곳은 논에 한 말 종자를 뿌려서 최상은 140말을 거두고 다음은 100말을 거두며 최하로 80말을 거두는데, 딴 고을은 그렇지 못하다. 경상도에도 좌도는 땅이 모두 메마르고 백성이 가난하나 우도는 기름지다. 전라도에는 좌도의 지리산 곁은 모두 기름지다. 그러나 바닷가 고을은 물이 없고 가뭄이 많다. 충청도에는 내포(內浦)와 차령 이남은 기름진 곳과 메마른 곳이 반반인데, 가장 기름진 곳도 종자 한 말을 뿌려서 60말 안팎을 거두는 곳이 많다.9)

토지가 비옥해서 소출이 많은 만큼 농민에게 돌아올 수 있는 잉여분이 다른 지역보다 많았을 것이다. 그만큼 농민이 성장할 수 있는 지역적 조건이 마련되어있었다고 할 수 있다. 그런데 만일 이 잉여분까지도 지주나 봉건적 수탈기구가 거두어간다면, 생산물 배분을 둘러싼 형평성 문제 때문에 지주와 전호 간에 격렬한 대립구조가 형성될 것이고, 저항운동의 기운도 다른 지역보다 높아질 가능성이 있었다.10)

---

8) 『駐韓日本公使館記錄』 1, "慶尙右道 東學黨 擾亂 景況과 이에 대한 의견", 170~171쪽.
9) 『擇里志』, 卜居總論 生利條.
10) 1920년대에 농민운동이 각지에서 일어날 때 진주지역에서 요구한 5할 소작

2) 진주지역 사족층의 침체

이와 같이 토지가 비옥하여 넉넉한 살림을 영위할 수 있었던 진주는 산천의 형승도 좋았고 조선초기부터 유명 인물도 많이 나왔다.

진주는 지리산 동쪽에 있는 큰 고을이며, 장수와 정승이 될 만한 인재가 많이 나왔다. 땅이 기름지고 또 강과 산의 경개가 있으므로 사대부는 넉넉한 살림을 자랑하며, 제택(第宅)과 정자(亭子) 꾸미기를 좋아하여 비록 벼슬은 못했으나 한가로이 노니는 공자(公子)라는 명칭이 있다.11)

진주는 조선초기부터 하(河)·강(姜)·정(鄭)씨 등 토착가문에서 명공거경(名公巨卿)이 많이 배출되었다. 이들은 관료로 진출한 후에도 고향을 왕래하면서 종전의 재지적 기반을 그대로 유지하고 있었기 때문에 재지사족세가 강했다. 이런 가문과 혼인관계에 있는 다른 가문의 사족들이 진주로 들어와 거주하는 현상도 이어졌다. 이 중에는 정여창(鄭汝昌)·조지서(趙之瑞)·이인형(李仁亨)·정사룡(鄭士龍)·조식(曺植) 등 유명 인물도 포함된다. 이런 연유로 하여 진주는 마침내 경상우도 사림의 연수(淵藪)가 되었다.12)

조선 성리학의 극성기인 명종·선조대에 퇴계 이황(退溪 李滉)과 더불어 영남 성리학의 양대 산맥을 이루어 학계를 주도해왔던 남명 조식

    료와 순천지역에서 요구한 4할 소작료의 차이는 이러한 구조를 반영한 것이 아닐까 추측된다(金森襄作,「朝鮮農民組合運動史 — 1920年代の晉州·順天を中心にして」,『朝鮮史叢』5·6, 1982, 293~297쪽 참조).
11)『擇里志』八道總論 慶尙道條.
12) 李樹健,『嶺南 士林派의 形成』, 嶺南大 民族文化研究所, 1979.

도 이러한 지역적 조건하에서 진주 덕산을 근거지로 활동하고 있었고, 그의 학풍은 우도 사림계에 큰 영향을 미치고 있었다.

남명은 조정에서 불러도 나아가지 않고 산림에 은거하고 있었다. 그는 실천적 행의(行義)를 누구보다도 강조했고, 그 성향이 과격하고 직설적이었다. 그 제자인 수우당 최영경(守愚堂 崔永慶), 덕계 오건(德溪 吳健), 동강 김우옹(東岡 金宇顒), 내암 정인홍(來庵 鄭仁弘) 등도 세인들로부터 마찬가지의 평가를 받았다. 따라서 남명학파에 계승되는 학문적 성향이나 지역의 분위기를 볼 때 다른 학파에 비해 이런 성향이 매우 강했다. 이것이 후에 임진왜란이 일어났을 때는 강렬한 의병활동으로 나타났던 것이다.13)

경상우도에 거점을 둔 남명학파는 남명이 서거한 후에 전개되는 동서 분당, 남북 분당 및 대소북(大小北) 분당에 각각 하나의 축으로 참여하면서 당시 정계에 커다란 영향을 미치게 되었다. 특히 광해군대에는 남명의 수제자 정인홍을 중심으로 하는 대북정권이 맹위를 떨치면서 여러 문제를 야기시켰다. 이 때문에 서인을 중심으로 하는 인조반정(仁祖反正)이 일어났고, 이러한 국면전환으로 정인홍을 비롯한 대북파 인사들이 비참한 최후를 맞거나 제거될 수밖에 없었다. 이후 조선조 말엽에 이르기까지 정인홍 세력의 근거지였던 경상우도는 억압과 소외의 대상이 되었고, 남명학파는 대북의 몰락과 함께 그 주된 정치적 배경을 상실하고 말았다.

게다가 영조 4년 노론정권을 뒤엎기 위해 일어난 무신란(戊申亂)에 정희량(鄭希亮)을 비롯한 우도의 사림들이 깊이 개입함으로써 우도 사족들은 또다시 큰 타격을 입었다. 우도 사림의 전통이 그 근원인 남명 학문에서부터 잘못되어있었기 때문에 정인홍 같은 인물이 나오고 무

---

13) 김준형, 「경상우도의 의병활동과 남명학파」, 진주박물관『壬辰倭亂博物館 開館紀念 國際學術심포지엄 資料集』, 1998, 46~48쪽.

신란도 일으켰다고 보는 시각마저 제시되고 있었다.
 이처럼 경상좌도의 남인과 달리, 특정 구심점이 약화된 채로 남인·노론으로 분화되어가면서 다른 지역 또는 다른 당파 사람들의 경계대상이 되어버린 우도 사림들은 전반적으로 침체해 갈 수밖에 없었다.14)
 이런 상황에서 남명학파의 과격하고 저항적인 성격은 침체, 몰락하던 경상우도 특히 경남 서부지역 사족에게서 새로운 불만과 저항의식으로 표출되었다. 1862년 진주농민항쟁 때도 항쟁을 주도했던 인물들의 다수는 몰락양반이었다. 몰락양반의 일부는 다음 인용문에서 나타나듯이 동학이 전국으로 파급될 때 경남지역에서 이를 확산시키는 데 주요한 역할을 하게 된다.

 동비(東匪)들은 모두 상인(常人)·천인(賤人)·사노(私奴)·관속(官屬)의 하배(下輩), 패망한 반종(班種)의 부랑분자(浮浪分子)에 불과합니다. 읍속(邑屬)은 명령을 하달한 관인(官人)과 가까운 자들입니다. 그들은 외촌(外村)에 있는 동비들의 이목(耳目)이 되어 관가(官家)의 동정을 모두 소개했습니다. 그러므로 외촌의 동비들을 제압하려면 먼저 관인과 가까운 동비를 제거하고, 상인과 천인의 동비들을 제거하려면 먼저 반종의 동비를 제거해야 하며, 각읍의 동비를 제거하려면 먼저 진주의 동비를 제거해야 합니다.15)

3) 영남지역 민란의 확산과 배왜의식 고조

 19세기는 중세사회가 해체되고 근대사회가 태동하는 시기로서 사회 내부의 모순을 둘러싼 제반 갈등이 심화되고 있었다. 특히 개항 이후

---

14) 李在喆, 「18세기 慶尙右道 士林과 鄭希亮亂」, 『大丘史學』 제31집, 1986.
15) 『駐韓日本公使館記錄』 1, "慶尙右道 東學黨 擾亂 景況과 이에 대한 의견", 170~171쪽.

상품화폐경제가 한층 확산되는 것을 바탕으로 지주제가 확대되고 농민층 분해가 가속화되어가면서 봉건적 부세수탈이 더욱 강화되고 있었다.

진주를 비롯한 경남 서부지역의 상황도 마찬가지였다. 게다가 영남지방은 수년의 흉황에 이어 1894년에 들어 혹심한 가뭄으로 고초를 겪고 있었다.16) 영남 내에서도 경남 서북부 일부 지역을 제외한 진주권 지역의 거의 모든 읍이 가뭄의 피해가 가장 심한 읍으로 분류되고 있었다.17)

또 1880년대 이후 화적들이 영남 곳곳에 횡행하고 있었다. 특히 임오군란 이후 여기에 연루되었던 군졸들 일부가 남방의 유민들을 협박하고 꾀어내고 병기를 훔쳐내어 무리를 짓고 작당하고 있었는데, 영남지역이 가장 심했다고 한다.18) 1891년에도 경남 서부지역에 화적들이 횡행하여 우병영에서 이들의 일부를 체포하여 효수한 적도 있었다.19)

이런 불안한 상황에서 봉건적 수탈의 가중은 경남지역 농민의 저항을 불러일으켰다. 동학농민전쟁의 발단이 되었던 것은 전라도 고부의

---

16) 『日省錄』高宗 31년 9월 17일. "傳曰 嶺南一路 連歲歉荒 今年則旱魃愈酷 沿海各邑 景狀又慘 湖南左沿 亦不免飢"

17) 申榮祐, 『甲午農民戰爭과 嶺南保守勢力의 對應—醴泉·尙州·金山의 事例를 중심으로』 연세대 박사학위논문, 1991, 61쪽.

18) 『統制營關牒』(규장각 소장) 제1책. "甲申(1882) 五月 議政府爲相考事 …… 今夫火賊 梗化八路 出沒隱現 道路阻絶 商賈不通 惟嶺南一路最甚 日日傳聞 賊徒多出於壬午變逆卒之中 盜取兵器 淆雜往來 適値南方之飢荒 協說四方之流民 成群作黨之故也."

19) 『慶尙道右兵營啓錄』 제4책 光緖 17년(1891) 3월 10일. "折衝將軍守慶尙右道兵馬節度使臣蔡 道內黨賊之患 自臣赴任之後 連加關飭於各鎭邑 使之各別詗捕 而間有幾個漢 隨捉勘處是白乎矣 獷悍之徒黨 猶不畏戢 頑悖之僧俗 互相投跡 尤復猖獗 實所憂念 故別定臣營校砲 招致晉州鎭校卒 其所掩捕之方 詳密指示 是白加尼 前後所捉 合爲十一漢 …… 本月初十日巳時量 臣營城北門外市上通衢 上項罪人金快得·田松牙致·僧必權·僧德云·僧于哲·僧性贊·朴會瑞·僧用云·權致寬·僧德仁·僧京守等 依法捧結案後 大會軍民 梟首警衆."

봉기였는데, 이 봉기가 일어났던 1월 중순경에 이미 진주 인근 고을에서도 민란이 일어나고 있었다.

함안(咸安)에서는 1월 12일 향민 수천 명이 동문 밖 사정(射亭)에 모여서 향인 박용하(朴龍夏)와 향리 한영두(韓瑛斗) 등의 집을 방화했다. 이 무렵 사천에서도 민란이 일어났다. 1월 16, 17일 민인 수백 명이 읍폐교정(邑弊矯正)을 이유로 근남면에 모여 읍촌의 이민가(吏民家) 십여 호를 부수고 불태웠다. 감영에서는 감영장교를 파견하여 일을 수습하려 했으나 2월 3일 다시 민인들이 봉기하여 관정에 돌입하고 책실(冊室)을 쫓아내기까지 했다. 이보다 훨씬 후인 3월 말경에는 김해에서도 민란이 일어나는데, 이곳에서는 수령이 민인들에게 중요한 인부(印符)를 빼앗기고 축출당하기에 이르렀다.

이후 한동안 뜸했지만 7, 8월에 들어서면서 영남의 각 고을에서는 다시 민란이 격화되어갔다. 7월 중순경 영해(寧海)·영덕(盈德)·경주(慶州)·연일(延日)·영천(永川)·고령(高靈) 등의 읍에서 민요가 일어났는데, 그 중 영천·영덕 등이 특히 심하여 소수지물(所隨之物)이 모두 분소되었다고 한다. 그외 7, 8월에 민란이 일어난 것이 확인되는 곳은 고성(固城), 하동(河東), 산청(山淸), 울산(蔚山), 언양(彦陽), 김해(金海), 기장(機張), 의령(宜寧) 등이다.[20]

아무튼 "도내에서 민요가 발생한 읍이 60여 곳에 이른다"는 당시 경상감사의 말에서도 알 수 있듯이, 경상도 대부분의 고을에서 민란이 속출하고 있었지만[21] 감영으로서는 민란의 원인이 되는 갖가지 구조적 모순을 근본적으로 치유하지 못하고 있었다. 인근 고을 수령을 조

---

20) 김준형, 앞의 글, 1992, 76~77쪽.
21) 『慶尙道固城府叢瑣錄』 2, 甲午 9월 6일. "巡相曰 近聞京奇 時局一變 爻象洶洶 寧欲無言 且道內民鬧之邑 幾至六十餘 而固城則賴令條處 有方勘斷無遺 今至安帖 可知恢刃有餘 其他各邑 則率皆謬戾壞亂 聞之迷悶 重以東徒四起 無處無之."

사관으로 파견하여 임시적 미봉책을 쓰는 데 급급했을 뿐 어쩔 수 없는 상황이 지속되고 있었다. 정부에서도 중앙에서 파견한 안핵사(按覈使)나 감영을 통해 각 고을의 탐학수령이나 이서들을 적발해서 징치한 다든지 영남 인민을 위무하는 윤음(綸音)을 내리고, 흉황이라 해서 일부 전재(錢財)를 진제(賑濟)용으로 내려주거나 일부 부세에 대해 탕감·시정하는[22] 등의 임시적 조치만 내리고 있을 뿐이었다.

이와 같이 전도에 걸쳐 일어나는 민란과정을 통해 당시 사회의 모순구조에 대한 농민들의 불만·저항의식은 더욱 고조되어가고 있었다. 이런 상황에서 이미 전국적으로 확산되어있던 동학사상과 그 조직이 인민들의 요구를 해결해가는 하나의 매개로서 주목받게 된다.

게다가 개항 이후 제국주의세력이 국내 상권에 침투함으로 인해 조선 상품화폐경제의 구조가 왜곡되고 봉건지배계급의 수탈이 강화되는 등 농민적 상품화폐경제의 성장이 제약당하게 되었다. 특히 농업분야에서는 개항 이후 일본으로의 미곡수출 영향으로 소수의 지주·부농층에 의한 토지집적이 한층 심화되는 가운데 다수 빈농층의 경제적 몰락도 더욱 가속화되었다. 곡물상품화의 진전으로 기대되는 잉여축적은 고사하고 생산물을 궁박판매할 수밖에 없는 빈농이나 임금에 의존할 수밖에 없는 농촌노동자들은 이어지는 곡물의 가격폭등과 품귀현상으로 생존을 위협받을 지경이었다.

이런 상황에서 농민들의 외세에 대한 불만과 저항은 커질 수밖에 없었다. 그 중에서도 특히 일본은 청과 함께 경제적·정치적·군사적 침투에 앞장서고 있었고, 미곡수출로 농민·노동자층에게 심한 고통을 주었기 때문에 가장 중요한 배격대상이 되고 있었다. 1887년 경상도에서 일본상인들이 내지를 돌아다니며 쌀과 콩을 사들이는 바람에 가격

---

22) 『日省錄』高宗 31년 9월 2일, 7월 26일, 8월 1일, 9월 15일조 참조.

이 갈수록 오르고 농민이 종자곡식마저 준비할 수 없어 폐농 지경에 이르렀다는 사실이나, 1886년 밀양에서 곡물을 수출하던 일본상인이 군집한 민중에게 구타당한 사건은 당시 영남지역의 상황을 잘 말해준다.[23]

그런데 6월 말 7월 초 일본군의 불법적 궁성점령 소식이 알려지면서 일본에 대한 적개심과 의구심은 한층 더 높아졌다. 영남지역에도 이 소식이 7월 초에 전해졌고, 그에 대한 적개심이 고조되고 있었다.[24] 특히 곧바로 청일전쟁이 이어지면서 일본군의 전쟁물자 수송이나 토목공사가 이루어지는 연로 부근에서는 관속이나 거주민들이 다른 곳으로 피한다든지 인심이 점점 흉흉해져 무엇인가 일어날 것 같은 상황이었다.[25]

그러나 이러한 적개심과 의구심을 결집해서 일본의 침략적 행위에 직접 대항하는 운동을 전개해나갈 수 있는 독자적 조직은 동학 이외에 아직 없었다. 그동안 상소운동 등을 통해 '척왜양(斥倭洋)'을 외쳐왔던 보수유생층도 내적으로만 분개하고 있을 뿐, 아무런 행동으로 옮기지 못하고 있었다.

1893년 삼례집회, 복합상소, 보은취회, 금구취회로 이어지는 동학교도들의 집회와 1894년 봄 동학농민군의 봉기는 이런 상황에서 보국안

---

23) 하원호, 「곡물의 대일수출과 농민층의 저항」, 『1894년 농민전쟁 연구 1』, 역사비평사, 1991, 271쪽.

24) 『端磎日記』 제9책 갑오 7월 5일. "聞去月卄一日 倭圍宮城 不知幾重 奸臣出去 淸兵盡去 同開留京人 來傳如是"; 위의 책 제9책 갑오 7월 6일: "賊據有都城 生殺予奪 甲兵府庫 渠自擅斷 水原城門 渠自開閉 君父存亡 全然不知 痛哭痛哭."

25) 『慶尙道固城府叢瑣錄』 2, 甲午 7월 15일. "見營邸金元河書 … 日人四五千名 入營 借與本府 容接幾日 今已上去京城 而千餘名留住 大起土木於達城 或入處 營內 夜必留門 如是之故 營內內屬 擧皆避處他地 人心物情擾擾 無比云矣"; 위의 책, 甲午 7월 17일: "登途上浦宿 至江上 四五帆船 皆是日人軍糧軍物輸去者 云 而近日所過者 米與麥爲數萬石 所經沿路 雖無作弊 人心疑懼 勢所不可無也."

민, 척왜양이라는 구호를 통해 민란주체들의 의식 속에 내재되어있으면서도 발현되지 못했던 반외세 이념을 표면화시켜주었다.[26] 물론 제2차 농민봉기에서 내건 슬로건도 보국안민이었다. 그러나 이제는 '척왜양'이 전면에 등장했다. 즉 일본군과 이에 결탁한 개화파정권에 대한 명백한 적대감을 보이고 이들을 격퇴할 것을 외치고 있었던 것이다.[27]

이런 민족적인 문제제기는 제2차 농민군 봉기를 전국적 봉기로 확산시키는 데 중요한 역할을 했다. 집강소 시기까지 농민군 봉기가 주로 전라도지역에 한정되어있었다면, 제2차 농민전쟁에서는 전라도의 범위를 넘어 전국으로 봉기의 범위가 확대되었다. 일본군의 궁성점령 소식이 전해진 후 집강소 설치지역은 충청도·경상도 지방으로 확대되었으며, 제2차 농민전쟁의 시발인 전주기포에 집결한 농민군은 전라도지역뿐 아니라 전국 각지에서 모여든 농민들로 구성되었다.[28]

뒤에 언급하겠지만, 진주를 중심으로 한 경남 서부지역에서도 이 문제가 전면적으로 제기되고 있었다.

3. 진주 인근의 동학군 봉기와 패퇴

1) 9월 봉기 이전 동학도의 활동

경남 서부지역에서 동학도들의 조직적인 활동이 언제부터 시작되었는지는 잘 알 수 없다. 다만 1893년에 열린 보은집회에 하동·진주접

---

26) 백승철, 「개항 이후(1876~1893) 농민항쟁의 전개와 지향」, 『1894년 농민전쟁 연구 2』, 역사비평사, 1992, 339~340쪽.
27) 정진상, 『甲午農民戰爭에 관한 社會史的 硏究-농민군의 역사적 지향과 전쟁의 결과를 중심으로』, 서울대 박사학위논문, 1992, 150~154쪽.
28) 위의 글, 147~148쪽.

소속 동학도가 수십 명씩 참여했다는 기록으로 보아 이미 보은집회 이전에 진주를 비롯한 인근 지역 곳곳에 동학조직이 만들어지고 있었음을 알 수 있다.29)

정확한 시기는 알 수 없지만, 경남 서부지역에서는 백낙도(白樂道, 道弘, 1856~1894)가 일찍부터 덕산을 근거지로 인근 마을, 인근 고을로 동학조직을 확산시켜나가고 있었다. 백낙도의 자는 도홍(道洪)이고, 본관은 수원(水原)이었다. 그의 고조 사문(師文)은 무과를 거쳐 흥양현감을 지냈는데, 이때부터 경기도 양주에서 진주의 남쪽(현재 사천시)으로 옮겨와 거주하고 있었다.30) 그런데 언제부터인지 백낙도는 진주 북쪽의 덕산으로 옮겨가 거주하면서 동학세력을 확장했던 것 같다. 그의 먼 친족들도 덕산에 많이 거주하고 있었다. 후에 그의 측근으로 진주진(晉州鎭) 영장(營將) 박희방(朴熙房)에게 잡힌 백용수(白溶洙)도 그의 친족이었을 가능성이 크다.

『백곡지(栢谷誌)』에 의하면 그의 핵심 제자이자 측근으로 손응구(孫雄狗, 孫銀錫?)가 있었고 손응구 밑에 고만준(高萬俊)·임정룡(林正龍)·임말용(林末龍) 등이 핵심적 활동을 하고 있었으며, 그 무리가 수천이나 되었다고 한다.31) 즉 백낙도 휘하의 동학조직은 진주 덕산을 중심

---

29) 『東學亂記錄』, 「聚語」, 宣撫使再次狀啓. "一. 東面官里將吏報告內 初二日退歸者 全羅道咸平 …… 慶尙道星州接三十餘名 善山接三十餘名 尙州接九十餘名 …… 初三日 自朝至暮歸去者 …… 嶺南河東接五十餘名 尙州接二十餘名 善山接六十餘名 金山接十八名 晋州接六十餘名 仁同接四十餘名."
30) 『白氏大同譜』 참조.
31) 『栢谷誌』 권3 兵荒 當宁甲午條. "晋州人白樂道 本無賴子也 學于濟愚 一朝卒爲善士 …… 晋州之學於樂道者 無慮數千 而孫雄狗最著 雄狗之徒 高萬俊林正龍林末龍最高 其餘不可悉數 癸巳三月 東學大會于湖西之報恩縣 …… 自是以後 東學自知朝廷亦無何於己 氣焰尤盛 買辱官長 橫行閭里 人莫敢誰何 是以前日之或漏者 次第皆入 布其學者 名曰布德 學其道者 名曰入道 不入其道者 指之曰俗人 俗人稱之曰道人 稱其師曰接主 相尊曰接長 自稱曰下接 通文曰敬通 其任掌者 又有執綱省察之名 …… 甲午春 …… 湖南大亂 朝廷累征不平 於

으로 인근 여러 고을에 심어지고 있었던 것이다. 『천도교창건사(天道教創建史)』의 다음 기사에서 그 상황을 유추해볼 수 있다.

영남에서는 백락도가 선사(神師)의 명교(命教)를 받들어 각군 대접주 수십 명과 더불어 기포했다가 관군에게 피살된 뒤 진주 손은석(孫殷錫), 박재화(朴在華), 김창규(金昌奎), 백주응(白周應), 곤양 김성룡(金成龍), 하동 여장협(余章協), 남해 정용태(鄭龍泰), 단성 임말룡(林末龍), 사천 윤치수(尹致洙) 등이 기포하여 진주 고승당산(高僧堂山) 위에서 관군과 접전하다가 대패하여 여장협, 김성룡 외 수만 도중(道衆)이 전사하고 그외 함안 이재형(李在馨), 상주 이국병(李國柄) 등은 의령, 성주, 안동 등 각지 도중을 망라, 기포했다가 다수 전사자를 냈으며……32)

그런데 1894년 봄 호남에서 동학군이 본격적으로 들고 일어났을 때, 영남·호서지방에서도 "협잡지류(挾雜之流) 취당행패(聚黨行悖)"라 해서 동학도들의 활동이 전면화되는 조짐을 보이기 시작했다.33) 영남지역에서는 동학도가 호남에서 모였다느니, 지례(知禮) 삼봉(三峰) 밑에 둔결했다느니 하는 소문과 더불어 진주 덕산이 동학도 소굴이라는 소문이 나돌아 감영과 각읍 관아에서 이에 대한 대응에 부심하게 된다.34) 또 중앙에서 파견된 관군이 호남동학군 토벌에 나서면서 호남동학군이 영남지역으로 피해 들어올 것이라는 풍문도 나돌았다. 경상도 감영에서는 각 고을과 진에 그들에 대한 수색, 체포를 명했다.35)

是命域內大捕東學."
32) 李敦化, 『天道教創建史』, 天道教中央宗理院, 1933, 68쪽.
33) 『日省錄』 고종 31년 3월 25일. "議政府啓言 近聞湖西湖南嶺南等地 比比有挾雜之流 聚黨行悖 無憚作梗 如許化外之徒 不可尋常治之 令三道道臣 使之嚴飭禁斷 如又不悛前弊 則捉其渠首 先梟警後 啓聞事."
34) 『慶尙道固城府叢瑣錄』 2, 甲午 4월 6일. "蓋聞自昨年報恩騷之後 匪類漸熾 或云湖南聚黨 或云知禮三峰下屯結 或云晋州德山窩窟之說 在在狼藉 今果有此甘教矣."

이에 따라 진주지역에서도 동학도에 대한 토포활동이 벌어졌다. 4월 13일 영장 박희방은 덕산 인근 계곡 깊은 곳에 있는 대차례(大次禮 : 현재 내대마을) 등지에 동학도 500여 명이 모여있는 것을 알고 300여 명의 군사를 동원, 기습했다. 이 토벌에는 산에 불지르는 화공의 수법이 동원되었다. 백낙도를 비롯한 동학도들은 산을 넘어 다른 계곡으로 흩어졌지만, 결국 백낙도는 핵심 측근인 백용수와 함께 관군에게 붙잡혔고,36) 4월 15일 측근 2명과 함께 주민들이 보는 앞에서 효수당했다.37) 백낙도의 처형에 항의하는 수많은 동학도들의 소요가 진주에서 있었던 것 같지만,38) 곧 진정되었고, 동학도들의 위세는 일시적으로 위축되는 것처럼 보였다.

---

35) 『凱歌錄』 권2 附錄 關文(巡使李公容直, 甲午三月日). "自廟堂 筵稟行會 無遺跟捉 先斬後啓 …… 自兩湖嚴行譏捕 則彼類之逃散嶺邑 勢所必至 多發伶俐校卒 散四詞察潛伏 及現發者 一體跟捕."

36) 『凱歌錄』 권2 附錄 牒報(營將朴公熙房 甲午四月日). "翌日曉頭 發軍直搗巢穴次 入于矢川里(一名新川)智異山下塘洞口 則匪類五百餘名 聚于大次禮等地 而相距近六七里許 偵探所報 此地險處 在智異山絶頂之下 繞通一磴路 旗不成列 馬不馱行 又有一條路 自東北越嶺 則卽黨類巢穴之後也 潛勒勁卒百餘名抄後 先行以襲其不備 營將則留陣洞口 放火燒山 以迷谷路潛伏 山上之匪類二十五名 先捉取招是乎則 大次禮嘯聚黨類 聞其後路校卒砲軍之來到甚遽 前有營將之火攻亦急 勢不兩敵 一時解散 而其魁白道弘 率其黨百餘漢 潛赴大谷立聲洞 又一黨百餘名 潛往盜藏洞 其餘黨 散四潛伏云 故同日酉時量 砲軍五十名 及校卒二十名 發遣追捕 二十四日曉 同白道弘 智窮力竭 散其兩洞之黨類 各自謀生 與其心腹白溶洙等三四人 逃脫立聲洞 越邊長坂墟是乎如可 爲本鎭軍官黃潤所捉縛 到留陣處 而白溶洙段 乃前日所報中 白僉知爲名漢也 同時被擒 其隨從兩漢 幷爲捉得是乎遣."

37) 『東匪討錄』(『韓國學報』제3집 수록). "慶尙右兵使書目 挾雜罪人白道弘 今月十五日 梟首警衆事(26일)."; 『慶尙道固城府叢瑣錄』 2, 甲午 4월 21일. "兵營甘 營將朴喜邦 率兵往德山面 捉得東學魁首白道弘 及從魁二名 梟警後 餘外黨類 數千名 一幷曉喩散去事 到付."

38) 『駐韓日本公使館記錄』 1, "6월 3일부 東學黨에 관한 續報" 중 4월 27일(양 5월 31일)에 받은 경상감사의 보고. "지난번 동학괴수 백도홍을 살해하여 동학도 수만 명이 진주로 들어와 큰 소란을 일으킨다고 하니 민망스럽습니다"(33쪽).

그러나 7월에 들어 영남지역에서 민란이 격화되기 시작하자, 이에 편승하여 경남 서부지역 동학도들의 활동은 다시 활발해졌다. 진주 인근 곤양에서는 7월 중순경 동학도 50여 명이 교청(校廳)에 모여 관아에 7개항의 개혁사항을 요구하다가 해산했고, 초량면(草梁面)의 강만엽(姜萬葉)을 잡아갔다. 7월 말경에는 동학도들이 향리 1명을 잡아갔고 계속 개혁사항을 요구했다.39) 또 같은 무렵 사천에서도 동학도 100여 명이 관아에 난입해서 8개항의 개혁사항을 요구했다고 한다.40) 이런 현상은 곤양이나 사천에만 국한된 것이 아니고 진주와 인근 다른 고을에도 마찬가지로 나타나고 있었을 것이다.

이와 함께 경남 서부지역 동학도들의 활동이 활발해진 배경에는 호남동학군들이 이 지역 동학도와 연대한 점도 있었다. 7월 말경 남원의 동학군이 운봉(雲峰)을 거쳐 함양을 공략하고 이어 안의(安義)로 들어왔다. 당시 이곳 현감으로 있던 조원식(趙元植)은 동학군을 맞아들여 연회를 베풀다가 이들을 기습하여 섬멸했다. 많은 사상자를 낸 동학군 잔여세력이 함양 산곡으로 피해 달아난 후, 조원식은 인근 함양과 연대하여 육십령(六十嶺)·팔양치(八良峙)를 거점으로 하는 자체 방위체제를 갖추었다.41)

---

39) 『邑報抄槩册』(규장각) 갑오 7월 14일. "昆陽郡守報內 東徒五十餘名 聚會校廳 請革七條件事."; 갑오 7월 15일. "昆陽郡守報內 東徒仍爲散歸 而捉去草梁面姜萬葉事."; 갑오 7월 28일. "昆陽郡守報內 東徒捉去一鄕兩吏."

40) 위의 책, 갑오 7월 24일. "泗川縣監報內 東學百餘名 攔入公廨 請革八條件事. 題 嗣後形跡之更作何樣 隨現飛報向事."

41) 『梧下記聞』第2筆 6월 26일. "南原多舊道 五月以後 奸民附之 日至數千人 乘時竊發 隣近七八邑 偏被慘掠 賊轉入咸陽 掠介坪鄭氏庄 遂入安義 時安義吏民不散 (縣監趙)元植得衆心 聞賊至 密約圖之 椎牛釀酒 開東閣延之 上坐設宴 張樂擧酒 …… 賊大喜 開懷暢飮已 而元植起如廁 號砲一響 閃刃舞棒 颯拉交下 而廂墙外銃筒束至 賊醉飽昏 無暇措手 丸倒斫飜 三百人盡死 得脫者十餘輩 自咸陽山谷間 緣崖露而走 …… 於是咸陽民聞之 勇氣亦倍 與相首尾 遮截八良峙 爲保障計."; 『梅泉野錄』 권2. "編丁民入保柵 斷六十嶺 爲遮截之計."

그러나 안의 공략 때 호남에서 넘어온 동학군은 안의에만 들어간 것이 아니라 다른 읍에도 흩어져 들어가 활동하면서 경남 서부지역 동학도들의 활동에 활기를 불어넣어주었던 것 같다. 7월 15일 단성현(丹城縣) 단계리(丹溪里)를 비롯한 인근 마을에 동학군들이 출현한 이후 이 부근에서 동학군들이 출몰·횡행하고 있었던 데서 그 사실을 추측할 수 있다.42) 함양 사근역의 역리들도 동학도들에게 당한 것으로 보고되고 있다.43)

여기서 알 수 있듯이 서부경남지역 동학도들은 북접보다 호남지역의 남접과 긴밀한 연결관계를 형성하고 있었던 것 같다. 이러한 관계를 확실하게 알려주는 것은 하동 동학도들의 활동과 관련되는 다음의 글이다.

    하동 민병이 하동을 침범한 광양지방 적을 몰아내고 강을 경계삼아 하동을 지켰다.…… (하동민들은) 이에 마을단위로 들고일어나 결속하여 군대의 대오를 정비하고 화포군(火砲軍)도 갖추어, 이를 민포(民砲)라 불렀다. 이로부터 화적과 포졸들이 감히 들어오지 못했다. 호남지방에 큰 난리가 일어나자 광양의 적이 장사꾼들을 달래고 위협하여 하동부에 도소(都所)를 설치하고 사방으로 나아가 약탈했다. 마침 새 부사 이채연(李采淵)이 부임하여 좋은 말로 적을 달래면서 몰래 화개 민포를 불러 적을 쫓아냈다. 민포가 그들을 모두 죽이려 하자 이채연이 굳이 말리며 다만 강건너로 쫓아내기만 했다.44)

---

42) 『端磎日記』 제9책 갑오 7월 15일. "湖匪踰嶺 散入列邑 是日過丹溪 馬輒取去 夜復放砲 大來分遣其徒 近地攔入村中諸家 槍奪無數"; 위의 책, 제9책 갑오 7월 16일. "夕陽時 其徒盡散 又有餘黨出掠者 投宿村下 而幸不犯吾家."
43) 『邑報抄槩冊』(규장각) 갑오 7월 30일. "沙斤察訪報內 新延馬貰錢惄納之吏兵房 被打於東徒 驛勢難支 特寬八月晦限事."
44) 『梧下記聞』 第2筆 7월 6일. "河東民兵 逐光陽賊 劃江防守 …… 民不堪命 乃倡率鄕社 團束保伍 備火砲軍 號曰民砲 自是火賊捕卒 皆敢不入 及湖南大亂 光陽賊誘脅市儈 設都所于府中 四出劫掠 會新府使李采淵至 好言款賊 而密召

섬진강을 사이에 두고 호남과 연결되어있는 하동은 강해(江海)의 이점 때문에 남방의 일 도회(都會)가 되고 있어 간민(奸民)과 흉악한 도적이 들끓었다. 특히 지리산 기슭의 화개동(花開洞)은 계곡이 깊고 험해서 화적(火賊)들이 영남과 호남 사이를 오가며 출몰하고 있었고, 이를 잡기 위해 관의 포졸들이 들락거리면서 많은 폐해를 낳고 있었다. 이에 대응하여 화개동에서는 자위조직인 민포가 조직되어있었다. 그런데 광양 동학조직의 지원으로 하동읍내에는 동학 도소(都所)가 만들어져 공개적인 활동을 하고 있었다. 이때 마침 이채연이 하동으로 부임해와서 민포를 끌어들여 동학도를 몰아냈던 것이다.

이채연이 동학도를 방축한 것이 구체적으로 언제인지는 확실히 알 수 없다. 이채연의 하동 부임이 6월 29일로 되어있어 7월 초 이후에 있었던 일로 추측된다.45) 그러나 광양 동학조직에 전적으로 의존해서 하동 동학조직이 만들어진 것은 아닐 것이다. 전년도의 보은집회에 하동접이 참여했던 것으로 보아 내밀한 조직활동은 오래 전부터 이루어지고 있었을 것이다.

아무튼 호남동학의 지원에 힘입어 7월 이후 점차 경남지역 동학도의 공개적인 활동분위기가 고조되어가고 있었다. 특히 7, 8월 영남지역에서 민란이 속출하면서 농민들의 분위기가 고조되는 반면, 관은 무기력해져서 진주를 비롯한 경남 서부지역에서는 동학조직의 영향력과 위세를 발휘하기에 좋은 여건이 되고 있었다.

이를 단적으로 보여주는 것이 7월 말에서 9월 초에 걸쳐 2명의 동학도가 경남지역 각 읍을 순행하다 붙잡힌 사건이다. 즉 하동에 거주하

花開民砲逐之 民砲欲殺盡 李采淵固止之 但驅之渡江 於是定議倣花開例 募一境輪流交戍 市儈之從賊者 皆燒其居 孥其妻子 諸市儈渡江在光陽者 畏誅不敢歸 恨之切齒."

45) 『司法稟報』 제1책, 關河東(3월 26일, 1호) 참조.

는 최학봉(崔鶴鳳(峰))과 김병두(金炳斗)는 동학도로서 호남동학군 두령 전봉준의 지시에 따라 각 읍을 순행하면서 각 고을의 행정상황을 탐문한다고 칭하면서 각 고을 수령들을 만나고 있었다. 그들이 다녀간 읍과 관서를 보면 창원(7. 29), 마산포(馬山浦) 전운사(轉運使)(8. 3), 세무소 세감(稅務所 稅監)(8. 3), 진해(8. 5), 고성(8. 7), 통영(8. 7), 김해(8. 20), 동래(8. 27), 기장(8. 28), 울산(8. 29), 좌병영(9. 3)이었다. 그들은 마지막 순행지인 좌병영에서 동래에 파견한 교졸들에게 체포되었다. 부산항 감리서(監理署)에서 문초받는 과정에서 자신들은 진짜 동학도가 아니라고 변명했고 결국 일본영사관에서도 가짜로 단정했지만, 여러가지 정황으로 보아 그들은 진짜 동학도였던 것 같다. 그들은 수령들을 만나 목민관으로서 잘못된 행적을 당당하게 질책했고, 또 그 관아를 떠날 때 일부 노자(路資)나 마필(馬匹)을 제공받았다.46)

이 무렵 고성부사로 있다가 체임되어 서울로 올라갈 예정이었던 오횡묵(吳宖默)은 8월 16일 다시 다른 동학도 2명을 만나는데, 그들도 각 고을의 상황을 탐문하러 왔다고 했다. 그 중 금구(金溝)의 동학도라고 하는 한헌교(韓憲敎)는 경상우도, 특히 상주·선산·성주·고령·의령·함안·사천·단성·진주 등지에 가득차 있는 것이 동학도이기 때문에 이곳을 피해 연해읍을 따라 대구로 올라가야 한다고 권하고 있다.47) 그만큼 동학도들이 경남 서부지역 곳곳에 세력을 뻗치고 있었음을 말해준다.

---

46) 『駐韓日本公使館記錄』 2, 機密 第26號, "崔·金 兩人에 관한 別紙 조사보고", (65~71쪽).
47) 『慶尙道固城府叢瑣錄』 2, 甲午 8월 16일. "(韓憲敎)且曰 令公行將還朝 取路不可不愼也 方今洛江以右 尙善星高宜咸泗丹晉之間彌滿者 道人也 其中何悖不有 何悍不有耶 難保無在路遇厄 不如從沿海達達城矣."

2) 진주 동학군의 봉기와 활동

호남에서 전개되던 동학농민군과 관군의 싸움은 5월 7일 전주화약이 체결됨으로써 진정되어갔지만, 이후 전라도 53개 군현에서는 집강소가 설치되어 농민군이 각읍에 실질적인 영향력을 행사하는 상황을 맞고 있었다. 그러나 앞에서 언급했듯이 6월 21일(양 7. 23) 일본군의 궁성점령 소식이 민간에 전해지면서 분위기는 달라진다. 한동안 관망하고 있던 호남의 동학농민군 지도부는 전국 봉기를 호소하는 통문을 돌리고, 9월 중순경 전봉준은 전주에서, 손화중은 광주에서 기포했다. 9월 18일(양 10. 26) 삼례역에는 10만여 명의 농민군이 집결했다.

그런데 이에 앞서 경상도지역에서는 이미 8월 말부터 동학농민군의 읍내 점거 및 무기탈취 등의 본격적인 활동이 전개되었다. 8월 28～29일 이미 외곽지역에서 활발한 활동을 벌이고 있던 예천(醴泉) 농민군과 읍을 거점으로 한 보수 집강소 간에 전투가 벌어졌으며, 그것은 보수세력의 승리로 귀결되었다. 이에 앞서 8월 26일에는 용궁(龍宮) 동학도 수천 명이 읍중에 돌입하여 무기를 약탈하는 등 경북지역에서는 이미 8월 말부터 분위기는 고조되고 있었다.[48]

이와 거의 비슷한 시기에 진주 등지에서도 동학군의 봉기 움직임이 나타나고 있었다. 이미 9월 1일 이전부터 진주 마동리(馬洞里) 등에서는 동학도들이 매일 집회를 열고 강계부사를 지낸 하겸락(河兼洛) 등 여러 사람들을 붙잡아가는 등 본격적인 활동을 벌이고 있었다.[49] 이 집회는 진주목사와 병사의 효유로 다음날 일단 해산했던 것 같다.[50]

---

48) 신영우, 앞의 글, 1991, 89쪽.
49) 『端磎日記』 제9책 갑오 9월 1일조. "東徒日聚晋州馬洞 河江界兼洛 及出入邑邸諸人 皆被捉云."

이 집회에서 동학도들은 '진주초차괘방(晉州初次掛榜)'을 내걸어, 9월 8일 각 리마다 13명씩 평거(平居) 광탄진(廣灘津)에 일제히 모일 것을 요구했다. 불참하는 지역에 대해서는 의당 조치한다는 것, 3일치 식량을 가지고 올 것 등의 내용도 담겨있었다.[51] 이후 약속한 8일, 진주 73개 면 주민들이 각 면마다 100명씩 죽창을 들고 일제히 읍내 시장가에 모여들었다.[52] 그리고 '충경대도소(忠慶大都所)'의 10일자 통문이 있는 것으로 보아 이때 진주읍내에 충경대도소가 설치되었던 것으로 추측된다.

충경대도소는 각 리에 '재차사통(再次私通)'을 발하여 각 이동의 이임(里任)·동장(洞掌)들이 자기 지역의 민폐를 교정할 것과 9월 11일 오전에 대동(大洞) 50명, 중동(中洞) 30명, 소동(小洞) 20명씩 복흥(復興) 대우치(大牛峙)로 모일 것, 불응하는 이임·동장 집은 탕진할 것이라고 통고했다.[53] 이와 동시에 충경대도소에서 "경우(慶右)의 각 읍 읍촌(邑村)에 사는 대소민들에게"라는 제목의 동학도 괘방을 내걸어 왜적의 침입을 징벌하고자 진주에서 대회를 가졌다는 것, 동학도에 호의적인 지금의 병사가 갈리고 왜와의 조약에 따라 새로운 병사가 부임할 것이니 이를 막을 것, 그리고 사사로이 토색하는 자는 대도소로 신고할 것을 널리 알렸다.[54]

이 시기에는 진주읍내와 외촌을 모두 동학도들이 장악하고 있었던

---

50) 『駐韓日本公使館記錄』 2, 機密第23號 別紙丙號, 60~61쪽.
51) 『駐韓日本公使館記錄』 1, 南站發甲 第152號, "東學黨의 檄文通報 및 情報通知 요청", 139~140쪽.
52) 『駐韓日本公使館記錄』 2, 機密 第27號, "監理署에서 파견한 巡査가 東學黨을 시찰한 報告", 71~72쪽.
53) 『駐韓日本公使館記錄』 1, 南站發甲 第152號, "東學黨의 檄文通報 및 情報通知 요청", 140쪽.
54) 위와 같음 ; 『駐韓日本公使館記錄』 1, 南站發甲 第152號, "甲午 9월 10일 忠慶大都所에서 발한 「東學徒掛榜」", 140쪽도 참조.

듯하다. 그러나 그 이후의 행적은 잘 알 수 없다. 다만 9월 14일 진주 대여촌(代如村) 민인들이 읍폐를 교정한다는 명목을 내세워 통문을 각 면에 발하여 읍내에서 집회하고 장시에 장막(帳幕)을 설치하여 여러 활동을 벌이고 있었던 것을 어느 정도 알 수 있다. 진주목사의 보고에 의하면, 그들은 인가를 부수고 불태운다든지 동헌에 침입하여 관장을 핍박하고 죄수를 멋대로 석방하는 등의 행패를 자행했다고 한다. 그리고 천 명, 백 명씩 무리지어 옥천사(玉泉寺)로 가서 불우(佛宇)와 승사(僧舍)를 불태웠다고 한다.[55]

경남 서부지역 동학도들의 활동은 호남동학군의 지원에서도 큰 힘을 얻고 있었다. 9월 1일 광양으로 쫓겨갔던 하동지역 동학도가 광양(光陽)·순천포(順天浦)의 동학도와 함께 섬진강을 건너 하동을 공격해 왔다. 하동부사가 피신해버린 상태에서 하동민포가 주축이 되어 통영(統營)에서 가져온 대완포(大椀砲)를 동원하여 저항했지만, 9월 1, 2일 전투에서 패산(敗散)했다. 읍내를 점령한 동학군은 도소를 설치하여 읍을 장악했으며, 외곽 각 촌락으로 들어가 약탈을 행하고 특히 민포의 중요 거점이었던 화개동에 대대적인 보복약탈을 행했다. 그 후 5, 6일을 더 머물고 있던 동학군 중 일부는 호남지역으로 돌아가고, 나머지는 총대장 김인배(金仁培)를 따라 진주로 향했다.[56]

이렇게 하여 9월 17일에는 동학도 수천 명이 하동에서 진주로 들어와 각 공해(公廨)에 접소(接所)를 설치했고, 이어서 18일에는 영호대접주 김인배가 천여 명을 이끌고 입성했다. 이때 동학군은 몇 개 부대로 나뉘어 인솔되었으며, 각 지역의 포(包)단위로 배치되었다. 목사의 보

---

55) 『狀啓』(서울대 규장각 소장, No. 80932). "晋州牧使柳奭牒呈內 今十四日 本州代如村民人等 謂以矯弊 發文各面 聚黨入邑 而曉喩不聽 大設帳幕於場市 燒毀人家 攔入東軒 語多威逼 撞打獄門 擅放罪囚 千百爲群 向往玉泉寺 佛宇僧舍 一倂燒燼 擧措叵測矣."

56) 김준형, 앞의 글, 1992, 89~90쪽.

고에 의하면, 다른 지역 동학군들이 진주에 도착했을 때 병사와 목사가 성밖으로 나와 이들을 달랬으나 소용이 없었다고 한다. 그러나 그 후에도 여러 번 동학군들을 효유하여 며칠간의 대회를 마친 후 19일에는 동학군들이 퇴거하기 시작했다.

그 중 일부는 소촌역(召村驛)으로 가서 타격을 가하고, 22일에는 대여촌면의 용심동(龍潯洞)을 습격하여 이 마을의 30여 가호가 연소되고 많은 주민들이 부상을 입었다고 한다. 결국 9월 24일에는 진주성 안에 있던 동학도들이 모두 퇴거했지만, 여당(餘黨)들이 여러 촌락에 계속 출몰하고 있고 병영과 진주관아 관속들이 모두 도망가버려 병사와 목사도 손을 쓰지 못하고 있었다.57) 이 무렵 진주에는 고을단위뿐 아니라 그 하부단위인 면별로도 동학조직이 만들어져 활발하게 운영되고 있었던 것 같다. 위에 언급한 대여촌면의 조직뿐 아니라 관련자료에 '섭천포(涉川包)'·'상평포(上平包)'·'오산포(吾山包)' 및 '문남포(文南包, 召南包?)' 등의 조직이 언급되고 있기 때문이다.58)

이와 같이 진주에서 여러 번 대집회가 열려 동학도들의 열기가 고조되고, 또 하동을 통해 호남동학군의 지원이 이루어지면서 인근 다른

---

57) 『狀啓』(규장각 소장, No. 80932). "晋州牧使柳㬮牒呈內 …… 十七日 東徒數千名 自河東來到本州 故兵使與牧使 同時出郭 一邊備禦 一邊飭諭 則影數徒黨 乘勢攔入 設所於各公廨 而所謂都統領鄭運昇 率數百人 中軍將率四五百名 河東包率七八百名 右先鋒率五六百名 後軍將率四五百名 都統察率百餘名 外他丹城包·南原包·涉川包·上平包·吾山包·求禮包 散處邑底 其數不可勝計 十八日 嶺湖大接主金仁培 率千餘名 入處城內吏廳 鳴鑼擊鼓 砲聲如雷 銃槍劍戟 極其利銳 建一大紅旗於陣前 而大書輔國安民四字 討索酒飯 莫可堪當 官屬邑民 擧皆逃竄 故屢加曉諭 則邑底之黨 十九日始爲退去 中軍將二十一日 率數百名 出往召村驛 網打一村 攫取産物 多民驚散 一郵空虛 二十二日 轉向代如村龍潯洞 盡奪財産 連燒三十戶 居民之槍劍受傷者夥多 二十四日 城中之黨 幷爲退去 然 餘黨出沒閭里 而營屬官屬 擧皆逃散 目下事勢 警備沒策是如是白遣."

58) 위의 장계 참조. 『端磎日記』 제9책 甲午 9월 23일. "一派去 村中人逢頗多 此則晋州文南包云."

고을 동학도들의 활동도 매우 활발해졌다.

　남해에서는 9월 11일 호남동학도 19명이 돌입해서 이청(吏廳)을 장악하고 수감된 동학도를 석방했으며, 읍폐를 교정한다고 무리들을 모으고 읍촌에 출몰하여 작폐가 심했다고 한다. 그 후 16일에는 동학도 200여 명이 진주에서 모인다고 하면서 곤양 등지로 갔다.59)

　사천에서도 9월 13일 동학도 수십 명이 조사할 일이 있다고 하여 호장·이방을 끌고 갔으며, 그 무리 수백 명이 총을 쏘면서 동헌에 침입하여 수령을 협박하고 군기고를 파괴하여 무기를 탈취했고, 그리고 전표(錢標)를 탈취해갔다가 17일 반환했다. 18일에는 호남동학도 100여 명이 돌입하여 작청(作廳)에서 유숙하고, 19일 남해로 흩어져 갔다. 20일에도 각처 동학도 800여 명이 각각 총검을 들고 읍저에 난입하여 관속들을 위협하고 향리 집을 방화한다든지, 마을을 돌아다니며 우마·의복 등의 재물을 약탈했다. 그리고는 22일 고성으로 떠났다.60)

　고성에서는 마침 수령이 비어있던 때였는데, 동학도 600여 명이 읍내로 진입하여 포량미를 임의로 빼내 인근 마을에 나누어주고 밥을 짓게 한다든지, 부랑난류(浮浪亂類)들을 동학도로 끌어들이고 부민들을 붙잡아와 토색질하면서 읍저에 머물고 있었다.61) 다른 자료에 의하면,

---

　59) 『狀啓』(No. 80932). "南海縣令李圭豊牒呈內 今月十一日 湖南東徒十九名 突入本縣 設座于吏廳 脅勒監獄刑鎖 在囚匪類十六名 任意放出 稱以邑弊矯捄 聚會亂類 出沒邑村 作弊非常矣 十六日 厥徒二百餘名 稱云倡道於晉州 出往昆陽等地是如是白遣."

　60) 『狀啓』(No. 80932). "泗川縣三公兄文狀內 今月十三日 東徒數十名 稱有查問事 捉去戶長與吏房 厥徒數百名 放砲一聲 自南門直入東軒 恐動本官 至竟破碎軍庫 掠取軍物 故本官多般曉喩 仍爲還推納庫 則厥徒濫索錢財 勒受錢標以去矣 十七日 自其接所 稱以泗川倅嶺湖共知之良吏 標紙還送于官矣 十八日湖南東徒百餘名 又爲突入 留宿於作廳 十九日 轉向南海次 盡爲散去 二十日 各處東徒八百餘名 各持銃劍 攔入邑邸 若見官屬 則拔劒恐嚇 仍爲宿食于各公廨後 燒毀下吏黃鍾羽台淵家舍 如干什物 一一攎取 遍行村閭 牛馬衣服産物 惟意奪去 二十二日 轉向固城次 幷爲退去是如是白遣."

16일에도 동학군 천여 명이 읍내에 들어왔던 것 같다.[62] 곤양에서는 9월 15일 하동 동학도 수천 명이 다솔사(多率寺)에서 집회했고, 광양·순천 동학도 수천 명이 곤양 읍성으로 들어왔다가 조총 20자루를 탈취하고 '연기취각(連旗吹角)'하면서 진주로 향했다. 이 두 집단은 진주와 접경에 있는 완사역(完沙驛) 부근에서 합류했다.[63]

9월 초중순 진주에서 대집회가 열려 분위기가 한층 고조된 후 동학군들은 진주 인근 각 고을로 흩어져 활동하고 있었다. 각 지역 동학조직이 자기지역에만 있지 않고 여기저기로 돌아다니면서 같이 연대, 지원활동을 하고 있었던 것 같다. 단성의 경우 진주대회 이후에도 단계리(丹溪里)를 비롯한 인근 마을에 동학군들이 출몰해서 그 지역 토호들이나 가족들이 붙잡혀가거나 봉변당하고 재물을 약탈당하는 일이 빈발했다. 그런데 '단성포(丹城包)'라는 지역조직이 있었음에도 불구하고, 여기에는 단성포뿐 아니라 진주 '문남포(文南包)'나 호남의 '광양포(光陽包)'의 활동상도 나타나고 있다.[64]

의령지역 동학군도 이 대회에 참여한 후 곧바로 호남지역 동학군 일부와 함께 의령으로 돌아와 활동했다.『의춘지(宜春誌)』에는 다음과 같은 기사가 있다.

---

61) 『狀啓』(No. 80932). "固城府使申慶均牒呈內 府使營門延命回路 聞邑隸來告 則東徒六百餘名 各持劍戟 空官時來到本邑 破碎倉庫 沁營納砲糧米數十石 任意出去 派給近洞 炊飯分食 晝夜間砲聲不絶 浮浪雜類 誘入其徒 捉去饒民 討索無常 方爲逗留邑邸是如是白遣."

62) 『慶尙道固城府叢瑣錄』 2, 甲午 11월 26일.

63) 『狀啓』(No. 80932). "昆陽郡守宋徽老牒呈內 今十五日 河東東徒數千名 聚會于本郡多率寺 光陽順天東徒數千名 建旗吹角 放砲吶喊 直入城內 或爲留宿 或爲午飯而去 謂以向往晋州次 入來云矣 方今合勢於晋州接界完沙等地 而過去本郡時 邑丁之肆習鳥銃二十柄 威脅奪去是如是白遣."

64) 김준형, 앞의 글, 1992, 94쪽.

가을에 전라도지역 동학당들이 본읍에 들어와 고을 안이 흉흉해졌지만 어찌할 바를 모르고 있었다. 선달 전중진(田中鎭)이 무력을 갖추고 담략이 있었는데, 거짓으로 본읍 대장을 칭하니 동비들이 그 무리를 인정했다. 중진이 동비와 더불어 재주를 시험할 것을 청했다. 드디어 술을 잔뜩 마시고 말을 타고 사방으로 포탄이 어지럽게 날아드는 중에 달리며 뛰니, 그들은 기세가 꺾여 즉시 함안으로 이동했다. 읍리가 안정되었던 것은 모두 중진의 힘 때문이다.65)

위의 글에서 의령 동학도들이 전라도지역 동학군과 합세하여 한때 의령지역을 장악했던 모습을 볼 수 있다. 사실 동학군들은 의령관아 근처에만 모여있었던 것이 아니라 세간촌, 중교촌, 상포촌 등 의령지역 곳곳에서 일어나고 있었고, 여기저기 옮겨다니고 있었다.66) 낙서면 상포촌에서도 동학도들이 그 마을에 소굴을 두고 인근 마을에 출몰하면서 재물을 뺏거나 사람들을 강제로 가입시키고 있었다고 한다.67) 의령 내에서 가장 큰 세력을 자랑한 것이 신번지역 동학군이었다. 『단계일기(端磎日記)』에 의하면, 10월에 의령 신반(新反)의 동학군 400여 명

---

65) 『宜春誌』 권6 大事略記. "秋全羅之黨 入本邑 邑中鼎沸 莫知所爲 田先達中鎭 武力有膽略 假稱本邑大將 東匪認其黨 中鎭請與東匪將試才 遂痛飮上馬 四圍亂砲之中 馳驟踊躍 彼皆氣挫 卽移咸安 邑里安堵 皆中鎭之力也."
66) 李根玉(1824~1909), 『屹窩集』 권5 附錄 遺事. "甲午東徒鴟張 擧世洶洶 村野之間 綱紀幾絶 公喟然歎曰 使此無知之氓 將墜溝壑 何以濟活也 使洞任齊會洞民 具說古今邪正 是非利害之實 以曉之 洞民自然省悟 一不失業散心 及至勦捕之日 一網打盡 而世千一區 便同桃源世界也." ; 李續雨(1876~1940), 『學山遺稿』 권2 伯考文山府君事行零錄. "甲午東匪鴟盛 以所居隣成市 告于母夫人曰 世亂如此 不如移居峽中."
67) 李觀厚(1869~1949), 『偶齋集』 권4 通政大夫孝陵參奉李公(秉一)遺事. "甲午東匪大起 遍滿三南 擧國洶洶 亦於公近地 置窠窟 出沒閭巷 或掠財 或勒入 人民離散 公患之 語諸子曰 若此不已 吾輩皆爲魚肉 豈晏然而已乎 汝輩但從我 卽起洞人 巡行里中 得數百人 到嶺上 是日賊聞之 悉衆來拒 砲丸如雨 山川震盪 公所領皆空手 各鳥獸散 公與二子被執 縛致其所."

이 초계군수에게 토멸되었다고 한다.68) 『의춘지』에는 이 상황이 좀더 자세히 기록되어있는데, 그것을 인용해보면 다음과 같다.

10월에 신번 임창(任倉)에 동비들이 모여 폐단을 일으키고 있어서 인심이 흉흉했다. 낙서에 사는 이병일(李秉一)이 본리 민정(民丁)을 선발해서 그 무리의 집 13곳을 태워버리고 또 내제(來濟)마을 고개 위에서 일전을 벌였으나 곧 패했다. 18일 야반에 초계로부터 영장 권병룡(權秉龍)과 수찬 권봉희(權鳳熙), 도사 권철희(權哲熙)에게 비밀연락이 와서 어떤 기밀을 알렸다. 새벽에 이르러 포유사(布諭使) 전성창(全聖暢), 차윤영(車潤英)과 대구영관(大邱營官) 최경백(崔景伯), 겸관초계수(兼官草溪守) 이찬희(李贊熙) 및 삼가 민병 등 도합 800여 명이 임창을 사방으로 포위하고 총을 쏘고 불로 공격해서 동비 중 사망자가 70여 급이나 되었다. 그 마을에 거주하는 무인 권석희(權碩熙)는 일을 잘 처리하는 능력이 있고 위망이 있어 군사들에게 음식을 내놓고 잘 타일러서 민병장(民兵將)이 되어 동학당을 찾아 체포했다.69)

즉 신번의 동학군이 강성했기 때문에 인근 고을인 초계군수와 신번에 강력한 사회경제적 기반을 지니고 있던 안동 권씨 등이 동원한 민병과 대구에서 온 군사 등 800여 명이 합세하여 동학군을 포위, 괴멸시켰다는 것이다.

어쨌든 관군 및 일본군과의 본격적인 전투를 전후하여 동학군은 위

---

68) 『端磎日記』 제9책 갑오 10월 21일. "隣人自八山來傳 草溪倅 大殺新反盜四百餘人."

69) 『宜春誌』 권6 大事略記 "十月新繁任倉 東匪群聚作弊 人心洶洶 洛西人李秉一 拔本里民丁 燒彼黨十三家 又一戰于來濟嶺上 旋敗 十八日夜半 自草溪有密奇于權營將秉龍修撰鳳熙都事哲熙 告以機事 至曉布諭使全聖暢車潤英 大邱營官崔景伯 兼官草溪守李贊熙 及三嘉民兵 合八百餘人 四圍任倉 放砲火攻 東匪死者七十餘級 里居武人權碩熙 有幹局威望 出犒布諭諸軍 得爲民兵將 尋捕東黨 多所全活 一方賴之."

에 언급한 단성, 의령을 비롯하여 각 읍을 돌아다니며 활동하고 있었다.『통기(統記)』에 의하면 진주지역 동학군이 고성·사천·곤양·단성·합천 등에서 활동하고 있었다고[70] 하는데, 이를 통해서도 당시 상황을 어느 정도 유추해볼 수 있을 것이다.

3) 일본군·관군과의 전투와 패퇴

한편 조정과 감영에서는 경남 서부지역의 동학군 봉기 소식을 접하고 대구판관(大邱判官) 지석영(池錫永)을 토포사(討捕使)로 내정하여 일부 군병을 이끌고 진주·하동 등지로 가서 일본군과 협동해서 동학군을 토벌하도록 명했다. 통영에도 군병을 동원해서 합류하도록 했다.[71] 1894년 봄 호남지역 동학농민군 봉기 이후 촉각을 곤두세우고 있던 일본측에서는 동학군의 하동점령 소식을 접한 때부터 이미 일본군 파견에 의한 섬멸을 논의하고 있었다.[72] 일본 입장에서는 동학도가 조선인민 중 가장 완강한 것으로 보였다. 따라서 일본의 침략을 용이하게 하기 위해서는 동학세력의 기반을 이번 기회에 부셔버려야 한다고 생각했고, 이번 파병이 조선 각지 요소에 군대를 주둔시킬 수 있는 좋은 기회라고 생각했다.[73]

9월 25일(양 10. 23) 부산에서는 감리서(監理署) 서기 2명과 서례(署隷) 15명, 막정(幕丁) 153명 및 일본군 3개 소대 150명을 파견했다. 그들은 배편으로 창원 마산포에 도착한 후 두 길로 나누어 후지사카(藤坂) 소

---

70) 『統記』 제41책, 9월 30일. "晉州匪類 各散幾百名式 作鬧於固城泗川昆陽丹城陜川等邑 去益滋蔓 此必湖匪 聞巡撫之行 稍稍流來而然也."
71) 『統記』 제41책, 9월 25일.
72) 『駐韓日本公使館記錄』 2, 機密 第27號, "監理署에서 파견한 巡査가 東學黨을 시찰한 報告", 71~72쪽.
73) 위의 책 2, '親展', 92~93쪽.

위가 이끄는 부대가 먼저 29일 하동으로 진출했다.74)

 그날 하동 광평동(廣坪洞)에서 당시 하동에 남아있던 동학군과 일본군의 전투가 벌어졌고, 동학군은 섬진강 건너편으로 패주할 수밖에 없었다. 일본군은 계속해서 강건너 동학군을 추적했지만, 그 종적을 잃어버려 동학군이 버린 무기·양식만 가지고 돌아왔다. 이어 후속부대와 합류한 일본군은 30일에도 섬진강 건너편에 동학군이 출몰하자 그 뒤를 추적했지만 노획물 이외에 별 성과가 없이 하동으로 철수했다. 하동 곳곳에 수천·수백의 동학군들이 출몰하고 있었기 때문이다.75)

 그 뒤 10월 7일에는 제4중대장 스즈키(鈴木) 대위가 서부경남지역에 파견된 일본군을 총지휘하기 위해 곤양에 도착하면서 대구에서 파견된 관군과 일본군의 합류가 이루어졌다.76) 이 무렵 동학군들이 여기저기서 출몰하고 있어 일본군·관군과의 전투가 많이 벌어졌다. 진주·곤양 등지에 주둔하고 있던 지석영이 경남 서부지역 동학조직의 핵심 인물 중 하나라 할 수 있는 임석준(林碩俊)을 체포한 것을 보고하고 있고, 또 문서로 보고한 내용에서 진주·곤양·하동 등지에서 체포한 수많은 동학군 중 총살·효수된 자와 방면된 자의 숫자를 나열하고 있는 것을 보면 그것을 알 수 있다.77) 그러나 경남 서부지역 동학군의 주력이 크게 궤멸되었던 전투는 곤양 금오산(金鰲山) 전투와 진주 고승산성(高僧山城) 전투였다. 10월 10일 일본군은 곤양 안심동 남쪽 금오산에 동학군 400여 명이 모였다는 사실을 알고 두 부대로 나누어 공격하여

---

 74) 『統記』 제41책, 9월 25일 ; 『釜山府史原稿』(민족문화사 영인본) 6, "慶尙道西南部暴徒擊攘報告", 544쪽.
 75) 『釜山府史原稿』(민족문화사 영인본) 6, "慶尙道西南部暴徒擊攘報告", 544쪽.
 76) 위와 같음.
 77) 『札移電存案』 제1책 甲午 10월 15일, 卽到哛捕使十一日奇電內 日兵百五十 我兵百 駐昆多方四面 跟捕厥首林碩俊 ; 『釜山府史原稿』 6, "日鮮共同으로 東學黨匪 討伐 전보"에 첨부된 조선인 관리의 통보문, 546쪽.

많은 동학군을 생포하고 70여 명을 사살했다.78)

그 후 12일 일본군은 진주 백곡리(栢谷里)에 동학군이 모여 진격하려 한다는 소식을 듣고 곤양에서 진주 수곡리(水谷里)에 이르렀다. 그러나 토포사 지석영이 진주부 동쪽 20리에 있는 송촌(松村)과 동쪽 30리에 있는 집현산 아래 및 단성 북쪽 10리에 있는 정정(頂亭), 원본정(院本亭) 등 각 지역에 동학군 4,500명이 모여 모두 진주성을 향해 진격하려 한다는 급보를 알려와, 일본군은 즉시 길을 돌려 진주부로 돌아왔다. 그 다음날 부대를 나누어 송촌과 집현산 부근에 이르렀으나 동학군은 이미 단성지방으로 이동해버린 상태였다.

같은 날 단성지방 동학군들이 진주를 공격하려고 수곡촌으로 진군해온다는 소식을 접한 일본군은 다음날인 14일 진주의 서쪽 수곡촌에 이르렀다. 수곡촌 산야에 깔려있던 동학군들 중 일부는 고승산성으로 퇴거하여 방어준비를 했고, 일부는 북쪽으로 퇴거했다. 일본군의 공격이 있자 산성의 동학군들은 산꼭대기 누벽(壘壁)에 의지해서 완강히 저항했고, 북쪽으로 퇴거했던 동학군은 일본군의 우측을 공격해왔다. 이 때문에 일본군은 일시 당황했고 부상자도 3명이나 생겼지만, 무기나 전투기술면에서 월등하여 얼마 지나지 않아 곧 산을 점령했다. 산꼭대기의 방어진지가 무너지자 동학군들은 서북 덕산 방면으로 후퇴했고, 일본군 한 소대가 이들을 추적했지만 미치지 못하고 그냥 돌아갔다. 이날 전투에서 동학군은 많은 사상자를 내어 일본군이 수거한 동학군 사체가 186구였다고 한다. 부근 주민들의 소문에 의하면 이외에 퇴주하면서 수십 명이 폐사한 것으로 일본군은 파악하고 있었다. 그 이외에 생포 2명, 총·칼·화약·승마·화폐·쌀 등 많은 노획물이 있었다.79)

---

78) 『釜山府史原稿』 6, "慶尙道西南部暴徒擊攘報告", 544~545쪽 ; 『駐韓日本公使館記錄』 1, 京第96號, 158쪽.

이후 19일 일본군과 관군은 하동에 다시 호남동학군이 내습하려 한다는 소식을 듣고 하동으로 진격해서 20, 21일에 걸쳐 섬진강 건너 응치(應峙)·삼봉산(三峰山)·섬진역(蟾津驛)에서 출몰하는 동학군 토벌에 몇 차례 나섰다. 일본군이 섬진강 건너편에서 동학군과 전투를 벌이는 동안 하동지역 동학군들은 배후를 치는 작전으로 나왔으나, 곧 격퇴되어 퇴산했다.[80] 단성·고성지방에서도 일부 관련 기사가 보이는 것으로 보아 일본군과 관군의 동학군 토벌활동은 경남 서부지역 곳곳에서 벌어졌던 것 같다.[81]

이와 같이 관군과 일본군의 계속되는 토벌활동으로 동학군세력은 크게 위축되고 있었지만, 아직 동학군은 지리산 계곡을 근거지로 하여 사천·남해·단성·적량 등에서 무기를 탈취하는 등 경남서부 고을 곳곳에 출몰하면서 활동하고 있었다.[82]

아무튼 동학도들의 활동이 점차 위축되어가자, 일부 읍에서는 관이 앞장서 방위조직을 갖추고 동학군 진압에 나서기 시작했다. 호남과 맞닿아있어 호남동학군의 지속적인 공략대상이 되고 있는 하동은 두 차례 전투 후 새로 부임한 부사 홍택후(洪澤厚)가 일본군의 조언과 경상

---

79) 『釜山府史原稿』 6, "慶尙道西南部暴徒擊攘報告", 545쪽 ; 『駐韓日本公使館記錄』 1, 京第98號 "晉州附近東學黨擊破詳報送付" 중 제3보고 및 제4보고, 204~206쪽.

80) 『釜山府史原稿』 6, "慶尙道西南部暴徒擊攘報告", 545~546쪽.

81) 『駐韓日本公使館記錄』 1, 京第98號, "晉州附近東學黨擊破詳報送付" 중 제5보고에 향후의 목적으로 "단성지방 각처의 동학당을 토벌"하겠다고 보고하고 있고, 『栢谷誌』 兵荒 當宁甲午條에 고승당산 전투 후 "其後二三日 倭四百餘 躡東學 來宿于栢谷場基村"이라 해서 단성지역 동학군 토벌을 전개하고 있었음을 추측할 수 있다. 『慶尙道固城府叢瑣錄』 2, 甲午 11월 26일조에는 고성에도 日軍, 官軍이 들어와 관련자들을 붙잡아간 것으로 기록되어있다.

82) 『札移電存案』 제1책 甲午 10월 24일. "晉州討捕使來電 間與日兵合勢 戰殺數百 捕梟爲二 彼徒毫不畏戢 日益猖獗 如驅飯蠅 泗川南海丹城赤梁軍器 盡行奪去 所過村閭俱空 哭聲動地 彼所恃者 智異山谷 若不添兵 又不駐兵 河晉丹昆等地 必爲彼徒蹂躪."

우도 각 읍의 군병을 지원받아 강을 따라 방어하는 체제를 갖추었다.83) 고성에서도 관속과 일반백성을 동원하여 이들에게 무기를 주고 읍의 4문과 사방 5리를 나누어 지키는 체제를 만들어 시행하고 있었다.84)

다른 지역과 마찬가지로 경남 서부지역에서도 보수세력의 자위조직이라고 할 수 있는 민포조직이 만들어지고 '의려(義旅)'의 활동도 나타나기 시작했다. 진주 백곡리(柏谷里)에서는 동학군이 고승산성 전투에 대패해서 기세가 꺾이자 이 마을 사족인 정중한(鄭仲翰) 등이 중심이 되어 자위조직을 구성하고, 이에 대한 규정(약조)까지 만들어 동학군 침입에 대비하는 적극적인 자세를 보였다.85) 단성현에서도 상황이 역전되어 읍내에 구성된 민포가 동학군 잔당들을 추포하러 다니는 모습이 보인다.86)

이와 함께 일본군과 관군의 동학군 토벌에 참여해서 활약했던 인물들도 나타난다. 곤양의 전 장령(掌令) 황보연(黃輔淵)은 하동으로 가 동학군 토벌에 참여했고, 진주 출신의 김석필(金碩弼)도 늙은 몸을 이끌고 토벌활동에 참여했다. 진주의 전 만호(萬戶) 윤순백(尹順伯)은 보부상들로 병대를 조직하여 동학군 추포활동에 종사했던 것으로 보인

---

83) 『梧下記聞』 第3筆 10월 22일. "河東新府使洪澤厚 隨池錫永到任 嶺伯趙秉鎬 調兵嶺右七邑 兵合三百餘 助澤厚劃江防守 繼而嶺右三十五邑兵齊到 合三千餘人."
84) 『慶尙道固城府叢璅錄』 2, 甲午 11월 26일. "東徒則盡已討平 而本官莅邑三日後 …… 又派官屬二十名 賜之銃劍 把守四門 百姓數十名式 分把邑四面五里地 使各把守 放砲之聲 晝夜不絶 中外相應 迄不掇罷 因此有怨聲."
85) 『栢谷誌』 권1 栢谷里約條. "一. 賊亦人耳 非有四頭八臂 賊之畏我 必甚於我之畏賊 賊若至 夜則以擧火 晝則以鳥銃 一里丁壯 一齊來會, 一. 賊之恐喝 未必實有是事 此易曉之理也 賊豈於吾柏谷人起亂哉 可殺則殺之 可擒則擒之, 一. 禦賊之方 鳥銃爲上 弓劍次之 丁壯各備之, 一. 一月擇閑暇 兩會習武 使賊聞之 而知所畏."
86) 『端磎日記』 제9책 갑오 11월 8일. "午時邑中民砲 出捕遜項東徒八漢去."

다.87) 그러나 다른 지역에 비해 토포활동이 활발했던 것은 아니다. 초기부터 동학군을 몰아내고 안정된 방위체제를 갖추었던 경남 서북부 지역이나 봉기 이전부터 민포를 구성하고 있던 하동지역에서 토포활동이 많이 나오고 있고, 그 이외 지역에서는 한두 명 정도가 주목되고 있을 뿐이다.88) 그만큼 이 지역에서는 재지세력의 힘이 무력화되어있었다는 것을 보여준다.

이처럼 각 읍이 점차 안정을 되찾아갈 기미를 보임에 따라 대구에서 파견된 관군과 일본군은 철수를 서두르게 된다. 관군도 오랫동안 전투와 행군에 시달렸고 일본군도 인천으로 가서 양호(兩湖)의 동학군 토벌에 임해야 했기 때문이다. 그리하여 지석영과 일본군은 10월 24일 하동을 떠나 11월 1일(양 11. 27) 부산에 도착함으로써 관군과 일본군의 서부경남지역 동학군에 대한 연합토벌작전은 일단 마무리되었다.89)

4. 동학도의 추구목표와 이후 추이

앞에서 언급했듯이 영남지역에서 민란이 격화되기 시작하는 7월에 들어오면서 진주를 중심으로 한 경남 서부지역 동학도들의 활동은 매우 활발해졌다. 이때 그들이 추구했던 목표는 대략 다음 몇 가지로 정리될 수 있다.

우선 들 수 있는 것은 각 고을 차원의 폐정개혁과 향리, 토호, 사찰 등 일반민중을 수탈했던 계층, 세력에 대한 징벌이었다. 이런 요구는 이미 7월경부터 여기저기서 제기되고 있었다. 곤양에서는 동학도 50여

---

87) 『東學黨征討人錄』과 『甲午軍功錄』 참조.
88) 김준형, 앞의 글, 1992, 103~104쪽.
89) 『釜山府史原稿』 6, "慶尙道西南部暴徒擊攘報告", 545쪽.

명이 교청에서 모임을 가지고 7개항의 개혁사항을 제시했다. 그 중 하나는 세미공납을 당분간 유예시켜달라는 것이었다.[90] 사천에서도 동학도 100여 명이 공해에 난입하여 8개항의 개혁사항을 요구했다.[91]

동학군이 본격적으로 봉기하는 9월에 와서도 고을의 폐단에 대한 개혁문제가 꾸준히 중요한 이슈로 제기되고 있었다. 진주에서 대집회가 계속 열리던 10일경 진주 각 면리에 보내는 통문에도 "각 면리별로 민폐를 교정할" 것을 권유하는 내용이 실려있는 것이나[92] 남해에서 읍폐를 개혁할 것을 요구하며 동학도들이 난민들을 모아 읍촌에 출몰했다고 하는 것으로[93] 보아 읍폐개혁에 대한 주민의 요구가 컸음을 알 수 있다. 실제로 대여촌면 주민들은 폐단을 개혁한다고 하면서 무리를 모아 읍내에 들어와 장시에 장막을 설치하고 동헌에 들어와 관장을 핍박했다. 그리고 원성의 대상이었던 인물의 집이나 사찰이 공격대상이 되었다.[94] 주로 수탈에 편승하고 있던 향리나 토호들이 그 대상이었다.[95]

---

90) 『邑報抄櫽冊』(규장각) 갑오 7월 14일. "昆陽郡守報內 東徒五十餘名 聚會校廳 請革七條件事."; 갑오 7월 28일. "昆陽郡守報內 東徒捉去一鄕兩吏 請革七條中 稅米公納停捧 實所難處事."

91) 위의 책, 갑오 7월 24일. "泗川縣監報內 東學百餘名 攔入公廨 請革八條件事."

92) 『駐韓日本公使館記錄』1, 南站發甲 第152號, "東學黨의 檄文通報 및 情報通知 요청" 중 再次私通, "도착하는 즉시 각리 각동의 리임과 동장들은 이 사통문을 뜯어보고 민폐를 교정하기 바랍니다."(139쪽)

93) 『狀啓』(규장각 No. 80932). "南海縣令李圭豊牒呈內 今月十一日 湖南東徒十九名 突入本縣 …… 稱以邑弊矯捄 聚會亂類 出沒邑村 作弊非常矣."

94) 『狀啓』(규장각 No. 80932). "晋州牧使柳㝡牒呈內 今十四日 本州代如村民人等 謂以矯弊 發文各面 聚黨入邑 而曉喩不聽 大設帳幕於場市 燒毀人家 攔入東軒 語多威逼 撞打獄門 擅放罪囚 千百爲群 向往玉泉寺 佛宇僧舍 一倂燒燼 擧措叵測矣. …… 中軍將二十一日 率數百名 出往召村驛 網打一村 攫取産物 多民驚散 一郵空虛 二十二日 轉向代如村龍㵎洞 盡奪産物 連燒三十戶 居民之 槍劍受傷者夥多."

95) 昆陽의 예. 『端硏日記』제9책 甲午 9월 23, 26, 27일조, 10월 23일조 참조.

공격당한 사찰로는 옥천사를 들 수 있다. 동학군들은 천여 명이 무리지어 옥천사로 가 재물을 빼앗고 불우와 승사를 불태웠다.96) 옥천사는 진주 남쪽 개천면(현재는 고성군)에 있는 사찰로서 승려 수가 많고 절에 딸린 재산도 많았다. 이 절은 산지의 땔나무 채취를 금지하여 농민들 원성을 샀고, 절에 속한 토지의 환곡분급을 면제받아 상대적으로 이 지역 농민들의 부담을 늘렸다. 소유토지의 소작문제로도 농민들과 충돌이 잦았을 것이다. 이런 문제로 인해 옥천사는 기회 있을 때마다 농민의 공격대상이 되었다. 1862년 진주농민항쟁 때도 공격대상이 되었으나 승려들의 기지로 가까스로 화를 면한 적이 있었다.97)

그런데 진주를 비롯한 경남 서부지역 동학도들이 내세웠던 개혁요구 사항이 어떤 것이었는지는 자세히 알 수 없다. 곤양에서는 7개조, 사천에서는 8개조의 개혁요구가 제시되었던 데서 보이듯이 각 고을마다 다양한 요구조건이 제시되었을 것이다. 이미 이 부근에서는 동학도들이 본격적으로 활동하기 전부터 민란이 빈발하고 있었고, 이때 개혁되어야 할 여러가지 읍폐가 거론되고 있었다. 이것이 동학도들의 요구사항에도 자연스럽게 반영되었으리라 생각된다.

그러나 동학군 활동에는 일반농민들만 참여하고 있었던 것이 아니었다.

동비들은 모두 상인·천인·사노·관속의 하배·패망한 반종의 부랑분자에 불과합니다. 읍속은 명령을 하달한 관인과 가까운 자들입니다. 그들은 외촌에 있는 동비들의 이목이 되어 관가의 동정을 모두 소개했습니다. 그러므로 외촌의 동비들을 제압하려면 먼저 관인과 가까운 동비를 제거하고 상인과 천인의 동비들을 제거하려면 먼저 반종의

---

96) 주 94) 참조.
97) 이영호, 「1862년 진주농민항쟁의 연구」, 『한국사론』 19, 서울대 국사학과, 1988, 443~444쪽.

동비를 제거해야 하며, 각 읍의 동비를 제거하려면 먼저 진주의 동비를 제거해야 합니다.98)

위의 글에 나타나듯이 농민 이외에 몰락양반 및 천인, 사노들까지 참여하고 있었던 것으로 보아 당시에 새롭게 부각되고 있던 신분제 문제도 전면적으로 거론되고 있었을 가능성이 크다. 특히 이 지역은 앞에서 언급했듯이 호남동학군과 연대하여 활동을 벌이고 있었기 때문에 호남동학군들이 제시했던 폐정 12개조 개혁요구 사항을 익히 알고 있었을 것이고, 많은 영향을 받았을 것이다.

이외에 백낙도를 중심으로 한 동학세력은 조정을 무너뜨리고 새로운 권력을 장악하려는 변란계획을 세웠던 무리로 인식되고 있었다. 즉 『백곡지(栢谷誌)』에 의하면, 박희방이 덕산의 동학세력들을 토벌하면서 「자제록(子弟錄)」이라는 책자를 발견했는데, 여기에는 백낙도가 이조판서, 손웅구 이하 측근들이 방백과 수령을 차지하는 것으로 기록되어 있었다고 한다.99)

경남 서부지역 동학도들은 민족문제에 대해서도 지대한 관심을 보이고 있었다. 앞에서 제2차 봉기 때 민족문제, 특히 '척왜양'이 전면적으로 제기되고 있었다고 언급하였는데, 봉기를 선도했던 경남 서부지역에서도 '척왜양'이 주요문제로 제기되고 있었다.

우리 조선은 비록 동방에서 작은 나라라고 하나 옛날부터 소중화(小中華)라고 칭했습니다. 그리고 우리 삼천리는 예의의 나라이며, 우리 삼

---

98) 『駐韓日本公使館記錄』 1, "慶尙右道 東學黨 擾亂 景況과 이에 대한 의견," 170~171쪽.
99) 『栢谷誌』 권3 兵荒 當宁甲午條. "甲午春 …… 營將朴熙房 率三百人 往捕之 乃一凡民也 執其徒黨之尤者五六人 幷誅之籍其家 得其子弟錄者 列書其名 幷懸以官爵 某也某官 某也某爵 其中樂道吏判 孫雄狗以下 皆方伯守令也 熙房幷火之."

천리는 풍부한 강토입니다. 그러나 지금은 국운(國運)이 부색(否塞)하고 인도(人道)가 퇴폐하므로 간신(奸臣)들이 화를 불러들여 왜적(倭賊)들이 우리 국경을 침범하기에 이르렀습니다. 그리하여 북쪽 3도는 모두 오랑캐 땅이 되었고, 남쪽 5도는 왜적들이 가득하여 그들 마음대로 궁중(宮中)에서 병기(兵器)를 휘두르며 창검(槍劍)을 시골과 경성(京城)에 있는 것보다 더 많이 가지고 있습니다. 아, 우리 동토(東土)의 인사들이여. 어찌 피를 뿌리며 분개하는 마음이 일어나지 않겠습니까. 그리고 옛날 기유년(己酉年)에 일어났던 삼포(三浦)의 난과 임진년(壬辰年)에 일어났던 팔로(八路)의 변란 때 누군인들 그들의 총검 아래 돌아가신 조상이 없으며 그들의 포탄에 사망하신 부친이 없겠습니까. 그러므로 지금은 복수로서 국가에 보답해야 할 때입니다.…… 그러므로 후생으로 태어난 우리 도류(道流)들 중에는 함께 죽기로 맹세하고 분개한 마음을 일으켜 왜적을 섬멸하고 그들의 잔당을 소멸할 뜻으로 진주에서 대회를 가졌습니다.…… 지금 우리 병사(兵使)인 민공(閔公)을 보면, 공은 사심이 없는 분으로 온화하고 순량하며 청백하고 정직하며 전 병사와 비교할 수 없습니다. 그러므로 이 분은 대영(大營)의 임무를 맡을 만한 사람으로 영우(嶺右) 토민(土民)의 중망(重望)을 받고 있습니다. 그러나 부임한 지 1년도 채 못되었는데 지금 들은 바에 의하면, 왜인(倭人)과의 조약에 따라 선출된 신병사(新兵使)가 부임한다고 하니, 그 일이 비록 그렇게 된다 하더라도 지금 우리 도류들이 왜인을 섬멸하고 그 잔당을 소토할 때를 당하여 그가 어찌 방면의 귀임을 질 수 있겠습니까.…… 그러므로 옛 병사는 그 임기 동안 유임해주기를 바라고 신병사는 우리 지역으로 들어오지 못하도록 하는 뜻에서 이와 같이 통문(通文)을 발송하여 진주에서 대회를 갖고자 하오니……100)

위의 글에서 나타나듯이 일본의 경제적 침략 외에 6월 말 일본군의 불법적 궁성 침입으로 인해 진주를 중심으로 한 경남서부 동학도들 사

---

100) 『駐韓日本公使館記錄』 1, 南站發甲 第152號, "甲午 9월 10일 忠慶大都所에서 발한 「東學徒掛榜」, 140쪽.

이에는 일본에 대한 적개심이 팽배해있었다. 먼 과거의 일이었던 삼포왜란이나 임진왜란까지 회상하며 일본세력을 어떻게든 축출해버리겠다는 의지를 표출하고 있었다. 일본과 협조한 개화세력에 대해서도 마찬가지 감정을 지니고 있었다. 그래서 개화파가 파견한 신임병사의 부임을 막기 위한 방안을 강구하려는 모습을 보이고 있다.

이런 활동을 보이던 경남 서부지역 동학군은 9월 말경부터 전개된 일본군과 관군의 토벌작전에 의해 하동전투, 금오산전투, 고승산성전투 등에서 많은 사상자를 내고 주력이 괴멸된 이후 활동이 점차 위축되어갔다. 하지만 그 잔여세력들은 아직 많이 존재하고 있었다. 특히 앞에서도 언급했듯이 지형상 유리한 지리산 계곡을 근거지로 해서 동학군은 사천·남해·단성·적량 등의 무기를 탈취하는 등 경남 서부지역 고을 곳곳에 출몰하면서 활동하고 있었다.[101] 이듬해인 1895년 4월 무렵에도 옥천사를 공격했던 동학군 잔여세력들이 아직 많이 잡히지 않고 있었다고 하는 데서 그것을 유추해볼 수 있다.[102]

그들은 이후 얼마 안되어 노응규(盧應奎) 등 보수유생층이 주도하는 을미의병에 참여했던 것으로 알려진다.[103] 그 세력은 1900년경까지도

---

101) 『札移電存案』제1책 甲午 10월 24일. "晉州討捕使來電 間與日兵合勢 戰殺數百 捕梟爲二 彼徒毫不畏戢 日益猖獗 如驅飯蠅 泗川南海丹城赤梁軍器 盡行奪去 所過村閭俱空 哭聲動地 彼所恃者 智異山谷 若不添兵 又不駐兵 河晉丹昆等地 必爲彼徒蹂躪 急急籌辦 借得日兵 駐站于河晉等數處 伏望 民情大恃日兵."

102) 『起案』제2책 慶尙道晉州玉泉寺僧永洽等白活. "該寺設置進上紙所與願堂 係是朝家之資給也 不意去年九月 亂民李允化李尙根沈尙旭等 嘯聚本邑悖黨 突入寺中 縛打僧徒 掠奪錢穀什物 焚燒寺刹 屢呈營邑 卽爲搜捕亂魁 已行正法 然餘黨未盡逮捕 所失什物 一無還推 伏願題飭營邑 卽爲推覓事(1895년 4월 19일)."

103) 『梅泉野錄』권2, 1896년 正月條. "且懷忠仗義者 不過若干人 而啖名者倡焉 樂禍者附焉 莠民千百成群 咸聚義旅 而甚至東匪餘黨 換面景從者 居其半 於是 殘暴淫掠 無異狂盜者有之 以南方所親聞 如盧應奎據晉州 全境焚蕩 州民謂再逢東匪."

다른 지역과 마찬가지로 '동학당(東學黨)', '영학당(英學黨)'이란 이름으로 의병투쟁과 연계되면서 활동하고 있었다. 1900년 2월 『황성신문(皇城新聞)』에는 이에 관한 다음과 같은 기사가 실려있다.

 진주 등지에서 민중이 소취(嘯聚)하야 혹칭(或稱) 동학하며 혹칭 영학하야 주리(州里)가 소요(騷擾)하다고 항설(巷說)이 낭자하더니 작일에 경남관찰사 이근용(李根鎔) 씨가 내부에 전고(電告)하기를 각군경내(各郡境內)에 전일 동도의 누망여당(漏網餘黨)이 왕왕소취(往往嘯聚)하기로 광파이목(廣派吏目)하야 별기정탐(別機情探)한즉 과약소문(果若所聞)이라 불가무음우지비고(不可無陰雨之備故)로 업이보고(業已報告)하얏거니와 현금 동도가 일익자만(日益滋漫)하야 민정(民情)이 일익 소요하오니 전칙고성지방대(轉飭固城地方隊)하야 병정 1중대를 파주본부(派駐本府)하야 진정인심(鎭靖人心)케 함을 청(請)하얏다더라.104)

이에 따르면 진주 등지에서 동학당 또는 영학당을 칭하며 민중이 집회를 열어 소란스럽기 때문에 경남관찰사가 고성에 있는 지방대를 동원하여 이들을 진압해야 한다고 내부에 보고할 정도였다고 한다. 6월에도 민중 50여 명이 창의하고 관에 청원장을 냈는데, 그들이 내세운 구호는 '척양척왜하고 국모복수(國母復讐)한다'는 것이었다. 이에 관찰사가 경서(警署)에 명령하여 그들 중 일부를 체포하니 나머지는 도산했다고 한다.105)

이후 동학세력이 정부의 탄압으로 인해 진보회(進步會)라 개칭하고 다시 유신회(維新會)와 합쳐 일진회(一進會)로 변하면서 경남 서부지역

---

104) 『皇城新聞』 1900년 2월 21일자. "慶南東徒."
105) 『皇城新聞』 1900년 6월 21일자, "晉州亂民." "去月 晉州府에서 耗散輩 五十餘名이 稱以倡義하고 呈狀하얏는데 槪意는 斥洋斥倭하고 國母復讐한다 한지라 觀察이 知是亂民하고 警署에 訓飭하야 二十一名을 착수하니 其餘는 逃散하얏더라."

동학도들도 이 대열에 합류하는 자가 많아졌다.106) 이 때문에 일제침략에 협조적인 입장에 서게 되는 경우도 많이 있었던 것이 사실이다. 그러나 그렇지 않은 경우도 있었다. 일본인 伊作友八이 쓴『경남진주안내(慶南晉州案內)』에는 다음과 같은 기록이 있다.

중고부터 진주지방의 선인은 타지방에 비해 부호가 많고 또한 기개가 높기 때문에 동학당 봉기 즈음에는 거의 폭도의 책원지로서 분요(紛擾)의 극을 이루었다. 메이지(明治) 38년(1905)의 정변(政變)에 즈음해서는 민족(閔族) 일파에 속하는 일진회의 수령 등 동지를 규합하고 격문을 날려 당지 중안면(中安面) 일동(一洞 : 지금의 實業學校)에 모여 표면상 개진교육회(改進敎育會)라는 명칭을 빌려서 폭거를 밀의(密議)했다. [그리고] 각 관서를 야습(夜襲)하고 동시에 방화하여 일을 일거에 결판지을 수 있도록 했다. 혈서연판(血書連判)의 일대 폭거는 뜻밖에도 헌병분견소(憲兵分遣所)가 알아차리게 되었다.…… 가키하라(柿原) 분견소장은 각 관서와 서로 모의하고 그날 밤 역습, 돌격했다. 수괴 등은 갑자기 낭패하여 어쩔 수 없었고 모두 체포되었고 처형되어……107)

즉 1905년에도 일부 일진회세력들이 개진교육회라는 모임을 내세워 비밀단체를 만들고 각 관서를 습격하고 방화하는 등 일본의 침략에 저항하는 운동을 전개하려다 사전에 발각되었다는 것이다. 따라서 일제 초기 일본인들 눈에는 진주가 일본에 대한 적개심이 강한 지역으로 부각되고 있었다.

---

106) 李敦化,『天道敎創建史』, 天道敎中央宗理院, 1933, 45~54쪽.
107) 伊作友八,『慶南晉州案內』, 1912, 28쪽. 勝田伊助이 쓴『晉州大觀』(1940), 14~15쪽에도 이런 내용이 소개되어있다.

5. 맺음말

지금까지 진주 및 인근 고을의 동학군 봉기의 배경과 과정에 대해 살펴보았다. 이를 요약해보면 다음과 같다.

진주는 옛부터 경남 서부지역의 중심지적 입지를 점하고 있었기 때문에 변란이 일어나면 주위 고을에 큰 영향을 주고, 동조세력이 쉽게 형성될 수 있는 여건이 조성되어있었다. 또한 진주에 있는 지리산은 산이 넓게 퍼져있고 골이 깊었기 때문에 옛날부터 도적이나 여러 변란 및 사회운동을 도모하는 세력들의 중요 근거지가 되기도 했다. 이 중에서도 덕산은 변란이나 항쟁의 중요한 거점으로 주목받았고, 동학도들의 세력확장에서도 핵심근거지가 되었다. 또 진주는 토지가 비옥해서 농민이 성장할 수 있는 지역적 조건도 마련되어있었다.

이 지역의 사림들은 과격하고 저항적 성격이 두드러지는 남명의 학풍을 계승하고 있었다. 그런데 인조반정과 무신란으로 인해 남명학풍이 이단시되면서 이들의 입지는 다른 지역에 비해 침체될 수밖에 없었다. 이 지역의 몰락사족들이 여러 사회운동에 주도적으로 참여했던 것도 이 때문이다. 이 현상은 동학세력 확장에서도 나타났다.

개항 이후 경남 서부지역에서는 다른 지역과 마찬가지로 상품화폐 경제의 확산과 함께 지주제가 확대되고 농민층 분해가 가속화되고 있었다. 게다가 진주권 지역의 거의 모든 읍은 혹심한 가뭄과 화적들로 불안한 상황이 지속되고 있었다. 이런 상황에서 봉건적 수탈이 가중되면서 경남지역 농민의 저항을 불러일으켰다. 진주 인근 고을에서는 이미 1월 중순경부터 민란이 일어나고 있었다. 이후 민란은 경상도 전체로 확산되어갔다.

게다가 개항 이후 제국주의 세력의 국내 상권침투는 조선의 상품화폐경제구조를 왜곡시키고 봉건지배계급의 수탈을 강화시키는 원인이 되었고, 빈농층의 경제적 몰락도 더욱 가속화되었다. 이런 상황에서 농민들의 외세 특히 일본에 대한 불만과 저항은 커질 수밖에 없었다. 그런데 6월 말 7월 초 일본군의 궁성점령 소식이 알려지면서 일본에 대한 적개심은 한층 더 높아졌다.

경남 서부지역에서는 백낙도가 일찍부터 덕산을 근거지로 인근 마을, 그리고 인근 고을로 동학조직을 확산시켜나가고 있었다. 진주 영장이 이끄는 관군에 의해 덕산의 동학세력이 토벌되었기 때문에 동학도의 위세는 일시적으로 위축된 것처럼 보였지만, 민란이 격화되는 7월에 들어 동학도들의 활동은 다시 활발해졌다. 경남 서부지역 동학도들의 활동이 활발해진 배경에는 호남동학군들이 이 지역 동학도들과 연대한 점도 있었다.

9월 중순 동학군이 전국적으로 재차 봉기하기 전인 8월 말부터 경상도지역에서는 동학농민군의 읍내점거 및 무기탈취 등의 본격적인 활동이 전개되었다. 진주 등지에서도 이미 9월 1일 이전부터 진주 마동리 등에서 동학도들이 매일 집회를 열며 개혁을 요구하고, 일부 토호와 사찰에 대해 공격하는 등 본격적인 활동을 벌이고 있었다.

9월 1일 광양으로 쫓겨갔던 하동지역 동학도도 광양·순천포의 동학군과 함께 섬진강을 건너 하동을 공격해왔다. 이들의 일부는 진주로 들어와 이미 활동하고 있던 진주와 인근 고을의 동학도와 대집회를 열고 분위기를 고조시켰다. 이와 같이 진주에서는 여러 번 대집회가 열려 동학도들의 열기가 고조되었고, 호남동학군의 지원이 이루어지면서 남해, 사천, 고성, 곤양, 의령, 합천 등 인근 다른 고을의 동학군 활동도 매우 활기를 띠었다. 9월 중순 진주 대집회 이후 각 고을로 돌아갔던 동학도들은 자기 지역에만 머물지 않고 여기저기 돌아다니며 같이 연대해서 활동을 벌이고 있었다.

이에 대응하여 9월 말경부터 대구에서 파견된 관군과 일본군에 의한 동학군 토벌이 진행되었다. 하동 광평동전투, 곤양의 금오산전투와 진주의 고승산성전투에서 동학군이 패배하면서 주력군은 크게 약화되었다. 동학도들의 활동이 점차 위축되어가자, 일부 읍에서는 관과 보수세력이 앞장서 방위조직을 갖추고 동학군 진압에 나서기 시작했다. 각 읍이 점차 안정을 되찾아갈 기미를 보이자, 대구에서 파견된 관군과 일본군은 부산으로 철수했다.

진주를 중심으로 경남 서부지역에서 활발한 활동을 보였던 동학도들은 각 고을 차원에서 폐정개혁을 요구하고 향리, 토호, 사찰 등 일반민중을 수탈했던 계층, 세력들에게 징벌을 가했다. 그리고 '척왜양'을 전면적으로 제기하고 개화파에 대해서도 적개심을 분출하고 있었다.

이런 활동을 보이던 경남 서부지역 동학군은 9월 말경부터 전개된 일본군과 관군의 토벌작전에 의해 활동이 점차 위축되어갔지만, 그 잔여세력들은 아직 많이 존재하고 있었다. 그들은 이후 얼마 안되어 보수유생층이 주도하는 을미의병에 참여했고, 1900년경까지도 다른 지역과 마찬가지로 '동학당', '영학당'이란 이름으로 의병투쟁과 관련하면서 활동하고 있었다. 이 중 일부는 일제침략에 협조적인 입장으로 돌아서는 경우도 있었지만, 일본의 침략에 저항하는 운동을 계속하는 경우도 있었다.

필자의 논지는 이와 같이 정리되지만, 여기에는 많은 한계와 문제점이 있음을 부인할 수 없다. 우선 들 수 있는 것이 경남 서부지역 동학군의 계층적 구성이나 그들이 지향했던 목표들이 체계적으로 분석되지 못했다는 점이다. 이를 위해서는 동학운동에 참여했던 인물들을 자세하게 조사해야 한다. 구전자료에 대해서도 좀더 밀도있고 체계적으로 수집하고 정리해야 한다. 또 동학군 잔여세력들이 이후 일제의 노골적인 침략 등 사회변화 속에서 어떤 입장을 취하게 되는가에 대해서도 다른 계층이나 운동과의 관련 속에서 좀더 구조적인 접근을 해야 하는데, 이 부분도 이후의 과제로 남겨두었다.

1920년대 진주지역 농민운동

오 미 일*

> 1. 머리말
> 2. 농민운동단체의 결성과 조직적 발전
>   1) 조선노동공제회 진주지회의 결성과 조직 발전
>   2) 진주노동공제회 해체와 진주군농민조합의 결성
> 3. 지도부의 성격과 변화
> 4. 소작조건 개선운동
>   1) 진주노동공제회와 지주회의 소작조건 개선안
>   2) 소작운동의 주요 현안
>   3) 소작운동의 지도
> 5. 맺음말

1. 머리말

3·1운동 후 일제가 지배정책의 방향을 문화통치로 전환하여 언론·집회·결사의 자유를 제한적으로 허용함으로써 진주지역에서도 청년회를 중심으로 문화운동이 전개되었다. 문화운동에는 지역의 대지주·부호 등 지역유지와 3·1운동 참여로 체포되었다가 석방된 이들이 함께 참여했는데, 문화운동 과정에서 배양된 인적, 조직적 역량은 이후 대중운동의 전개에 활용되었다.

진주지역 운동의 주축은 농민운동이었다. 1922년 9월 전국 최초의

---

* 부경대학교 연구교수

소작노동자대회를 개최하여 농민운동의 방향을 제시하고, 또한 1924년 9월 삼남지방 노동·농민단체 대표자가 모여 진주에서 개최한 경남노농운동간친회를 주관한 데서 단적으로 알 수 있듯이, 진주노동공제회[1]는 지역 차원에서뿐만 아니라 전국적 수준에서도 선도적이었다.

여기서는 지역사회 대중운동과 전국 농민운동의 선구적 사례였던 진주 농민운동에 관해 그 조직적 전개를 중심으로 살펴보고, 이어서 소작쟁의를 중심으로 한 농민운동의 형태에 대해 살펴보기로 한다.[2]

2. 농민운동단체의 결성과 조직적 발전

1) 조선노동공제회 진주지회의 결성과 조직 발전

(1) 면단위 출장소·지회 조직(1922. 2~1924. 3)

1920년 4월 경성에서 박중화(朴重華)·박이규(朴珥圭)·오상근(吳祥根)·고순흠(高順欽)·윤덕병(尹德炳)·신백우(申伯雨)·김사용(金思容) 등이 조선노동공제회를 창립했다.[3] 이 조선노동공제회의 창립은 3·1

---

1) 1922년 2월 설립될 때의 정식 명칭은 '조선노동공제회 진주지회'였는데, 이해 10월 조선노동공제회가 해산된 후에도 진주지회는 계속 명칭을 변경하지 않고 '진주노동공제회'를 고수했다. 따라서 이 글에서는 창립 후 1922년 10월까지는 '조선노동공제회 진주지회', 이후 1928년 2월 진주군농민조합으로 개편될 때까지는 '진주노동공제회'로 통일했다.
2) 일제시기 진주 농민운동에 대한 기존 연구로는 정연심, 「1920년대 진주노동공제회의 조직과 농민운동의 발전」, 『釜大史學』 21, 1997이 있다.
3) 그 창립경위와 과정에 대해서는 김준엽·김창순, 『한국공산주의운동사』 2권, 청계출판사, 1982, 60~61쪽 ; 신용하, 「조선노동공제회의 성립과 노동운동」, 『한국의 사회신분과 사회계층』, 1986 ; 박애림, 「조선노동공제회의 활동과 이념」, 연세대 석사학위논문, 1992 ; 「조선노동공제회연혁대략」, 『공제』 1호, 1920. 9, 166쪽 참조.

운동 이후 각 지역에서 활발하게 일어나고 있던 노동·농민운동을 조직화할 지역 대중단체의 설립을 촉진했다.

진주지역에서도 조선노동공제회 지회가 1922년 2월 19일 수백 명이 참가한 가운데 결성되었다.[4] 창립 후 진주지회가 가장 먼저 착수한 일은 4월 1, 2일 경성에서 열린 조선노동공제회 제3회 정기대회에 대표자를 파견하여[5] 중앙과의 지도·협조관계를 유지한 것이었다. 진주지회가 중앙 조선노동공제회의 지도나 연계 없이 결성되어 운동을 전개했다는 주장이 있으나,[6] 지역지회를 표방했고 결성 직후 본회에 대표를 파견하여 출석시키며 농민들에게 지회의 취지를 선전하는 문건으로 조선노동공제회의 문건을 그대로 사용한 점으로 보아 이는 사실과 다르다.

조선노동공제회는 제3회 대회를 계기로 종래 출판·노동야학·강연회를 통한 노동자교육과 소비조합 설립을 통한 생활난 구제 등 계몽적 실력양성적 운동에서 벗어났으며,[7] 사회주의자들이 회를 주도하면서 비로소 "노동조합의 발달에 진력할 것과 소작인조합을 조직할 것, 조선노농총동맹의 설립"을 활동방침으로 채택했다. 특히 이후 소작인의 단결과 소작인조합 건설을 촉구하기 위해 발표한 「조선노동공제회의 선언」은[8] 농민운동의 일대 방향을 제시했다. 이와 같이 조선노동공제

창립시의 강령은 '인권의 자유평등과 민족적 차별의 철폐, 식민지교육 지양과 대중문화의 발전을 기함, 노동자의 기술양성과 직업소개, 노동보험 및 쟁의권 획득, 각종 노예의 해방과 상호부조' 등이었으며, 긴급해결을 요하는 문제로 '노동자의 교육, 경제, 위생문제'를 들었다(박중화, 「조선노동공제회의 主旨」, 『공제』 1호, 1920년 9월).

4) 「노동공제 진주지회」, 『동아일보』 1922년 3월 1일자.
5) 「공제지회 임원회」, 『동아일보』 1922년 3월 30일자.
6) 金桑襄作, 「朝鮮勞動共濟會について」, 『朝鮮史叢』 3, 1980.
7) 박애림, 앞의 글, 45~66쪽 참조.
8) 「조선노동공제회의 선언 — 소작인은 단결하라」, 『동아일보』 1922년 7월 31일~8월 3일자.

회가 대중운동단체로서 성격을 강화하고 농민운동에 대해 정책을 제안한 것은 창립 직후 진주지회의 조직사업이나 활동방향에 크게 영향을 끼쳤다.

이에 조선노동공제회 진주지회의 활동방향과 사업의 중점은 초창기부터 회원과 미조직 소작인의 의식화를 목적으로 한 야학·강습회 개최 등의 계몽활동보다 소작관행 조사와 소작쟁의 지원 및 지도 등에 두어졌다. 진주지회는 일반 노동상황 및 소작문제 조사위원을 파견하는 등 적극적인 조직활동으로 5월 6일에 열린 제1회 정기총회에 회원 500명이 출석하였고,[9] 또한 6월 초에 소작문제·노동문제와 본회의 취지를 선전하기 위해 각 동을 순회하면서 개최한 강연회에는 수백 명의 청중이 운집하는[10] 등 짧은 시일 안에 대중단체로서의 위상을 갖추고 역할했다.

진주지회는 특히 1922년 9월 4일에 열린 소작노동자대회의 개최를 계기로 하여 조직적으로 확장, 발전했다. 소작노동자대회는 9월 4일 비봉동(飛鳳洞) 진주청년회관에서 소작인 등 회원 약 천여 명(경찰에서는 250명으로 파악)이 참가한 가운데 개최되었다. 먼저 "소작의 유래", "노동자의 5대 문제", "소작인은 단결하라" 등 농민의 각성을 촉구하고 소작투쟁의 단결을 강조하는 강연이 있었다. 이어서 각 면의 대표자가 그간에 조사한 각 면의 소작상황과 잔인무도한 지주의 횡포에 대해 장시간 보고하고, 이를 토대로 소작조건을 개선하는 내용의 8개 사항을 결의했으며, 실행기구로 임시소작부를 설치하고 실행위원 20명을 두기로 결정했다. 노동공제회 만세 삼창으로 대회를 마친 후 회원들은 행렬을 지어 시가를 시위행진했다.[11]

---

9) 「노동공제지회 총회」, 『동아일보』 1922년 5월 13일자.
10) 「노동공제지회 巡講」, 『동아일보』 1922년 6월 12일자.
11) 「소작노동자대회」, 『동아일보』 1922년 9월 11일자.

진주지회는 소작노동자대회의 결의안을 실천하기 위해 임시소작부를 두었으며, 실행위원을 당초 예정했던 20명에서 50명으로 늘렸다.12) 진주지회는 소작노동자대회를 출장소(내지 분회)에서도 개최하도록 지원했다. 그 대표적인 보기로 9월 17일에는 금곡분회(金谷分會)에서 백여 명의 회원이 출석하여 소작노동자대회를 개최했다.13) 진주지회는 이러한 소작노동자대회를 개최함으로써 그 위상을 높이고 동시에 많은 미조직 회원을 포섭하여 조직력을 강화할 수 있었다.

진주의 소작인대회는 전국 최초로 개최된 것으로서 다른 지역 농민운동에 끼친 파급효과가 대단했으며, 농민운동의 질적 발전을 가져온 일대 계기로 작용했다. 1922년 말 전남 영광·보성과 경남 사천군 곤양에서는 진주의 사례를 참고하여 소작노동자대회를 개최하기도 했다.

진주지역 농민운동의 조직경로는 군의 중심에 조선노동공제회 지회 본부를 먼저 설치하고, 이후 조직원을 각 면에 파견하여 출장소를 조직하는 하향식의 형태를 취했다. 면이나 군단위로 소작인회나 소작인 조합이 먼저 조직되고, 이것이 군단위의 연합회로 발전해나간14) 순천·광양·여수지역 등의 상향식 조직발전경로와는 다른 조직형태였다. 진주지역과 같은 조직경로는 특히 지역의 지식인이나 활동가들이 대중운동의 구심점으로 결집되어 역할했던 경우에나 가능한 방식이었다.

1922년 10월 15일 내부 알력으로 경성의 조선노동공제회가 해산되었다. 이에 농촌지역 지회들은 대개 강령과 규약을 일부 수정하여 전적으로 농민운동에 주력했다.15) 그러나 진주지회는 이후에도 여전히 '진

---

12) 「진주의 소작운동」, 『동아일보』 1922년 9월 22일자.
13) 『동아일보』 1922년 9월 22일자
14) 大和和明, 「1920年代 前半期の朝鮮農民運動-全羅南道順天郡の事例を中心に」, 『歷史學硏究』 502, 1982(『항일농민운동연구』, 동녘, 1984, 130쪽에서 재인용).
15) 허장만, 『1920년대 농민운동의 발전』, 조선노동당출판사, 1963, 22쪽.

주노동공제회'란 명칭을 사용하면서 노동·농민운동을 아우르는 기존의 조직체계를 그대로 유지했던 것이 특징이다.

진주지회는 소작부 위원을 비롯한 조직원을 파견하여 순회강연을 갖고 회의 취지를 선전하거나 지역의 소작제도를 조사하고 소작쟁의를 지원해나가는 가운데 회원을 확보했다. 그리하여 군 내에 출장소와 인근 군 지역에 면단위로 지회를 결성하여 조직을 확대해나갔다.[16] 창립 초기 진주노동공제회는 집행위원장제로 운영되었으며, 서무부·경리부·교육부·조사부·소작부 5개 부서를 두었다.

<표 1>은 노동공제회 진주지회가 조직한 군내 면단위 출장소 및 인근 군지역 지회에 관해 조사한 것이다. 진주지회가 설립된 지 1년이 채 못되어 문산면(文山面)을 제외한 전군(全郡)에 출장소 18개, 인근 사천·하동지역에 지회 4개가 설립되었는데, 이는 짧은 시일 내에 급속하게 조직이 확대되었음을 말해준다.

면단위 출장소가 설립되었다고 하나, 실제 처음부터 면 전체에 출장소의 조직력이 미쳤던 것은 아니고, 일부 리(里)에 국한되었다. 예를 들어 처음 대곡면출장소는 가정리(佳亭里) 1리에 국한되었다가[17] 이후 1924년경에 이르러 와룡리(臥龍里)·광석리(廣石里)·유곡리(楡谷里)·설매리(雪梅里)·덕곡리(德谷里) 등으로 조직이 확대되었다.[18] 지회의 조직률은 전체 지역을 다 파악할 수 없으나, 일반성면·이반성면 출장소의 경우 86%, 89%였으니 일부 지역의 경우 대중포섭도가 매우 높았음을 알 수 있다.[19]

---

16) 「공제회 순회강연」, 『동아일보』 1923년 4월 7일자.

17) 「진주공제회 상황」, 『동아일보』 1922년 11월 16일자.

18) 『동아일보』 1923년 4월 7일자 ; 「六團體聯合으로 소작운동」, 『시대일보』 1924년 10월 3일자.

19) 「노동공제회 총회」, 『동아일보』 1923년 1월 14일자.

〈표 1〉 조선노동공제회 진주지회의 출장소 및 지회(1922년 말 1923년 초)

출장소·지회	주요 간부	총소작 인 수	회원 수 (조직률)	결의안 실시 지주 비율
一班城面 출장소	鄭鍾文 李永淑 趙榮燦 權寧駿	700	600(86%)	9.0
이반성면 〃	許萬轍 金秉煥	900	800(89%)	9.0
晉城面 〃		964	500(52%)	7.0 → 3.5
寺奉面 〃	鄭載華 鄭煥翊	600	200(33%)	8.0
智水面 〃	金介伊 許進九		36	8.0
琴山面 鶴臥里 〃	李道榮		552	9.0
大谷面 佳亭里 대곡 〃	具柄亮		265	7.0
美川面 〃			47	3.5
鳴石面 〃	白榮熙 金光濟		259	4.0
集賢面 池內里 집현 〃	安秉善		242	4.0
道洞面 下大里 道洞 〃	金誠張		246	5.0
奈洞面 〃			168	3.5
井村面 〃			301	—
金谷面 〃			209	—
平居面 〃	全熙淳 朴重顯 姜相鎭 河大潤		141	—
水谷面 〃	金鎭憲 金基宣		29	—
大坪面 〃	鄭大鉉 安明植		102	—
진주면 〃			872	0.5
하동군 北川 지회			450	1.5
하동군 金谷 〃				
사천군 西浦面 舞鼓里 〃	鄭燦錫		120	5.0
河東郡 赤良面 〃	沈相翼 金義烈 金承鐸 孔鉦佑 鄭漢宗 姜致橫 金相璣			

출전: 『동아일보』 1922년 10월 8일, 11월 16일, 11월 15일, 12월 27일자 ; 1923년
1월 14일자, 2월 17일자
비고: 신문자료의 지역명칭 가운데 일부 誤記는 『지방행정구역명칭일람』(조선
총독부 내무국, 1932), 157~159쪽에 의거하여 교정.

    1922년 후반 진주지회의 회원수는 정확하게 알 수 없지만, 1923년 1
월 임시대표자총회에서 약 2만 2,000여 명으로 보고되었고,[20] 1924년 1
월경에 열린 경남노농운동자간친회에서는 2만 3,000명으로 보고되었
다.[21] 호구수로는 1923년 1월경 약 6,570여 호가 가입해있었다. 이 시

---

20)「노동공제회 총회」,『조선일보』 1923년 1월 18일자.

기 농민운동의 주요 포섭대상이 소작농이었음을 고려할 때, 1922년경 진주지역 소작농가가 7,861호였으므로22) 대략 84% 정도의 소작농이 진주노동공제회에 참여했다고 추론할 수 있는데, 이는 매우 높은 조직률이다.

운영체계를 보면, 1923년 4월 초에 열린 제2회 정기총회에서 종래의 집행위원장제를 평등식의 다수위원 운영제로 바꾸고 기존의 5개 부서에다 선전부·자유노동부·공장노동부를 증설했다.23) 집행위원장 1인 운영체제에서 다수 집행위원에 의한 공동운영체제로 전환함으로써 부서의 자율성과 권한을 강화시켰다. 자유노동부와 공장노동부의 증설은 진주읍내에서 운수업이 발달하고 공장이 설립되면서 노동운동을 전담할 부서가 필요해짐에 따라 이루어진 것으로서, 진주노동공제회가 노동운동 부문도 조직화하려 했음을 알 수 있다.

진주노동공제회의 출장소 역시 이러한 본회의 조직체계에 준하여 대개 집행위원 중심으로 운영되었으며, 서무·조사·교육·경리·선전·소작·자유노동부 등 7개 부서를 두었다.24) 면단위에는 거의 공장이 없었으므로 공장노동자부는 두지 않았던 것 같다.

(2) 면단위 소작인조합과 연맹체 조직(1924. 4~1925년 말)

1924년 1월 11일부터 13일까지 3일간 진주에서는 삼남 각 지역의 33개 노동·농민단체 대표자 56명이 모여 경남노농운동자간친회를 개최했다.25) 이는 북성회계열의 노동동맹회측이 서울파의 노농대회준비회에 대항하여 세력을 확대하기 위해 개최한 것이었는데, 간친회를 주도

21) 한홍구·이재화 편, 『한국민족해방운동사자료총서』 2권, 55쪽
22) 경상남도, 『道勢一斑』, 1922.
23) 「6호 통신 : 晋州雜誌」, 『개벽』 35, 1923년 5월.
24) 「平居勞動總會」, 『동아일보』 1923년 5월 15일자.
25) 「六十餘個團體가 勞農同盟을 發起」, 『동아일보』 1924년 1월 19일자.

한 것은 진주노동공제회를 비롯하여 부산노동동맹회, 마산노농동우회 3개 단체였다.26) 이 자리에서 결의된 농민단체 조직에 관한 내용은 "면단위로 소작단체를 조직하여 중앙에 연합기관을 건설하며, 소작운동의 근본정신에 배치되는 기존 소작조합은 그 내용을 개선하거나 파괴할 것"이었다. 이 간친회의 마지막 날에 조직된 남선노농동맹회(南鮮勞農同盟會) 발기준비회에 의해 3월 9일 대구에서는 남선노농동맹 창립총회가 열렸다. 이 조직은 "노농운동의 전력을 집중하기 위하여 전국적 총단결의 촉성을 기함"이란 강령에서 나타나듯이,27) 조선노농총동맹을 결성하기 위한 전 단계의 과정이었다. 이 자리에서 역시 가맹단체들은 각 지방에서 소작단체를 조직하고 이를 원조할 것을 결의했다.28) 마침내 1924년 4월 17일 경성에서 조선노농총동맹이 결성되었는데, 진주노동공제회는 그 가맹단체 가운데 하나였으며 진주노동공제회의 간부 강달영은 집행위원으로 활동했다.

이와 같이 진주노동공제회는 1924년 초부터 전개된 일련의 전국적 대중운동기관 조직과정에서 주도적인 역할을 담당했다. 그리고 각 대회에서 채택된 결의 내용을 진주지역 농민운동 조직사업에 그대로 반영했다.

진주노동공제회는 3월 28일에 열린 제3회 정기총회에서, 앞서 경남노농운동자간친회에서 결의되었고 남선노농동맹에서 재천명된 '면단위 소작조합' 조직을 실천하기로 결의했다.29) 이에 따라 종래의 면단위 출장소를 소작인조합으로 개편하여 재조직하기 위해 상무위원 10

---

26) 「慶南勞農運動者懇親會及南鮮勞農同盟會發起ノ狀況」, 『한국민족해방운동사자료총서』 2권, 24쪽.
27) 「南鮮勞盟 決議案」, 『동아일보』 1924년 3월 14일자.
28) 『한국민족해방운동사자료총서』 2권, 141쪽.
29) 「晉州勞共 활약」, 『시대일보』 1924년 4월 2일자 ; 「진주노동공제회 총회」, 『조선일보』 1924년 4월 3일자.

인을 5대(隊)로 나누어 각 면에 파견했다.

조직개편 사례를 보면, 대곡면 출장소의 경우 1924년 4월 9일에 열린 제2회 정기총회에서 진주노동공제회 본회에서 파견된 정준교(鄭準敎)가 역설한 남선노농동맹 결의와 진주노동공제회 결의에 따라 "종래 면단위로 한 출장소를 폐지하고 와룡리·가정리·광석리·유곡리·설매리·덕곡리 6개 소작조합을 조직하고, 이 조합들을 진주노동공제회의 연합체로 조직하기로 결정"하고 각 동리 소작조합장을 선출했다.30)

여기서 면단위 소작조합이라면 면에 소작조합을 설치하고 동리(洞里)에 소작조합의 지부 내지 반(班)을 두는 것이 원칙이지만, 명칭만 면출장소에서 소작조합으로 바꾸었을 뿐 조직체계의 내용에는 변화가 없었음을 알 수 있다.

1925년 10월 초에는 진주노동공제회 집행위원회에서 대곡소작조합, 도동소작조합, 일반성소작조합, 평거소작조합, 진주운수노동조합, 양말직공조합, 진주공제회 등의 단체대표들이 모여 연맹회 결성을 만장일치로 가결했다. 이러한 연맹체 조직은 당시 소작인조합과 노동조합 등의 단위조합운동이 일정 수준에 이르게 되면서 더 조직적인 운동의 전개를 위해 요구되었던 것으로써, 중앙과 지방에서 동시에 연맹체 결성이 제기되고 있었다.

먼저 중앙의 움직임을 살펴보면, 1925년 11월 중순 조선노농총동맹 중앙집행위원회 제6차 회의에서 조선노동총동맹과 조선농민총동맹의 분리가 결정되었다. 그러나 일제가 전국대회의 소집을 금지하자 중앙기관의 정식 분리에 앞서 지방단체를 먼저 분리하기로 결정하였고, 1926년 2월 하순 조선노농총동맹은 산하 단체들에 농민·노동조직의

―――――――――――
30) 『동아일보』 1924년 4월 21일자 ; 『시대일보』 1924년 4월 21일, 10월 3일자.

분리를 정식으로 지시했다.

그런데 지방에서는 이미 노농단체의 분리가 현실적으로 필요했기 때문에 중앙의 공식 지시가 있기 이전인 1925년 11월부터 지역별로 노동·농민단체의 분리가 시작되어 1926년 상반기에는 거의 대부분 완료되었다.[31]

이상에서 살펴보았듯이 1924년 중반 이후 면단위 소작조합조직으로의 개편이 완료되었고, 아울러 노동운동에서도 이 무렵 양화공노조·양말직공노조·운수노조 등 직업별 노조의 결성이 활발해짐에 따라[32] 이러한 단위조합의 운동을 통일적으로 묶을 연맹 조직이 제기되었던 것이다. 특히 진주읍내의 노동운동이 점차 고조되면서 개별 노동조합을 지도할 연합기관조직이 제기되었다. 이에 진주노동연맹과 농민연맹이 조직되었는데, 양 연맹은 조직적으로 분리되어있었으나 실제로는 정기총회를 연합 개최하는 등[33] 조직적인 분리는 철저하지 않았다. 이 연맹 조직은 진주노동공제회란 상위 기구에 의해 통제되고 있는 중간적 기구이자 개별 단위조합의 연합기구로서 그 역할이 불분명했다. 따라서 농민연맹은 유명무실했으며 실제 사업결정 및 활동의 주체로 나타난 예를 찾아볼 수 없다.

(3) 면단위 농민조합으로 개편(1925년 말~1927)

1926년 초부터 면단위 소작인조합은 대개 농민조합으로 재편되었다. 예를 들어 농민운동이 치열하게 전개되었던 전남지역에서는 1926년 1

---

31) 허장만, 앞의 책, 90~91쪽.
32) 1920년대 초 여러 직종을 망라한 지역별 노동조합이 결성되기도 했으나 이는 짧은 시기에 국한된 과도적 현상이었고, 업종별 노조의 결성이 주류적 현상이었던 사실에 대해서는 김경일,『일제하 노동운동사』, 창작과비평사, 1992, 85~88쪽 참조.
33)「勞農兩聯盟 定總」,『동아일보』1927년 2월 25일자.

월 초 전남무안농민연합회가 무안군농민조합으로 개편되었고, 1월 말 경 암태소작회가 암태농민조합으로 개편되었다.34)

그런데 진주지역에서는 1925년 말부터 이미 농민조합으로 개편되기 시작한 것으로 보인다. 1925년 10월 8일에 열린 집행위원회에 참석한 단체 가운데 면단위 소작조합과 함께 '서포(西浦)농민조합'이 보이는데35) 이미 1925년 3월경에 사천군 서포소작인조합은 농민조합으로 개편되어 있었다.36)

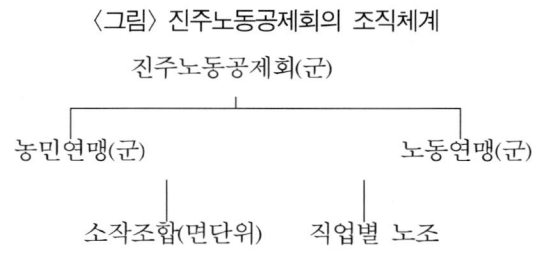

〈그림〉 진주노동공제회의 조직체계

따라서 이 시기의 농민운동조직은 위의 <그림>과 같이 산하에 면단위 농민조합, 그리고 이들 단위조합을 기초로 결성된 농민연맹, 그 상위에 진주노동공제회가 위치한 조직체계였다. 이는 1927년 2월 19일에 열린 진주군 농민연맹과 노동연맹의 정기총회 연합개최 때 농민연맹 중앙집행위원이 일반농조·대곡농조·평거농조·금곡농조·도동농조·이반성농조·진주면농조·서포농조의 대표자들로 구성된 것으로 보아 알 수 있다.37)

종래 소작인조합이 빈농·소작농 중심이라면 농민조합은 중농·자

---

34) 허장만, 앞의 책, 85~86쪽.
35) 「運動線 통일을 목표로 晉州勞聯會 조직」, 『동아일보』 1925년 10월 11일자.
36) 『조선일보』 1925년 3월 12일, 3월 15일자.
37) 『동아일보』 1927년 2월 25일자.

작농 등 일반농민까지 포괄한 조직으로서 대중성이 강화되었다.38) 이러한 조직대상과 조직체계의 변화는 곧 운동의 방향과 구체적인 활동에도 반영되었을 것이다. 그러나 진주노동공제회 및 산하 농민조합은 1925~1927년 동안 제대로 활동하지 못했다. 그 이유는 진주노동공제회의 핵심 간부 및 활동가들이 주요 사건에 연루되어 일제경찰에 수차례 검속되거나 체포되었기 때문이다. 예를 들어 1924년 11월 진주공산당 조직사건으로 강달영・박태홍・김재홍과 함태진(咸泰晉)・박태준 등이 검거되었다.39) 이들은 이후 석방되었으나 1925년 말부터 몰아닥친 제1차 조선공산당사건으로 다시 검거선풍이 불면서 검속되거나 활동에 많은 제약을 받았다. 특히 1926년 6・10만세사건으로 제2차 공산당사건이 터지면서 제2차 조선공산당 책임비서 강달영을 비롯하여 남해룡・김재홍・박태홍 등이 체포되면서 진주노동공제회는 구심점을 잃고 침체에 빠졌다.

2) 진주노동공제회 해체와 진주군농민조합의 결성(1928~33)

진주노동공제회를 결성하고 이끌었던 주도세력이 체포되면서 침체 상태에 빠진 지역운동을 활성화하기 위해 새로운 지역운동가들이 대두하여 세력을 결집한 것은 1928년경에 이르러서였다. 이들은 1928년 2월 19일 노동공제회 창립 6주년 기념식을 성대하게 거행하고, "그간 여러가지 사정으로 침체된 운동을 기념식을 전기로 하여 일층 쇄신하여 대진전하기로" 결의했다.40) 이 기념식이 끝난 후에 열린 제6회 정기총회에서는 운동의 침체를 극복하기 위한 방안이 여러모로 검토되

---

38) 淺田喬二, 『日本帝國主義下の民族革命運動』, 未來社, 1973, 181쪽.
39) 「소문뿐인 진주사건」, 『조선일보』 1924년 11월 9일자.
40) 「진주공제기념 19일에 거행」, 『동아일보』 1928년 2월 18일자.

었을 터인데, 이때 조직적 대안으로 결정된 것이 "노동공제회 1개소에 노동운동과 농민운동 양종(兩種)을 결행함은 불가하니 동회(同會)를 해체하고 분리조직"41)하자는 안이었다.

이에 따라 진주지역 노동·농민운동을 지도해왔던 진주노동공제회는 해체되었으며,42) 다음날인 2월 20일 진주군농민연맹이 창립되었고, 21일 노동연맹이 창립되었다. 지역운동의 최고지도기관이자 실질적인 운동주체였던 진주노동공제회가 해체된 대신에, 종래 중간조직으로 형식적으로 존재해왔던 연맹체조직이 최고지도기관으로 부상한 것이다. 진주농민연맹은 서무·경리·교육·조직·조사·쟁의·공제부 등의 부서를 두었다.43)

이날 총회석상에서 정해진 농민연맹이나 노동연맹은 가칭으로 중앙의 조선농민총동맹과 조선노동총동맹에 문의하여 그에 따르기로 했다. 비록 종래 지역운동의 지도기관이었던 진주노동공제회를 과감하게 해체하고 새로운 운동의 방향을 모색했다고 하나, 명칭문제에서 보았듯이 농민연맹이나 노동연맹의 조직은 철저한 준비 끝에 이루어진 것은 아니었던 것 같다. 이는 노동연맹을 조직했으나 이후 노동운동이 계속 부진하자 두 달 만에 노동연맹을 해체하고, 4월 23일 세포단체인 토목공조합·양말직공조합·인쇄직공조합·운수조합을 망라하여 다시 진주노동연맹을 재조직하고 부서 조직을 개편한 데서도 알 수 있다.

가칭 진주농민연맹은 조선농민총동맹에 문의한 결과 진주농민조합으로 정식으로 명명되었다. 그리고 종전의 면단위 농민조합을 정리하

---

41) 「노동농민을 분리」, 『동아일보』 1928년 2월 24일자.
42) 『동아일보』 1929년 2월 22일자. 이후에도 진주농민조합은 여전히 조합 창립일을 진주노동공제회 창립일로 기념했다.
43) 「농민연맹 20일에 조직」, 『동아일보』 1928년 2월 24일자.

여 군농민조합의 산하 조직으로 완전히 개조하기 위해 간부들을 각 면으로 파견했다.[44]

진주노동공제회가 해체됨으로써 모름지기 진주군농민조합은 진주지역 농민운동의 최고지도기관으로서 위상을 갖추었다. 진주농민조합의 출범은 진주노동공제회를 이끌었던 지도부가 체포 구금되어 지도부의 구성이 변화되고, 또한 기존의 조직체계가 완전 개편됨으로써 모름지기 진주농민운동의 새로운 전환점이 되었다고 할 것이다.

진주군농민조합은 인적인 면이나 조직적인 면에서 진주청년동맹과 밀접한 관계를 맺었다. 뒤의 <표 3>에서 나타나듯이 진주농민조합 지도부의 주축인 김호종(金好宗)·빈태문(賓泰汶)·조용준(趙鏞俊)·하진(河振) 등은 진주청년회를 해체하고 1928년 7월에 창립된 진주청년동맹 간부들이었다.[45] 그리고 1930년 9월 초 진주농민조합 내에 청년부를 특설한 것도[46] 청년동맹과 농민조합의 관계를 조직적으로 강화시키고 새로운 세대의 청년들을 농민운동의 주도세력으로 구축하려는 방침에 의한 것으로 보인다. 또한 진주노동공제회 산하 면단위 소작조합(출장소)에서 활동하는 가운데 성장한 이들(韓永俊·曹德祚 등)도 기존 지도부를 대체한 새로운 세력이었다.

주요 사업내용을 보면, 농민문맹 퇴치를 위한 순회강좌 개최, 봉건적 악습 타파를 위한 계몽운동에 주력했다. 한영준·조우제·김장환·강두석·강대창 등의 군농민조합 간부는 진주노동연맹과 함께 농민·노동자·소시민을 대상으로 한 소비조합을 조직하기도 했다.[47] 그리고

---

44) 「진영을 정돈」, 『동아일보』 1928년 3월 6일자.
45) 선우기성, 『한국청년운동사』, 금문사, 1973, 395~396쪽.
46) 「진주농조위원회」, 『동아일보』 1929년 2월 22일자. 청년부의 상무는 청년동맹 간부인 빈태문이었다.
47) 「무산대중 위하야 소비조합 발기」, 『조선일보』 1931년 7월 6일자. 소비조합의 설립은 진주지역의 숙원사업으로서 1926년 3월에도 김재홍·金桂松·朴

농촌상황을 파악하기 위해 조사위원을 파견했으며, 미조직 대중을 포섭하기 위해 본부·지부위원이 출동하여 배과운동(培過運動)을 전개했다.48) 악지주(惡地主)를 조사하여 소작인에게 과도한 행위와 재래 폐습을 감행하지 못하도록 경고문을 발송하기도 했다.49) 한편으로 군농민조합의 연합체 조직인 농민조합경남도연합회를 설치하려는 모색도 있었다.

일부 농민조합 간부들은 이러한 합법적인 운동을 전개하는 한편으로 혁명적 농민조합으로의 개편을 시도했던 것으로 보인다. 농민조합 간부 김호종은 1930년 8월 서울상해파의 당재건운동기관인 조선공산당 국내공작위원회의 오성세를 만나 진주지방당 책임으로서 임무를 부여받고 빈태문·신태민(申泰珉)·김기태(金基泰)와 함께 진주지방당을 건설하려다 1931년에 체포되었다.50) 당시의 일반적 당재건운동 방침에 따라 진주농조를 혁명적 농조로 개편, 재조직하려 했던 것이다. 또한 위원장을 지낸 강두석도 ML계 조선공산주의자협의회의 권대형(權大衡) 등과 접촉했는데,51) 이때 다른 지역과 마찬가지로 혁명적 농조로의 전환을 논의했을 것이다. 이외에 1932년경 조선공산주의자진주협의회의 조삼수(趙三壽)·박호종(朴鎬鍾)·장호관(張虎觀)도 농민조합을 조직하기 위해 농민위원회라는 비밀결사를 결성하려 했는데, 역시 기존의 합법농조와는 다른 새로운 혁명적 농조를 건설하려 했던 것으로 보인다.52)

進煥 등 진주노동공제회 관계자가 중심이 되어 1股 1원으로 4,000고를 모집하여 진주소비조합을 창립하려고 시도한 적이 있었는데(「소비조합 창립」, 『조선일보』 1926년 3월 12일자), 실패한 것 같다.
48) 「議案十二條에 討議半禁止牛」, 『중외일보』 1929년 4월 19일자 ; 「진주농조 위원회 개최」, 『동아일보』 1931년 9월 2일자.
49) 「악지주에 경고」, 『동아일보』 1928년 10월 29일자.
50) 강덕상, 『현대사자료』 29, 314~333쪽.
51) 「조선공산주의자협의회사건 판결」, 『현대사자료』 29, 342쪽.

이들 사건과 관련하여 일제경찰은 1932년에 들어 농민조합의 정기대회나 각종 집회를 금지했고, 그 때문에 합법활동은 더욱 불가능해졌다. 경찰은 1932년부터 대중운동에 대해 대대적인 탄압을 가하면서 경남지역에서 농민조합운동이 가장 활발했던 양산·김해·언양·의령·낙동농민조합과 진주지역 노동조합 가운데 가장 선진적이었던 진주출판노조를 해산시켰다. 그리고 1933년 2월경에 진주농조 해산을 강요하고 있다는 기사로 보아,53) 진주농민조합은 이 무렵에 해산되었던 것으로 보인다.

3. 지도부의 성격과 변화

초기 진주노동공제회의 지도부는 먼저 연령면에서 대개 20~30대 청년들이었다.54) 이들은 주로 1900년대와 1910년대에 대한제국이 근대 신식교육기관으로 설립하거나 또는 한말 계몽운동에 의해 설립된 사립학교에서 근대적 교육을 받은 사람들이었다. 특히 20세기 초 개신교 선교사가 세운 광림학교와 지역유지가 설립한 사립 봉양학교 출신이 많았으며, 부산이나 경성에서 유학한 이도 있었다.55)

---

52) 「조선공산주의자진주협의회사건」, 『사상월보』 3권 7호, 1933년 10월.
53) 「경남일대 산재한 勞農組 대탄압」, 『동아일보』 1933년 2월 14일자.
54) 체포되어 심문조서나 판결문이 남아있는 이들을 예로 들면 강달영이 1886년생, 강상호 19887년생, 김재홍 1886년생, 박진환 1886년생, 심두섭 1894년생, 정준교 1878년생이었다.
55) 강달영은 전통적인 한학교육을 받고 다시 진주도립고등학교를 다녀 근대 학문을 이수했다(「피의자신문조서」 1926. 8. 7, 『한국공산주의운동사-자료편』 II, 118쪽). 심두섭은 부산상업학교, 강상호는 농업학교를 졸업했다(김중섭, 「일제하 3·1운동과 지역사회운동의 발전-진주지역을 중심으로」, 『한국사회학』 30, 1996, 365쪽). 그리고 3·1운동 주도자들 가운데 광림학교와 봉양학교 출신자들이 많았다(김중섭, 「일제식민통치와 주민교육운동-진주지역을

따라서 이들은 신문물에 밝았고 세계정세와 현실에 대해 어느 정도 인지하고 있는 이들이었다. 특히 한말 일제 초 사립학교에서 교육받은 이들은 민족의식이 고양되어있었다. 그 때문에 진주의 3·1운동을 이끌었던 이들 가운데는 신교육을 받은 지식인들이 많았다.

3·1운동을 주도한 신교육 이수자들은 대개 교육혜택을 받을 수 있었던 자산가이거나 그 자제들이었다. 진주지역 3·1운동에는 계층과 계급을 망라한 주민 대부분이 참여했지만, 시위운동에 적극적이었고 선도적이었던 이들은 『매일신보』에 "진주소요 범인에 재산가가 다수"56)라고 보도한 것으로 봐도 지역유지나 자산가였음을 알 수 있다.

운동경력을 보면 <표 2>에서 알 수 있듯이 초기 진주노동공제회 지도부에는 3·1운동에 적극 참여했다가 체포되어 징역형을 살고 나온 이들이 다수 있었다. 예를 들어 강달영·박진환·심두섭·정준교 징역 3년, 강상호 1년, 김재홍 6월을 언도받았다.57)

1920년 4월 순종의 왕세제인 이은(李隱)이 일본인과 결혼하는 것에 맞추어 내려진 특사령에 의해 형기가 단축된 많은 3·1운동 관련자들은 출감하여 여러 청년회를 무대로 활동을 전개했다.58) 진주지역에서는 1919년 후반 이후 청년단체가 우후죽순으로 설립되기 시작했다. 진주청년회, 진주구락부, 각종 체육회, 청년친목회 등의 여러 단체가 조직되어 회원이 중복되기에 이르렀다. 이에 진주청년회와 진주구락부는 "양회(兩會) 분립보다 합하여 진주사회 개조에 활동 노력하면 그 효과가 더욱 클 것"이라고 하여 합병하고, 여기에다 30여 명의 회원으로 구성된 광진체육부(光晉體育部)도 합병하여 1920년 7월 말 진주청년회

중심으로」, 『한국사회학회논문집』 47, 문학과지성사, 1995, 246~248쪽).
56) 『매일신보』 1919년 4월 26일자 ; 김중섭, 앞의 글, 1996, 366쪽에서 재인용.
57) 김중섭, 위의 글, 364~365쪽.
58) 한규상, 『나의 민족 나의 조국』, 보이스사, 1980 ; 김중섭, 위의 글, 373쪽에서 재인용.

〈표 2〉 1922~1925년 진주노동공제회 지도부

간부명	부서 및 직급	직업	경력 및 활동단체
張永鋌	위원장(1922. 5)		
金在泓	서무부위원(〃)	여인숙업	3·1운동, 조선일보 지국장, 진주천주교청년회·조선노동연맹회·2차조공 경남간부
朴台弘	의사원(1922. 5), 소작부		진주청년회·경남청년연맹·조선노동연맹회·조선노농총동맹 중앙위원·신간회본부 중앙집행위원·2차조공 경남간부
趙佑濟		晉陽商會 지배인	진주천주교청년회·중외일보 진주지국장·同友社
姜致烈	교육부위원(1923. 4)		
鄭在興	소작부위원(〃)		
鄭準教	소작부	광산업	3·1운동으로 징역형, 진주청년회·동우사
沈斗燮	소작부(〃)	미곡상·진주저축계 평의원	3·1운동, 사립일신고보설립기성회 임원, 기독교청년회, 진주청년회·부산진청년회
高景仁			진주청년회·경남청년연맹, 태평양노조 사건으로 4년 징역형(1933)
郭宇永	상무위원		
朴鳳儀	조사부		
南海龍 (南洪)		경남 내무부 수산과 직원	진주청년회, 동아일보 기자, 2차 조공당원
李相石			진주천주교청년회
姜大昌			동아일보 지국장·동우사
金瀅(榮)台			진주청년회
朴進煥		잡화상	1907년 의병운동, 3·1운동, 사립일신고보속성교섭위원, 동우사·신간회 본부 청년부 간사
姜達永	통신위원, 서무부(1923. 4)	대서인	3·1운동으로 징역형, 사립일신고보속성교섭위원, 진주청년회·진주자작회·꼬르뷰로 국내부 진주야체이카 책임자·무산자동맹회(1922)·동우사·同人會(1925.3)·조선일보 지국장·조선노농총동맹 중앙위원·2차조공 책임비서
房鎭爀	설비위원 상무위원		
全羲源	교육(1923. 4)		제3야학회 학부모회 회장
姜相鎬	회계(1923. 4)	농업	3·1운동, 사립일신고보설립기성회 임원, 형평사·동우사·동아일보 지국장
金永浩	상무위원(1924. 4)		
張永鍵	자유노동(1923. 4)		
權烘宇	자유노동19(23. 4)		

출전 : 『동아일보』 1922년 3월 1일, 3월 30일, 5월 11일자 ; 「6호통신 진주잡지」, 『개벽』 35, 1923. 5 ; 강덕상 편, 『현대사자료』 29 ; 선우기성, 『한국청년운동사』 ; 『일제하 사회운동인명사전』, 여강.

로 재출발했다.59) 또한 "신생활의 낙원을 개(開)하려면 무엇보다도 먼저 신체를 건전히 할 필요가 유(有)하다"라고 하여 창립한 진주체육회도 1920년 7월경 진주청년친목회라 개칭하고 문예부·운동부·음악부·임시영업부 등의 부서를 두었다. 특이한 것은 임시영업부에서는 청년들이 노동맥모(勞動麥帽)를 쓰고 소매행상을 다녔던 점이다.60)

그런데 진주노동공제회의 지도부나 회원 가운데 다수가 청년단체의 간부나 회원으로 활동했다. 박태홍·고경인·남해룡·심두섭·정준교·강달영은 진주청년회에서 활동했다. 또 심두섭·김장환은 1920년 7월에 창립된 기독교청년회에서, 조우제·김재홍·이상석 등은 1922년 8월 20일에 창립된 진주천주교청년회에서 활동했다.61)

가장 대표적 청년단체인 진주청년회의 초기 주요 임원은 거의 대부분 자본가층이었다.62) 그러나 3·1운동으로 체포되었다가 출옥한 강달영·박태홍·정준교 등이 진주청년회에 가입하여 활동하면서 1921년 이후 점차 주도권을 장악해나갔다.

진주지역 청년단체 역시 당시 일반적인 청년단체와 마찬가지로 활동의 방향으로 지덕체 함양과 실업교육 등을 설정하고 있었다. 청년단체는 각종 강연회·토론회와 음악회·체육회·연극을 개최하거나, 야학을 설립하는 등 문화운동을 전개했다. 또 전국적 차원에서 활발했던 민립대학 설립운동이나 물산장려운동도 했으나, 그다지 활발하지 못하고 호응하는 정도에 그쳤다. 진주지역 문화운동 가운데 가장 대중적이고 파급력이 컸던 운동으로 주목되는 것은 사립중등교육기관 설립운동과 경남도청 이전 반대운동이었다.

---

59) 「俱樂靑年兩會合倂」, 『동아일보』 1920년 7월 12일자 ; 「진주청년단체 합병」, 『동아일보』 1920년 7월 27일자.
60) 「진주청년친목회」, 『동아일보』 1920년 7월 27일자.
61) 『동아일보』 1922년 9월 5일, 9월 23일자 ; 『시대일보』 1924년 4월 6일자.
62) 정연심, 앞의 글, 38쪽.

1919년 가을부터 사립 일신고보 설립운동이 시작되어 1923년 3월 총독부로부터 재단법인 일신고보의 설립인가를 받고 타협 끝에 1925년 2월 공립 진주고보, 3월 일신여고보 설립을 인가받기까지 지역의 유지와 활동가들이 설립속성회를 조직하고 수차례 고보기성후원시민대회를 열었다.63) 이때 진주노동공제회의 심두섭·김장환·강달영·박진환 등도 적극적으로 활동했다. 경남도청 이전은 1924년 12월 8일에 공식 발표되고 1925년 4월에 이전되었는데, 도청이전 반대운동이 본격화된 것은 1924년 여름부터였다. 도청이전설은 이미 1910년대부터 있어 진주지역의 지주·자본가들뿐만 아니라 일반대중까지도 반대운동에 참여해왔으며, 노동공제회측도 공식적으로 이전 반대를 결의했다.64)

 이러한 지역 현안의 실력양성운동은 운동 진행과정에서 내부적으로 사상이나 계급별로 입장차이가 드러나기도 했으나, 대개 지역 전체를 포섭한 운동이었다. 진주노동공제회의 주요 간부들은 일반대중의 이해를 관철하는 실력양성운동을 적극 전개함으로써 지역사회에서 대중성과 명망성을 확보할 수 있었다.

 1920년대 초 청년회는 진주지역 사회운동의 중심적 조직이었으나 회원들의 정치적 입장이나 활동방향이 동일한 것은 아니었다. 따라서 사회주의 이념을 수용한 일군의 지식인과 활동가들은 대중운동으로 활동의 중심을 옮긴 반면, 지주·자본가층은 상보회(相保會, 1923. 2)·금주단연회(1923. 3)·기근구제회(1924. 10) 같은 단체를 매개로 주로 경제적 실력양성운동에 주력하는 한편, 면협의회·지주회 등 관변 단체에 참여함으로써 유리한 사회경제적 지위를 보장받으려고 했다.

 사상적 측면에서 볼 때 진주노동공제회 지도부는 민족주의계열과

---

63) 자세한 내용에 대해서는 김중섭, 앞의 글, 1995 참조.
64) 자세한 내용은 김중섭, 「일제하 경남도청 이전과 주민저항운동」, 『경남문화연구』 18, 1996 참조.

사회주의계열로 크게 나눌 수 있다. 진주노동공제회의 지도부 가운데는 강달영·김재홍·박태홍·남해룡·고경인 등 사회주의자가 다수 있었다. 강달영·김재홍·박태홍·남해룡은 2차 조공의 책임비서 또는 경남도당의 간부로 활동했고, 고경인은 1928년 동방노력자공산대학을 졸업하고 1933년 태평양노조 결성을 위해 활동하다 체포된 사회주의자였다. 그리고 정준교·박진환·강상호·강대창도 1924년 10월에 창립된 사상단체 동우사의 임원인 것으로 보아,65) 이들은 당원이 될 정도로 사회주의이념에 투철하지는 않았으나 한때 사회주의이론에 관심을 갖고 학습하기도 했음을 알 수 있다. 그러나 강치열·이상석·김영태 등은 민족주의자였던 것으로 보인다.

　이와 같이 진주노동공제회의 지도부는 사회주의계열과 민족주의계열로 구성되었으나, 초기부터 조직을 주도했던 것은 사회주의자였다. 그런데 1920년대 후반이 되면 앞에서 언급했듯이, 1·2차 조공사건으로 진주노동공제회의 간부 가운데 사회주의자들이 대거 검속, 체포되었기 때문에 지도부가 교체되지 않을 수 없었다.

　<표 3>을 보면 진주청년회를 개조한 진주청년동맹 인사들과 면단위 출장소나 소작인조합에서 활동하며 성장한 이들이 진주농민조합의 지도부를 구성하고 있었음을 알 수 있다. 진주청년동맹은 사회주의 성향이었기 때문에 청년동맹원은 사회주의자로 보아 무방하다. 소작인조합 출신 활동가는 조덕조와 같이 소작인(빈농)으로서 농민운동에 투신한 이였다.66) 1920년대 후반의 진주농민조합 지도부는 사회주의이념에 투철한 사회주의자이거나 또는 자신의 계급적 처지에서 농민운동에 헌신적이고 열성적인 이였다.

---

65)「同友社 창립」,『시대일보』1924년 10월 26일자.
66)「횡포 극심한 지주」,『시대일보』1924년 5월 25일자.

〈표 3〉 1928년 이후 진주농민조합 지도부

인 명	부서 직급	경력 및 활동단체
姜大昌	조직	<표 2> 참조
姜斗錫*	위원장·쟁의	신간회·조선공산주의자협의회(1932) 연루
姜壽永*	쟁의	진주청년동맹·경남청년연맹
金永植	교육	진주청년회
金長煥*	서무 재무위원	신간회 본부 전형위원·서상파 국내공작위원회 연루(1930)·사립일신고보기성회 임원
金鍾鳴	쟁의	
金好宗*	서무 재무	진주청년동맹·서상파 국내공작위원회 연루
賓泰汶*	청년부 상무	진주청년동맹·서상파 국내공작위원회 연루
朴基榮	공제	
朴英煥	조직 선전	
朴鍾道	조사	
宋源淑	공제	
元容鐏	조사	
全義源	조직	<표 2> 참조
鄭亨洙	공제	
曹德祚	쟁의부 위원	대곡면 농조 간부 출신
趙鏞俊*	청년부 위원	진주청년동맹
趙佑濟		<표 2> 참조
河振		진주청년동맹
韓永俊	경리	일반성면 농조 간부 출신

출전 : 『조선일보』 1928년 3월 25일자 ; 『중외일보』 1929년 4월 19일자 ; 『동아일보』 1931년 4월 10일자.
* 표시는 진주농민조합 조직 이후의 활동가임.

4. 소작조건 개선운동

1) 진주노동공제회와 지주회의 소작조건 개선안

　진주지역 농민의 대다수가 소작농이었고 따라서 1920년대 중반 농민조합으로 개편되기까지 초기 진주노동공제회의 대다수 회원은 소작인이었다. 소작농민의 비참한 생활에 대해서는 진주노동공제회의 활동가로 보이는 봉대산인(鳳臺山人, 필명)이 "누루명도(縷縷命途)가 척전박토(瘠田薄土)에 있다. 강포(强暴)한지라 전 수익의 거의 전부를 피탈(被奪)하고 의무인지라 각종 세금을 납입하여야 될 것이니 여유는 고사하고 숙수숙채(菽水菽菜)도 계시(計時)가 막연하다.…… 금일 조선 소작의 곤고(困苦)와 여(如)한 것은 유사(有史) 이래로 세계를 통하야 희유(稀有)할지라"고 생생하게 묘사하고 있다.67) 따라서 진주지회는 소작인의 생존권 획득 차원에서 소작조건 개선에 초점이 두어졌다.

진주지회는 창립된 지 약 6개월 후 소작관행과 소작인의 경제적 처지에 대한 조사가 어느 정도 이루어지자, 1922년 9월 4일 농민층을 지회로 결집시키고 농민운동을 본격적으로 전개하기 위해 소작노동자대회를 개최했다. 이 소작노동자대회에서는 소작상황에 대한 조사를 기초로 이후의 소작조건 개선을 위한 운동방침이 제시되었다.

결의안은 ① 지정소작료를 폐지할 것, ② 소작료는 절반 분배, ③ 지세 및 부가세는 지주부담, 짚은 소작인 소득으로 할 것, ④ 소작료 운반은 지주의 소재지가 1리 이내일 때는 소작인이 운반하고 1리 이상일 때는 지주가 상당한 운임을 지불하게 할 것, ⑤ 지주 및 중간 역인에게 물품을 증여하는 습관을 완전 폐지하게 할 것, ⑥ 지주에 대한 무상노역을 거절할 것, ⑦ 세(稅)를 전폐할 것, ⑧ 소작료를 취할 때는 두개(斗槪)를 사용할 것 등 8개 조항이었다. 이 결의안의 내용으로 보아 당시 진주지회가 설정한 농민운동의 주체는 소작인이었고,68) 따라서 운동방향도 소작조건의 개선이었음을 분명하게 알 수 있다.

---

67) 晋州 鳳臺山人, 「농민의 참상」, 『동아일보』 1923년 11월 3일자.
68) 이는 1924년 4월에 열린 대곡면 출장소의 제2회 정기총회에서 첫째 항목으로 "소작인은 誰何를 물론하고 전부 조합원이 되게 할 일"이라고 제시한 데서도 알 수 있다(「소작단결」, 『시대일보』 1924년 4월 21일자).

당시 사회주의계열 지식인이나 활동가는 소작인의 계급적 처지를 '무산자'로 인식했고 또 1920년대 초에 출현한 노농단체는 대부분 소작인을 주요 조직대상으로 설정했는데, 이러한 일반적인 이론수준이나 운동상황이 진주지역의 운동에도 그대로 반영되어 나타났던 것이다. 이는 단적으로 '소작노동자대회'란 명칭에서도 알 수 있다. 소작노동자대회에서 발표된 이 결의안은 당시 소작인들의 일반적 요구를 반영한 것으로 이후 소작운동의 지침이 되었다.

그리고 이러한 결의사항을 관철하기 위한 일종의 행동통일 강령으로 ① 본 결의사항에 반하는 자는 상호 보조하지 말고 교제를 끊을 것, ② 본 결의 실행 및 조사를 위해 공제회 지회 내에 조사위원 20명을 두어 각 면을 순회시키고 소작인 대 지주 간에 입회하여 실행하게 할 것, ③ 본 결의사항에 반대하거나 또는 과실 없는 소작인의 소작지를 거두어들이는 자는 역시 교제를 단절하고 배척할 것, ④ 본 결의는 본 추수기부터 실시할 것 등을 발표했다.69)

진주노동공제회는 지주·마름들에게 결의문을 준수하도록 압박하기 위해 1923년 1월 초에 열린 출장소 및 지회의 임시대표자총회에서 결의문 내용의 소작조건을 준수하는 최우량 지주, 최우량 마름과 준수하지 않는 불량 마름의 명단을 발표했다.70) 심지어 악지주의 명부를 비치하고 수시로 그 행동을 조사하기까지 했다.71)

이에 지주들 가운데 일부는 결의안 내용을 수용하여 소작조건을 완화하기도 했다. 결의안을 수용한 지주의 비율은 그 지역 소작인의 진주지회 가입률, 즉 진주지회의 조직률과 관계가 있었다. 앞의 <표 1>

---

69) 조선총독부 경무국, 『조선치안상황』 1권, 1922, 168쪽 ; 『동아일보』 1922년 9월 11일자.
70) 「노동공제회 총회」, 『동아일보』 1923년 1월 14일자.
71) 「運動線 統一을 목표로 晉州勞聯會 조직」, 『동아일보』 1925년 10월 11일자.

을 보면 각 면 출장소 및 지회의 회원이 많은 곳일수록 결의안을 준수하는 지주의 비율이 높음을 알 수 있다. 1923년 초 무렵 총 22개 면단위 출장소 및 지회 가운데 소작노동자대회의 결의안대로 실천한 지주의 비율이 70% 이상인 곳은 6개 면, 50%는 2개 면, 50% 이하 7개 면이었다. 결의안대로 소작조건이 개선될 경우 소작인이 얻는 이익은 종전 수입의 약 2할 정도였다고 한다.[72]

한편 진주노동공제회가 소작인을 조직화하고 소작노동자대회를 계기로 소작조건 개선운동에 본격적으로 돌입하자, 지주들도 대응에 나섰다. 1922년 10월 18일 진주군청에서 열린 지주회에서는 농사개량에 관한 일반사항 이외에 소작계약기간을 장기로 고칠 것, 답(畓) 소작료를 정조(定租)로 고칠 것, 지세 및 지세에 수반한 공과(公課)를 지주의 부담으로 할 것, 마름 인선에 특히 주의하여 구폐(舊弊)를 근절할 것, 과실이 없는 소작인의 소작권을 함부로 취소하지 말 것, 소작료 납부 때 1리 이상 지역으로 운반하게 할 때는 지주가 상당한 보수를 소작인에게 지불할 것 등을 논의 결정했는데, 이러한 내용은 소작노동자대회의 결의안에 준하는 것이었다.[73] 이는 일제당국이 소작인 안정을 통한 농사개량을 위해 지주회에 권고하는 사항이었으며, 이미 전 해에 지주회에서 결의했던 내용이기도 했다. 그러나 핵심적인 소작료율에 관한 언급이 없고 또 이행의 구속력이 없는 자율사항이었다는 점에서 대외선전용에 지나지 않았다.

1924년 3월경에 열린 진주군 지주회에서도 야마시타 군수가 "지세 및 지세에 수반한 공과를 지주가 부담하기로 한 조항은 이미 1922년부터 정해진 것으로서 법률상, 여론상 지주의 부담이 가하다"고 주장했으며, 지주들도 여기에 동의하여 만장일치로 가결되었다.[74] 이로 보아

---

72) 『동아일보』 1923년 1월 14일자.
73) 「소작기간을 장기로」, 『동아일보』 1922년 10월 26일자.

지주회의 소작조건 개선 결의는 연례적으로 되풀이되는 형식적인 것이었으며,75) 또한 계속 발생되는 소작쟁의에서 알 수 있듯이 그것의 이행은 잘 이루어지지 않았다.

일제는 소작쟁의의 증가로 인한 농촌사회의 불안을 제거하고 산미증식계획을 수행하기 위한 농사개량을 위해서는 소작조건을 개선하는 것이 당면의 문제해결 방법이라는 정치경제적 판단에서 지주회에 협의사항을 준수하도록 권고하는 입장이었다. 그러나 지주들의 소작조건 개선이 미흡하자 권고의 수준에서 한 걸음 더 나아가 강한 경고를 보내며 지주측을 압박했다.

1927년의 진주군 농회 주최 지주대회에서 군수 김동준(金東準)은 "소작인의 생활은 불고(不顧)하고 자기 사리(私利)에만 열중하여 소작료를 과다하게 받고 소작권 이동을 함부로 하여 결국 농민들이 서북간도, 일본 등지로 유리하는 참상을 이루게 된 것은 전부 지주의 과실"이라고 힐난했다. 또한 경남도 참여관 이범익(李範益)은 "지주들이 소작인의 생활을 근저로부터 불안케 하는 고로 경남지방에 특히 노농운동이 맹렬하다. 종래에는 소작인들이 피동적으로 노농운동에 참가했지만 이대로 나아가면 필연적으로 지주에게 대항하게 될 터이니 그때는 지주나 권력도 어찌할 수 없을 것이라"고 경고했다.76)

진주노동공제회와 지주들간에 소작조건에 관한 논의가 대립되는 가운데 소작분쟁이 특히 많이 발생한 시기는 1923년 봄에서 1924년까지의 기간이었다.77) 1925년 이후에는 앞에서 언급했듯이 진주노동공제

---

74)「진주군지주회」,『동아일보』1924년 3월 21일자.
75) 이는 1925년 10월 8일에 열린 진주노동공제회 임시대회에서 "지주회에서 결정된 소위 소작인 보호조건은 邇來 하등 실시가 無한즉 今秋부터 此를 철저실시하도록 지주회에 경고할 일"이라고 결의한 데서 알 수 있다(『동아일보』1925년 10월 11일자).
76)「作人의 流離漂浪은 전부 지주의 過失」,『동아일보』1927년 10월 15일자.

회의 활동이 침체되면서 소작인과 지주의 역관계가 지주 일방으로 전도되어 소작조건이 대개 지주측 요구대로 관철되었고, 소작쟁의 자체도 부진하거나 사회문제화되지 못했다.

2) 소작운동의 주요 현안

이 시기 진주지역 소작쟁의의 원인은 주로 지세부담 문제였다. 대부분의 쟁의는 관행대로 지세를 부담해오던 소작인들이 소작노동자대회의 결의문에 따라 지세납부를 거부하면서 발생했다.[78] 지세부담 문제에 대한 진주노동공제회의 방침은 "지주가 함부로 징수한 전년도 지세를 반환케 하되 불응할 시에는 금년도 소작료에서 공제"한다는 원칙이었다.[79]

이러한 방침에 기초한 진주노동공제회의 활동이 대중의 지지를 받으며 대세를 이루자, 종전에 소작인에게 부담지우던 지세를 지주가 자진하여 부담하고 심지어 이미 납부한 지세를 돌려주는 경우도 나타났다. 예를 들어 진주면 지주 박화견(朴和見)은 명석면 덕곡리(德谷里) 소재 토지의 소작인에게 이미 징수했던 지세 400여 원을 돌려주었고, 이에 진주노동공제회 선전부에서는 이 사실을 일반인에게 널리 선전했다.[80] 또한 금산면의 토지를 많이 소유하고 있는 문산면 거주자 이수용(李壽鏞)은 소작인에 대한 가혹한 착취로 논란이 되었는데, 그는 진

---

77) 「地主地稅吐出」, 『동아일보』 1923년 5월 7일자.
78) 예를 들어 智水面 勝內里 지주 具然升의 답 3두락을 수년간 소작해온 일반성면의 盧貞鉉은 진주노동공제회의 결의에 따라 지세를 내지 않았다. 이에 마름이 그 소작권을 탈환하려 하자, 노정현은 진주지청에 이를 고소했다(「小作權紛爭訴 舊作人의 得勝」, 『동아일보』 1923년 7월 21일자).
79) 「소작단결」, 『시대일보』 1924년 4월 21일자.
80) 『동아일보』 1923년 5월 7일자.

주노동공제회 집행위원 정준교가 그 사실을 조사하여 잘못을 지적하며 설득하고, 또 그 소작인이 모두 금산면출장소 회원으로 활동하자 마침내 지세를 모두 반환하고 이동했던 소작권도 그대로 두기로 했으며, 관련된 일체의 사항을 노동공제회 집행위원회에 일임했다.81)

소작조건에서 지세 문제 다음으로 중요한 사안은 소작료율이었고, 그 다음이 기타 고초세(藁草稅)와 소작료운반 문제였다. 소작노동자대회 결의안에서는 소작료율을 50%로 규정했고, 고초는 소작인이 소유하며, 소작료운반은 1리 이상일 때는 지주가 상당한 운임을 지불할 것을 요구했다. 1924년 1월 진주에서 개최된 경남노농운동자간친회에서는 소작료율을 더욱 감하하여 주요 작물에 한해 4할 이내로 할 것, 소작료 운반은 1리 이내로 할 것을 결정했다.82) 같은 해 3월 9일 대구에서 열린 남조선노농동맹에서도 소작료는 4할 이내로 할 것, 소작료 운반은 1리 이내로 하도록 결정했다.83) 조선노농운동총동맹은 여기에서 한 걸음 더 나아가 소작료율을 1년 1회 주요 작물에 한하여 3할 이내로 할 것을 내걸었다.84)

이와 같이 1920년대 농민단체에서 주장한 소작료율은 대개 50% 또는 40% 내지 30%였다. 소작쟁의가 대규모로 전개되었던 전남 순천의 경우 소작조합에서는 4할, 지주회에서는 5할을 주장했는데, 1923년 후반에 이르러서는 소작조합의 요구대로 4할제를 실시하는 지주가 증가하는 추세였다고 한다.85) 1924년 1월 말 여수 삼목면(三目面)에 설립된 노농공제회에서도 소작료율을 4할제로 제시했고,86) 1924년 4월 초에

---

81) 「頑冥地主의 篤志」, 『시대일보』 1924년 4월 18일자.
82) 조선총독부 경무국, 「노농운동개황」, 『민족해방운동사자료총서』 2권(한홍구·이재화 편), 225~226쪽.
83) 위의 책, 141~142쪽.
84) 위의 책, 225~226쪽.
85) 「小作料四割」, 「地主界善傾向」, 『동아일보』 1923년 11월 24일, 12월 14일자.

창립된 창원 내사면(內四面) 소작조합은 "당분간 5할 이내(1년 1차 주요 작물로 한정)"로 할 것을 규정했다.87) 이로 보아 소작쟁의가 치열했던 지역에서는 대개 4할제가 일반화되었으나, 설립 초창기의 소작조합이나 소작운동이 활발하지 못한 곳은 대개 5할 이상이었을 것으로 생각한다. 진주지역에서는 주로 지세부담 문제가 소작쟁의의 초점이 되었고, 직접적으로 소작료율 문제로 인해 발단된 쟁의사례는 별로 없었다. 따라서 대개 5할이나 또는 그 이상이었을 것으로 보인다.

3) 소작운동의 지도

다음 소작운동의 지도 조정과정을 살펴보자. 소작쟁의가 일어나면 우선 면단위 출장소 내지 소작인조합에서 조정에 나섰다. 그러나 쟁의규모가 크거나 면단위 출장소나 조합의 힘으로 잘 해결되지 않으면, 진주노동공제회의 본회 간부 및 응원단이 출장하여 직접 해결에 나섰다.

예를 들어 부산거주 일본인 대지주 하사마가 사천군 서포면 무고리 소재 800여 두락의 소작권을 이동하자 진주노동공제회 간부 정찬석(鄭贊錫), 김의곤(金義坤) 등이 부산에 출장하여 하사마와 교섭하여 소작권을 환부하고, 만일 소작권을 이동할 경우 노동공제회의 동의를 거쳐 행하기로 했다. 또한 하사마는 앞으로 노동공제회의 결의문을 준수하기로 했으며, 심지어 출장위원들에게 여비를 제공하기까지 했으니 진주노동공제회의 활약이 대단했음을 알 수 있다.88) 그리고 진주면 평안동 지주 서달석(徐達石)이 소작인에게 지세를 부담지우기 위해 소작권을 이동시킴으로써 분쟁이 발생하자, 역시 진주노동공제회 간부들과

---

86) 「노농공제결의」, 『동아일보』 1923년 2월 1일자.
87) 「소작조합창립」, 『시대일보』 1924년 4월 10일자.
88) 「사천소작문제」, 『동아일보』 1923년 5월 21일자.

응원원(應援員)들이 출장하여 "소작운동은 진주의 문제만이 아니라 조선의 8할 되는 소작인의 사활문제인데 몇 사람의 악지주가 이 중대한 운동을 방해함은 민족의 죄인이오 사회의 악마라. 지세는 사회와 관청이 모두 지주 부담으로 하도록 노력하는데 개인의 사복을 채우려 함은 불가하니 반성하라"며 지주에게 촉구했다. 결국 지세는 진주노동공제회에 맡겨져 소작인에게 돌려주고 이후 공제회의 결의를 위반되는 일은 하지 않겠다는 약속을 받아냈다.[89]

그러나 진주노동공제회의 조정이 수용되지 않는 경우도 많았다. 이 경우 진주노동공제회는 이들 악사음(惡舍音)·악지주·악소작인에게 경고문을 발송하고, 조선노농총동맹에 건의하여 가맹단체로 하여금 보조를 취하게 했다.[90] 쟁의가 장기화되면 쟁의에 참가한 농민들의 경제적 고통이 가중되었다. 진주노동공제회 회원들은 생활고와 지주의 횡포를 조합원 상호간의 결속력과 동지애로 이겨나갔다. 생계가 곤란하거나 어려움에 닥친 조합원을 모금으로 구제하고, 소작료를 내지 못해 소작권이 떨어지게 된 조합원의 소작료를 다른 조합원들이 함께 갚아주어 소작권 취소를 면제하게 된 예도 있었다.[91]

한편 지주의 지세부담과 소작료율 감하를 주장하는 소작인들의 요구를 수용하지 않았던 지주들은 진주노동공제회와 산하 면단위 출장소 또는 소작조합이 중심이 되어 소작쟁의에 적극 개입하여 지도하자, 소작인들에게 소작조합에서 탈퇴하도록 종용했다. 그러나 소작인이 탈퇴하지 않고 계속 농민운동에 참여할 경우 지주는 소작권을 박탈하는 방법으로 대응했다. 소작조합 회원이거나 농민운동에 적극적인 소작인을 제어하는 데 가장 효율적인 수단이 바로 소작권 이동이었던 것

---

89) 「徐地主의 반성자각」, 『조선일보』 1923년 12월 23일자.
90) 「可憎할 지주의 횡포」, 『시대일보』 1924년 5월 31일자.
91) 「상호부조에 철저한 二班城 소작조합」, 『조선일보』 1925년 12월 24일자.

이다.

 예를 들어 대곡면 지주 하우식(河佑植)은 소작인 조덕조(曺德祚)가 대곡면 가정리 소작조합장이란 이유로 논 4두락을 이작시켰다. 이에 진주노동공제회 간부 정준교가 출장하여 신소작인을 설득해서 하우식의 토지를 경작하지 않도록 하여 결국 공동경작하게 되었다.[92] 이후에도 하우식은 소작조합원 이면선(李勉善)의 소작지를 떼어서 소작조합 반대자에게 주었으며, 결국 신·구 소작인이 절반씩 소작하자 이에 불만을 품은 하우식은 소송을 제기했다.[93]

 소작권 이동을 무기로 하여 농민운동을 탄압하는 지주측에 대해서 소작인들과 진주노동공제회측은 먼저 조정과 타협을 시도했다. 그러나 이것이 여의치 않을 경우 소작을 부치지 않기로 행동단결을 꾀하여 이른바 불경작동맹을 조직하거나,[94] 신소작인에게 작권을 포기하도록 설득했다.

 그래도 해결이 되지 않을 경우 최후의 방법으로 공동경작을 시도했다. 소작쟁의에서 지주의 최대 무기가 소작권 이동이었다면, 공동경작은 소작인측의 최후 대응방법이었다. 1923년 3월 명석면 남지리 지주들이 지세공과금을 납부하지 않는다고 100여 명의 소작인으로부터 소작권을 일시에 박탈하자, 150여 명의 농민들이 소작지를 공동이앙한 것이 전국에서 처음으로 시도된 공동경작 투쟁이었다.[95] 또한 1923년경 진주노동공제회 북천지회에서도 산청 거주 지주 정호선(鄭鎬善)의 소작분쟁이 해결되지 않자 그 토지 3두락에 대해 공동경작을 시도했

---

 92) 「횡포 극심한 지주」, 『시대일보』 1924년 5월 25일자.
 93) 「惡地主 河祐植 소작조합에 들었다고 땅을 떼이고 여러 작인을 위협중」, 『조선일보』 1925년 1월 22일자.
 94) 진주노동공제회는 "회원 경작의 전답은 상호간 奪耕치 않도록 서약"한다고 결의했다(「노동공제 결의」, 『동아일보』 1922년 12월 27일자).
 95) 허장만, 앞의 책, 59~60쪽.

다.96) 1931년에도 나동면 삼계리 박규석(朴圭錫)이 이반성면 소재 토지 100두락의 소작권을 이유 없이 이동하자 소작인 49명이 진주농민조합과 함께 공동경작을 단행하기로 했다.97)

공동경작으로 인해 사법문제가 야기될 때는 조합원이 책임지고 관서에 교섭하되, 그 비용은 각 조합에서 부담했다.98) 당시는 소작운동이 치열했고 그에 대한 여론도 우호적인 것이 지배적인 상황인지라 관변 당국에서도 이유 없는 소작권의 이동을 제지하는 분위기였다. 따라서 소작권 이동을 둘러싼 소송에서 소작인이 승소하는 경우가 많았다. 예를 들어 내동면 거주 지주 박재호(朴在鎬)가 무촌리 소재의 논 네 마지기 소작권을 이동하여 발생한 분쟁으로, 신소작인이 경작을 방해하는 구소작인을 상대로 소송을 제기한 것이 있다. 재판부는 신소작인의 소작권을 박탈하고 소송비용을 지주에게 부담시킴으로써 정당한 이유 없는 소작권 이동을 불법이라고 판결했다.99)

위에서 살펴보았듯이 1920년대 초반 농민운동의 구체적인 투쟁사안은 소작농의 이해관계에 직접 관련된 지세의 지주부담 문제와 소작료율 문제였다. 특히 지세 문제는 소작농뿐만 아니라 자작농・자소작농

---

96)「소작인을 拘引」,『동아일보』1923년 6월 25일자.
97)「晉州二班 소작쟁의」,『동아일보』1931년 5월 15일자.
98)『시대일보』1924년 4월 21일자.
99)「진주소작소송」,『동아일보』1923년 7월 11일자. 지주 박재호가 소작인에게 지세를 받음으로써 다시 분쟁이 발생했는데 진주노동공제회 간부와 각지 應援員들이 그에게 소작인의 비참한 생활과 민족의 경제적 파멸에 대해 이야기하며 설득하자, 결국 징수한 지세를 반환하고 소작운동에 찬성의 뜻을 표했다(「지주 박재호씨의 각오」,『조선일보』1923년 12월 26일자). 그러나 사실 그는 위압적인 설득에 마지못해 물러섰던 것이다. 다음해 5월에도 박재호는 도조를 잘 내지 않는다고 소작권을 이동시켜 소작인이 죽을 위기에 처하도록 만들었다(『시대일보』1924년 5월 31일자). 앞의『조선일보』기사에서는 마름이 문제일 뿐이라고 박재호를 두둔했는데,『시대일보』에서는 "진주의 거부로서 포악한 지주라는 악평이 자자"하다고 하여 언론의 그에 대한 평가가 서로 달랐다.

을 포함한 전체 농민대중을 결집시킬 수 있는 좋은 사안이었으나, 지세의 지주부담을 주요 투쟁방침으로 정하여 투쟁참가층을 소작농에 국한함으로써 전체 농민층을 일제 농업정책 반대투쟁으로 끌어들일 수 있는 지세율 인하와 같은 투쟁으로 확산시키지 못했다. 이는 1925년 말 1926년에 소작조합이 농민조합으로 개편되어 조직대상이 농민층 일반으로 확대되었다고 하나, 활동방향이나 투쟁사안은 여전히 소작인조합 수준에 머물러있었음을 보여준다. 이러한 한계가 지도부 검거와 함께 1920년대 전반기에 전국적 수준에서 농민운동을 선도했던 진주지역 농민운동이 1920년대 후반기에 이르러 상대적으로 침체된 하나의 원인이었을 것으로 보인다.

5. 맺음말

　1920년대 진주지역 농민운동은 전체 대중운동을 선도할 정도로 선진적이고 활발했다. 1922년 9월 초에 개최된 소작노동자대회에서 창립 후 6개월 간의 소작관행조사를 거쳐 소작조건을 개선하기 위한 투쟁방침과 활동방향을 제시한 것은 이제 막 전개되기 시작한 농민운동의 일대 방향을 제시한 것이었다. 소작노동자대회는 특히 이후 인근 전남지역에서도 소작노동자대회가 개최되는 데 큰 영향을 끼쳤다. 1923년 순천, 여수 소작쟁의를 비롯한 삼남지역 농민운동의 전개에 진주지역 농민운동은 중요한 선례와 보기로 작용했던 것이다. 또한 소작쟁의 과정에서 지주의 소작권 박탈에 대항하여 시도한 공동경작(공동이앙)도 새로운 투쟁방법으로 역시 이후 다른 지역의 쟁의 때 원용되었다.
　진주지역에서 농민운동이 가장 활발했던 시기는 창립 초에서 1924년에 이르는 시기였다. 군내 전 지역에 출장소와 인접 사천·하동지역 몇 개 면에 지회가 설치되어 진주노동공제회가 조직적으로 발전했다. 이러한 강고한 조직력을 기초로 하여 소작조건을 개선하기 위한 운동이 가능할 수 있었던 것이다.

소작조건 개선투쟁에는 해당 출장소 및 지회(이후 소작조합)뿐만 아니라 진주노동공제회 본회가 적극적으로 나서 지도했다. 소작투쟁에서 진주노동공제회가 가장 중점을 둔 사안이면서 대부분의 소작쟁의의 원인이 되었던 것은 지세·공과금의 지주부담 문제였고, 그 다음에 소작료 인하 등이었다. 비슷한 시기 전남지역 소작투쟁에서 지세부담 문제뿐만 아니라 오히려 소작료율 인하가 주요 이슈였던 데 비해, 진주지역에서는 주로 지세부담 문제에 집중되었던 것이 특징이다.

진주지역 농민운동이 1920년대 전반의 시점에서 조직적 측면에서나 투쟁방법의 수준에서 전국적 차원에서 선도적이었던 것은 특히 진주노동공제회를 이끌었던 간부들이 대중운동에 대해 헌신적이었고 사상적 이론적으로 뛰어난 지도력을 갖추었기 때문이라고 생각한다.

해방 직후 진주지역의 농민운동

장 상 환*

```
1. 머리말
2. 미군정의 농업정책
   1) 토지정책
   2) 식량정책
3. 진주지역의 자주적 민주국가 수립운동과 농민조합 건설
   1) 인민위원회 건설
   2) 농민조합의 건설
4. 미군정의 좌익과 농민운동 탄압
5. 모스크바삼상회의 결정과 좌우익의 대립
6. 1946년 4월의 대탄압
7. '10월 인민항쟁'과 농민운동
   1) '10월 인민항쟁'
   2) 좌우익 대립의 격화
8. 단독정부 수립을 둘러싼 좌우익의 대립
9. 맺음말
```

1. 머리말

이 글은 해방 이후부터 한국전쟁 종결 때까지 진주지역 농민운동의 전개과정을 살펴보는 것을 목적으로 한다. 진주는 서부경남의 중심지로서 해방 당시 반봉건투쟁의 대상이 되는 지주계급이 많이 살고 있었다. 그리고 지식인들을 중심으로 한 일제하로부터 민중운동 전통이 축

---

* 경상대 경제학과 교수.

적되어있었고, 또 일본에서 귀환한 사람들이 많았는데 이들의 의식은 상대적으로 진보적이었다.

1945년 8월 15일 해방을 맞이한 우리 민족의 당면과제는 자주적 민주국가의 수립을 통한 일제잔재 청산과 봉건적 유제 철폐에 있었다. 정치적으로 자주적 민족국가를 건설하여 외세에 대한 종속을 탈피하고 친일파·민족반역자를 숙청하여 식민지 통치구조를 타파하는 것이 과제였다. 경제적으로는 식민지지배의 물적 기반을 청산하고 자립적 민족경제를 창출하고 반봉건적 소작관계의 청산으로 근대적 농업생산관계를 창출하는 것이 과제였다. 사회적으로는 신분관계, 남존여비 등 전근대적 사회관계를 청산하는 사회적 해방의 과제가 있었다.

해방을 계기로 활성화된 민중의 정치적 역량은 이러한 민족적 과제 수행의 가능성을 보여주었다. 전국적 조직망을 갖춘 건국준비위원회, 인민위원회의 결성은 그러한 길로 가고자 하는 움직임이었다. 그러나 미·소 양군에 의한 한반도 분할점령은 민족의 주체적 노력에 기초한 과제달성의 길을 차단한 채 한반도를 갈등과 대립의 소용돌이 속으로 몰아넣었다. 민족자주와 사회개혁을 요구한 좌익세력이 민중의 지지를 상당히 많이 받고 있었던 당시 남한의 정치적 역학관계 하에서는 자본주의 시장경제로의 편입과 친미반공국가 수립이라는 미국의 목표가 마찰 없이 달성되기 어려웠기 때문이다.

이에 미군정은 남한 내의 자생적 정치세력을 부정하고 이를 대체할 친미세력의 부식을 당면목표로 삼았으며, 이것은 기존 정치세력과의 마찰과 대립을 초래했다.

해방 직후 경남지역 민중운동에 대한 연구로는 신종대(1993)와 박철규(1993, 1996, 1997), 장상환(1995, 1996)의 연구가 있지만, 진주지역 농민운동만을 대상으로 한 것은 없었다. 진양군을 대상으로 한 정진상의 연구(1995)가 있으나, 사회경제적 변화에 초점이 맞추어져 있어 농민운동을 정밀하게 추적한 것은 아니었다. 이 글은 진주지역 농민운동을 추적함으로써 해방 직후 한국사회 전체의 농민운동을 이해하는 자료를 제공하려고 한다.

이 글에서는 해방 직후 진주지역에서 농민운동이 주도적으로 참여한 건준과 인민위원회의 결성과 조직활동, 농민운동이 미군정에 의해 탄압을 받고 약화되는 과정, 모스크바삼상회의 결정을 둘러싼 좌우익의 대립과정, 10월 인민항쟁을 전기로 한 농민운동과 미군정 및 우익과의 대립과 테러의 격화과정 그리고 단독정부 수립을 둘러싼 농민운동과 미군정 및 우익간의 대립과정 등을 차례로 살펴본다.

이 글에서 밝혀보려고 한 것은 다음과 같다. 첫째 해방 직후 진주지역에서 진보적 농민운동은 어느 정도 강력하게 전개되었는가. 둘째 농민운동 전개과정에서 사회운동에 대한 중앙지도부의 지도는 적절했는가. 셋째 정치투쟁과 경제투쟁의 관계는 어떤 상태에 있었는가.

자료는 기존 연구 외에 『미군정 정보보고서』, 대검찰청 『좌익사건실록』, 남로당 관계 자료, 『민주중보』, 『대한민국건국청년운동사』 등을 주로 참고했다.

2. 미군정의 농업정책

1) 토지정책

해방 당시 국민의 77%는 농민이었고 농민의 85%는 토지가 없거나 토지가 적은 농가였다. 논의 70%, 밭의 56%, 전체 농지의 63.4%가 소작지였다. 따라서 반봉건적 토지소유 문제는 해방 후에 해결해야 할 최대 문제였다.

미군정은 1945년 9월 25에 발표한 「패전국 일인재산의 동결 및 이전 제한에 관한 건」을 통해 일본인 토지에 대한 농민들의 접수를 불법으로 규정하고 금지했다. 그리고 12월 6일에는 법령 제33호 「조선내 소재 일본인 재산권 취득에 관한 건」을 발표하여 일본인 소유토지를 미군정에 귀속시켜서 동양척식회사 후신인 신한공사로 하여금 관리하도록 했다. 미군정은 신한공사의 설치로 남한 농업인구의 24%를 지배하는 거대 지주가 되어 소작료를 물적 기초로 확보할 수 있게 되었다. 또한 신한공사는 사유재산권 보호 명목으로 일본인 소유농지를 점거하고 소작료 불납투쟁을 하는 농민조합과 인민위원회를 불법화하는 수단이 되었다.

그리고 1945년 10월 5일에 발표한 법령 제9호 「3.1제 소작료 실시」로 농민들의 "소작료 폐지, 토지혁명운동"을 약화시키려 했다. 3.7제 소작료 인하를 주장하던 농민운동 내부에서도 처음에는 3.1제 소작료 실시를 진보적인 것으로 평가했다. 그러나 이것은 지주의 농지소유를 인정한 가운데 소작료만을 제한하여 농민운동을 개량화하려는 것이었다. 현물납을 존속시킨 것은 미곡공출제와 맞물려 농민에게는 크게 불리했다. 농민들의 소작료불납 등으로 궁지에 몰려있던 지주들은 이 조치 발표 이후 득세하여 고집을 부리게 되었다.

2) 식량정책

미군정은 점령 초기에는 일제하의 배급제를 폐지하고 1945년 10월 5일 일반고시 제1호로서 「양곡자유시장제」 실시를 고시했다. 그리고 11월에 양곡통제령을 비롯한 각종 법령 공포로 양곡문제 해결을 시도했다. 1945년 12월 중순 경상남도 농상부장 윤병호(尹炳浩)는 미곡부족과 쌀값급등의 원인을 "해방 후 여러 운동으로 인해 소작료 수입이 지연

된 것", "악덕상인의 발호", 과다소비와 수매불응, 운수의 불원활 등으로 진단했다.1)

그러나 귀환동포 증대에 따른 미곡수요의 증대, 투기꾼의 매점매석 등으로 쌀값이 폭등하는 등 식량문제가 야기되자 미군정은 1946년 1월 25일「미곡수집령」을 발표하고 일제하의 미곡공출제를 재시행했다.

미군정의 미곡수집 상황을 보면 1945년에는 목표의 12%, 생산량의 5%에 불과했던 것이 1946년 후반부터는 생산량의 30%, 목표량의 80% 내지 90%를 달성할 정도로 폭증했다. 반면 미곡수집가격은 생산비의 6분의 1 내지 7분의 1에도 미치지 못하는 낮은 가격이었다. 해방 후 극심한 인플레 속에서 영세농민들은 자가식량조차 궁핍 판매하지 않을 수 없게 되었다. 1949년 조사에 의하면 춘궁농가는 전체 농가의 7할 이상이었다.

미곡공출에 대한 저항이 거세어지자 강제공출을 강행하기 위해 미군정은 식량사찰본부까지 설치하고 수색, 압수, 투옥, 처벌을 강행했다. 미군정의 미곡정책은 비료부족 등과 겹쳐 농업생산력 감소와 경지면적 축소를 초래했다. 1940~44년을 100으로 할 경우 1947년에 경지면적은 78.7로, 곡물수확고는 81.1로 후퇴했다.

해방 후의 정치경제적 격변과 함께 이러한 미군정의 농업정책은 해방 후 농민운동이 격화된 배경을 이루었다.

---

1)『민주중보』1945년 12월 15일자.

3. 진주지역의 자주적 민주국가 수립운동과 농민조합 건설

1) 인민위원회 건설

농민운동은 일제하의 축적된 역량에 기초하여 해방과 더불어 활발하게 전개되었다. 농민들은 일본인 소유농지를 접수·관리하는 한편, 식민지하에서 억압을 자행했던 경찰, 관리들을 구타 살해하고 주재소 등 관료기구를 습격·파괴했다. 또한 농민들은 농민위원회·농민조합·농민연맹 등 다양한 성격의 조직을 구성했다. 농민들은 '토지의 분배', '세금불납', '농민을 위한 정부수립' 등을 요구했는데, 이는 식민지적 사회경제구조의 근본적인 개혁을 추구하는 것이었다. 이러한 농민들의 요구는 농민운동이 노동운동과 더불어 자주 민족국가 건설의 가장 강력한 세력이라는 점을 보여준다. 실제로 농민운동은 건국준비위원회와 인민위원회의 주요 세력기반이었다.

해방 직후 자주적 민족국가를 수립하기 위한 움직임이 분출되었다. 일제말에 결성된 건국동맹을 기반으로 8·15 당일 밤부터 여운형 주도로 건국준비위원회가 조직되었다. 지방에서는 중앙보다 더욱 활발하게 민중들이 진출하여 건준 지방조직이 8월 말까지 이미 145개소에 조직되었고 치안대 지부도 162개소에 설치되었다.

1945년 8월 17일 조선건국준비위원회 경상남도지부가 결성되었다. 위원장 노백용(盧百容), 총무부장 강대홍(姜大洪), 기획부장 최천택(崔天澤), 조직부장 박용선 등 간부들은 대부분 일제시대에 사회주의운동자, 3·1운동·의열단·신간회에 가담했던 민족주의자 그리고 지역의 명망가들로서 일제하에서 친일행위를 한 자들은 배제되었다.[2] 진주에서

---

2) 신종대, 「해방 직후 부산 경남지방의 변혁운동」, 『한국근현대지역운동사』 1

도 건준지부가 조직되었고, 여기에 이 지방의 토착 항일투쟁세력이 대거 가담했다. 건준 진양지회는 10월 1일 삼포관(三浦館 : 그 후 동명극장)에서 강영순(姜鍈淳) 위원장의 사회로 결성되었다.3) 마산에서는 8월 17일 공락관(시민극장)에서 건준 마산시위원회를 결성했다. 위원장 명도석, 부위원장 손문기, 총무부장 조병기 등은 우익이었다.

그 후 9월 6일 '조선인민공화국'이 선포되었고 지방건준 지부들은 인민위원회로 개편되었다. 인민공화국 선포는 미군진주에 대비하여 급작스레 추진되었으며, 충분한 대표성을 확보하지 못했다. 이것은 인민공화국의 정통성에 약점이 되었다. 국호도 대회 주최측의 애초 계획은 조선민주공화국으로 하는 것이었는데, 대회에서 '인민공화국'으로 결정되었다. 인민공화국은 정부 부서까지 정하여 외형적으로 정부의 모습을 갖추었지만 그것이 제대로 기능할 수는 없었다.

그러나 인민위원회(지방인민위원회 포함)는 해방직후 미군정을 제외하면 가장 영향력 있고 강력한 정치세력이었다. 인민위원회는 지방에서 치안유지, 물자확보, 교통복구, 일제잔재 구축, 소작료 3.7제 투쟁 등의 활동을 통해 1945년 말경까지는 실질적인 통치권을 행사했다. 전국의 군(郡) 중에서 정부 권한을 행사한 곳은 남한 전체 군의 약 절반에 달했다. 위원회는 계층별 조직인 농민동맹, 노동조합, 치안대, 학생, 청년·여성들 단체의 지원을 받았다. 거의 모든 지역에서 인민위원회와 대중조직 사이에는 회원 중복이 있었고, 심지어 사무실도 함께 사용했다. 인민위원회는 조직, 선전, 치안(혹은 보안), 식량관리 및 재정 등의 부서를 갖추고 있었고 구호, 난민, 일용품, 노동관계 및 소작료 등을 다루는 부서를 갖추기도 했다. 상당기간 동안 인민위원회가 행정을 인수하여 정부기능을 행사했고, 대부분 지역에서는 치안대 이름으

－영남편, 여강출판사, 1993, 203~206쪽.
3)『민주중보』1945년 10월 7일자.

로 새로운 경찰력이 구성되었다. 특히 농촌에서는 인민위원회들이 아직 제대로 모습을 갖추지도 못한 한인 우파들의 기선을 제압했다. 인민위원회는 대중적 지지, 현지정세에 대한 인식, 대중적 통신형태의 장악, 대중들의 불평에 알맞는 강령, 선착(先着)의 이점을 두루 갖추고 있었다.4)

경남에서는 10월 5일 경남도 건준 경남도지부가 발전적으로 해소되고 경남도 인민위원회가 조직되었다. 위원장에 윤일(尹一, 통영), 부위원장 노백용(김해), 내정부장 강영순(진양), 산업부장 강병창(姜炳昌, 진주), 노농부장 안균(安均, 의령) 등으로 진보적 인사와 좌익세력이 중심이 되었다. 경남인민위원회는 "일반인민의 이익과 특히 근로대중의 생활향상을 목표로" 내걸었다. 인민위원회로의 개편에 반대하고 퇴장한 대의원들은 10월 6일 '조선건준경남연합대회'의 이름으로 한민당을 지지하는 정책방향을 내걸었다. 그러나 이 단체는 200여 명으로 구성된 소수의 유지단체에 불과한 것이었다. 11월 21일에는 독촉 경남협의회가 결성되었지만, 그 세력이나 영향력은 좌익단체에 비해 미약했다.

그 후 각 시·군 인민위원회가 속속 조직되었다. 부산시(10. 17, 위원장 姜大洪), 마산시(10. 24, 金明奎), 통영군(10. 7, 辛尙憲), 밀양군(10. 21, 金餠煥), 의령군(10. 10, 安均), 양산군(10. 11, 全赫), 하동군(10. 23, 朴致和), 창녕군(1946. 2. 13 확대위원회, 李周穆), 거제도(10. 22, 金進培) 등이다. 인민위원회는 '소작료 3.7제 실시', '노동자의 생산기관 점유', '노동자·농민의 완전해방' 주장 등을 통해 노동자계급과 농민의 연대성 확보를 기했으며, 농민조합·노동조합 등의 외곽 단체와 인적 구성면에서 중복이 많았다.5)

---

4) 브루스 커밍스 / 김자동 역, 『한국전쟁의 기원』, 일월서각, 1986, 348~354쪽.
5) 박철규, 「해방 직후 부산 경남지역의 변혁운동」, 『한국근현대지역운동사 I-영남편』.

경남지역 인민위원회는 다른 지방보다 강력했다. 『주한미군사(駐韓美軍史)』는 경남지역 인민위원회 세력에 대해서 "경남의 인민위원회는 강력하고 효율적이며 지식인에 의해 주도되는 공산주의의 배경을 지닌 조직체였다. 경남인민위원회는 치안유지, 세금징수, 인구조사, 기타 중요한 통계수치를 수집했으며, 다수의 군에서 경찰력을 장악했다. 한마디로 경남 인민위원회는 사실상의 정부와도 같은 광범한 통제력을 지니고 있었다. 군정이 인민위원회를 통제하게 되는 1946년 4월까지 인민위원회는 미군정에게 위협적인 존재였다"고 평가했다.6) 경남에서는 사천군·울산군·밀양군을 제외한 모든 군에서 지방인민위원회가 정부의 역할을 담당했다. 인민위원회가 미군정 3년간 섬을 통치한 제주도를 제외하면, 경남은 인민위원회세력이 전국에서 가장 강력했던 곳이었다. 전남과 경북이 그 다음이었다.

진주시는 1944년과 1946년 사이에 인구가 70% 증가했는데 이들 귀환자는 특히 일본에서 많이 돌아와 급진적 운동을 선도했다. 경남 진양군은 인구가 1944~46년에 39%나 급격히 증가했다. 소작지 비율은 65%였다. 논농사 비율은 80~90%로 전국적으로 비교해서 높았다. 20점을 만점으로 한 급진성지수7)는 17점으로 높은 편이었다. 진양군은 1930년대에 적색농민조합이 존재했고, 위원회가 지배적이었으며, 1946년 10월 인민항쟁시에 반란이 있었다. 함안군·창원군이 19점으로 가장 높고 의령군·양산군이 17점, 하동군이 16점, 동래군·김해군이 14점이고 나머지 군은 10점 이하로 평가된다.8)

진주시 인민위원회 위원장은 강대창, 진양군 인민위원회 위원장은

---

6) U. S. Army, *History of United States Armed Force In Korea*(HUSAFIK), Part 3, Ch. 3, p. 68.
7) 인민위원회가 지배적이지 않았으면 2점, 1930년대 적색농민조합이 있었다면 3점, 위원회가 지배적이었다면 6점, 추수폭동시 반란의 증거가 있었다면 8점, 특히 반란이 심했던 지역은 10점, 제주도는 20점 만점이다.
8) 브루스 커밍스, 위의 책, 399, 547쪽.

김주학(金柱鶴)이었고, 1945년 11월 20~22일에 개최된 전국인민위원회 대표자대회에 참석한 진주시 대표는 박재표(朴在杓), 고경인(高景仁), 강대창, 최응제(崔應濟) 등 4명이었고, 진양군 대표는 김주학, 하순봉(河洵鳳) 등 2명이었다. 진주시 인민위원회는 10월 25일경 시가행진을 하면서 시민들에게 인민위원회가 정부기능을 할 수 있도록 도와달라는 내용의 삐라를 살포했다.9)

진양군 수곡면(水谷面)의 사례는 해방직후 농촌마을의 변화를 잘 보여준다. 일제가 패망했다는 소식이 전해지자 면사무소 관리와 지서 경찰들은 서둘러 피신했지만 미처 피신하지 못한 사람들은 린치를 당했다. 진양군 대평면에서는 면장이 살해되었다. 해방이 된 사흘 후인 8월 18일에 수곡면 인민위원회가 결성되어 면사무소에 사무실을 설치하고 선전계, 산업계 등의 부서를 두고 따로 치안대를 조직하여 지방통치를 시작했다. 면사무소 면장과 면서기, 지서 경찰관이 한 사람만 남겨두고 모두 도피한 후였다. 마을유지들이 중심이 되어 호선에 의해 수곡면 인민위원장을 선출하고 각 동네에서도 리인민위원장(里人民委員長)을 선출했다.

면과 마을에 설치된 인민위원회는 일제의 지방권력이 무너진 상태에서 주로 치안유지를 위해 민중들에 의해 자생적으로 구성되었다. 수곡면 인민위원회가 처음으로 한 일은 면사무소 창고에 저장되어있던 곡식을 면민들에게 분배한 일이었다. "곡식을 가구당 가족수별로 나누었다. 한 가구에 평균 한 석 정도 받았다. 후에 미군이 와서 곡식을 내놓으라고 했다. 이때 면위원장이 "왜놈이 빼앗아 놓은 것을 우리가 찾아먹었다"고 하니 군정포고령 위반이라 했다. 포고령이 나오기 전이라고 하자 미군병졸 두 명이 착검하며 위협을 하고 가을에 내놓으라 하

---

9) HQ. 40th INF. DIV., *G-2 Periodic Report*, No. 32(1945. 10. 27).

고 갔다." 이후 미군이 진주하여 인민위원회를 불법화할 때까지 수곡면은 인민위원회의 장악하에 들어갔다.[10]

진양군 명석면에서는 진주고보를 졸업한 박모를 비롯한 진보적인 좌익 지식인의 주도 하에 인민위원회가 건설되었다. 이들은 일제하 친일단체였던 농회를 농민조합으로 개편하고, 기득권세력까지 포용하여 범면민적인 기구를 만들었다. 일제시 면장을 했던 강몽상을 위원장으로 추대했지만 실제로는 부위원장인 박봉규가 조직을 장악했다. 강몽상은 미군정이 본격 실시되자 좌익과의 결별을 선언하고, 우익노선을 표명했고, 미군정에 의해 11월 1일에 면장으로 임명되었다.[11] 인민위원회는 1945년 말에서 1946년 초에 이르는 기간 동안 미군정에 의해 서서히 해체되었다.

이러한 건국을 위한 움직임과 함께 일제 패망으로 조성된 정치적 자유를 기반으로 정당과 사회단체들이 속속 결성되어 활동했다. 진보세력에서는 1945년 9월 11일 조선공산당, 11월 12일 여운형 중심의 조선인민당, 1946년 3월 30일에 독립동맹이 주축이 된 조선신민당(남한조직은 7월 14일 남조선신민당으로 독립)이 결성되었다.

조선공산당 경남도위원회의 주요 간부는 박용선, 윤일, 강영순(진주), 한인식(韓麟植), 이화준(李華俊), 김태영(金台榮) 등이었고, 1946년 3당합당 이후에는 도인민위 내무부장을 지낸 강영순이 남로당 경남도당 위원장이 되었고, 인민당의 오재일이 부위원장이 되었다.[12] 인민당 진주지부는 중앙본부에서 파견한 염정권(廉廷權)과 임윤재(任允宰)가 참석한 가운데 1946년 3월 5일 오후 진주극장에서 당원 약 500명과 내빈

---

10) 정진상, 「한국전쟁과 계급구조의 변동 - 경남 진양군 두 마을 사례연구」, 『계급과 한국사회』, 한울, 1994, 97~98쪽.
11) 명석면사편찬추진위원회, 『명석면사』, 2000, 196~198쪽.
12) 박철규, 앞의 글.

다수가 모여 결성되었고, 지부장 박진환(朴進煥), 부지부장 최응제(崔應濟) 이하 위원 85명을 선정했다.13) 미군정 자료에 의하면 인민당 진주지부의 1946년 5월 현재 지도자는 가경윤으로 파악되고 있다.

　좌익 주도의 건준과 인민위원회의 결성으로 정치주도권을 상실한 지주·자본가들을 중심으로 하는 우익세력은 미군진주로 새로운 활로를 모색하게 되었다. 경남지방에서는 1945년 11월 21일에 독립촉성중앙협의회(獨立促成中央協議會) 경남지부가 결성되었다. 진주에서도 중앙조직과 거의 동시에 독촉이 조직되었다. 독촉국민회 진주지부장은 초대 허만채(許萬采 : 진주상공주식회사 경영, 일제시 경남도회의원), 2대 문해술(文海述 : 일제시 경찰출신, 해방 전 고무공장 경영), 3대 김주학(일제시 '배돈'병원 서무과장, 미션계통 병원에 근무한다는 이유로 스파이 혐의를 받자 금강산으로 피신, 여기서 백성욱을 만나 친교, 해방 후 진양군 인민위원장, 진주봉래교회 장로, 정치공작대 진주지부장, 정부수립 후 부산 3대 시장), 박붕래(朴朋來)로 이어졌다. 사천군의 경우에도 건준에서 탈퇴한 우익인사들, 지방유지, 일제시기 도회의원, 3·1운동 참가자들이 독촉으로 집결했다. 우익은 좌익과 맞서기 위해 독촉을 통해 친일파들과 연합했는데, 그 후 친일파들이 발호해서 독립운동하던 사람들은 나중에 그만두고 국민회는 친일파들의 독무대가 되다시피 했다.

　우익세력인 한국민주당의 지방조직은 더욱 늦어서 1945년 12월 5일에 부산시당이 결성되었고, 경남도지부는 1946년 6월 16일에야 결성되었다. 진주에서도 한민당이 조직되었는데 민주당은 1945년 11월 29일 진주에서 삼천포와 의령에 지부를 조직할 것이라고 선포했다.14) 진주 한민당은 독촉지부장인 허만채가 중앙의 한민당 인사들과 친교를 갖고 있던 것이 계기가 되어 조직되었다.

---

13) 『민주중보』 1946년 3월 13일자.
14) HQ. USAFIK, *G-2 Periodic Report*, No. 87(1945. 12. 6).

지방에서 우익조직의 결성이 지연된 것은 광범한 대중을 지지기반으로 하는 좌익세력의 영향력이 우파의 정치적 조직화를 차단할 정도로 강력하여 미군정과 함께 진행된 미군과 경찰의 파괴공작으로 지방인민위원회의 행정기능이 상대적으로 약화된 시점에서야 우익의 정치적 조직화가 가능했던 것이다. 다시 말해 민중의 압도적 지지와 조직에 기반한 인민위원회의 분쇄와 보수적인 우익정치세력의 부활은 동시에 진행된 일련의 상황변화였던 바, 이것을 통해서도 미군정의 궁극적 목표와 역할이 분명하게 드러나고 있는 것이다.15) 경남지방은 강력한 인민위원회가 있었기 때문에 이러한 지방적 특수성이 더욱 두드러지게 나타났다고 할 수 있다.

2) 농민조합의 건설

1945년 12월 8일에는 전국농민조합총연맹(全農)이 결성되었다. 전농은 전평과 마찬가지로 조선공산당 노선을 실천하는 대중조직으로서 반봉건 부르주아혁명노선의 관철과 민족통일전선에 대한 농민의 정치적 참여를 중요한 목표로 설정하고 있었다. 전농이 제시한 당면 요구조건은 "일제와 민족반역자 및 대지주의 토지 몰수와 빈농에게 토지 분배, 조선인 지주에 대한 소작료 3.7제와 금납 시행, 이모작 이상의 수확물 소작료 납입 반대, 수리조합의 국영 및 농민 관리, 일제와 민족반역자에 대한 채무폐기 고리대금 금리 5%로 인하, 금융조합・농회・산업조합을 협동조합으로 전환, 강제공출 강제부역, 강제저금의 철폐" 등 부르주아민주주의적 내용이었다. 그러나 일부 지역에서는 농민들이 소작료 불납을 통해 일본인 소유농지는 물론이고 조선인 지주의 토

---

15) 김창진, 「8・15 직후 광주지방에서의 정치투쟁에 관한 연구」, 고려대 정외과 석사학위논문, 1986.

지까지 몰수하려는 움직임을 보이며 3.7제 시행에 불만을 표명했다.

전농은 빈·소농 중심의 조합결성 원칙과 경제투쟁과 정치투쟁 결합 원칙을 견지했다. 농민조합원은 빈·소농을 중심으로 하되 부농도 반제적 혁명요소를 갖고 있으므로 반동하지 않는 한 포용해야 한다고 했다. 또 전략과 전술에서는 농민대중의 일상적 이해에 기초한 대중적 경제투쟁을 수행함으로써 토지혁명을 위한 농민의 조직적 역량을 강화하는 한편, 현단계 과제인 민족통일전선에 기초한 민주주의국가 수립을 위해 정치투쟁을 수행해나간다는 원칙이었다. 그리고 구체적인 운동방법에서는 농촌의 객관적 정세에 대한 구체적 조사, 슬로건의 확립, 농민대중의 전투적 조직화, 토지투쟁으로 주력 집중, 적에 대한 구체적 조사, 인간적 관계를 통한 미조직지역 조직화, 기관지의 중요성 등을 강조했다.16)

농민들은 조직상으로 전농에 속해 있었지만, 실제 투쟁은 대부분 각 지역 인민위원회를 중심으로 이루어졌다. 미군정이 인민위원회를 불법화하고 해체하려 했기 때문에 농민운동은 미군정과 충돌할 수밖에 없었고, 결국 미군정의 물리력에 의해 패퇴당하고 말았다.

전농에 포괄된 농민은 188개 도·군지부에 332만 명이라고 스스로는 주장했지만, 다소 과장되었다고 할 수 있다. 전농 농민들은 일본인 토지의 임의분배나 소작료 불납운동을 펼쳤으나 전농은 3.7제 소작료 납부를 결의했다. 1945년 11월 18일에는 전농 경상남도연맹이 발족했다. 경남지방 농민조합의 분포는 시·군지부 15, 면지부 182, 리단위 1,877개소, 농민조합원수 45만 9,759명이었다.

진주농민조합은 10월 3일 진주극장에서 결성되었다. 12월 5일 전국농민조합총연맹 결성대회에 참가한 진주시와 진양군 대의원은 하창영

---

16) 최학소, 『농민조합조직론』, 돌베개, 1987.

(河昌永), 김태견(金泰見), 이승혁(李承爀) 등 3명이었다.17) 진주시 판문동에 거주한 최팔십(崔八十)은 진주시 판문북동 농민조합을 결성하고 위원장으로 활동했다.18) 진양군에서도 일제하에서 농민운동을 하던 운동가들이 중심이 되어 농민조합이 결성되었다. 진양군 농민조합 위원장으로 정창화(鄭昌和)가 활동했다.19) 수곡면 대각마을의 소작빈농은 수곡면 전체의 농민운동에서도 중요한 역할을 했다. 대각마을에서는 일본에서 유학하고 해방 직전에 귀국한 하모씨의 지도로 거의 매일 20~30명이 모여 토론회 등의 활동을 벌였다.20) 명석면 농민조합장은 가회리의 이○○였는데 그가 1946년 10월 인민항쟁 때 명석지서 습격사건의 주모자로 수배되자 우수리의 최○○가 농민조합장이 되었다.21) 농민조합이 수행한 소작료 인하투쟁(3.7제), 미군정의 3.1제와 맞물리면서 효과를 발휘하여 벼 소작료가 30% 이하로 인하되었다.

진영에서는 10월 8일 2만여 명의 농민과 노동자들이 모여 진영지구의 농민조합과 노동조합연합대회를 거행했다. 시위대는 '토지는 농민에게 돌려라!', '중요 생산기관은 노동자에게!'라는 슬로건을 내걸고 '조선인민공화국' 깃발을 들고서 10리를 행진했다.22)

10월 19일 마산 신흥방직회사 강당에서는 농민지도자들이 "지주와 자본가의 착취를 막는 동시에 그 위협을 구축하여 8할 이상을 차지하는 조선농민대중의 생활조건을 돕고 교양을 향상시켜 이로써 조국의 문화수준을 높이고 조국건설이란 엄숙하고 거룩한 사업에 적극적으로 활동하고자" 마산농민조합 창립대회를 개최했다. 채택된 행동강령은

---

17) 김남식, 『남로당연구자료집 2』, 고려대 아세아문제연구소, 1974, 131쪽.
18) 대검찰청, 『좌익사건실록』 제11권, 1975, 216쪽.
19) 위의 책, 제10권, 1973, 461쪽.
20) 정진상, 위의 글.
21) 『명석면사』, 198쪽.
22) 『민주중보』 1945년 10월 15일자.

다음과 같았다.23)

1. 소작료는 3.7제로 실시할 것(단 일본인의 소작료는 3.7제로 하여 농민조합리 관리).
1. 일체 공과금은 지주가 부담할 것.
1. 소작권 이동은 절대 반대할 것.
1. 2모작지의 맥(麥) 소작량제도를 폐지할 것.
1. 소작량 운반은 2천(킬로그램) 이내로 할 것.
1. 초가(草價)부담 일체 폐지할 것.

고성군에서는 인민위원회를 중심으로 한 지도층이 모든 분파적 정치야욕을 일소하고 "농민은 농민조합의 산하로!"라는 슬로건 아래 10월 15일까지 각 읍·면 농민조합의 결성은 물론 반(班)조직까지 완료했다. 또한 당면한 소작료 3.7제 실시의 완전한 전취에 주력해나갔다. 10월 11일에는 고성농민조합 고성읍 지부 결성대회가 거행되었다.24)

그리고 좌익진영 청년들은 1945년 9월에 체육인을 주체로 하여 진주청년단(단장 金海雄, 부단장 朴在榮)을 결성했고, "우리의 향토는 우리의 힘으로서"라는 슬로건 아래 경비치안활동을 전개했다.25) 그 후 1946년 5월 25일 진주극장에서 2,000여 명이 모인 가운데 진주공청, 진주청년회, 진주청년동맹, 의혈단, 진주노청, 농청이 발전적 해산을 하고 진주민주청년동맹(晉州民主靑年同盟 : 그 후 1947년 7월 1일 民主愛國靑年同盟, 후에 民愛靑으로 轉身)을 결성했다.26)

미군 제40사단이 임무를 개시한 후 1945년 말까지 진주에서는 약 30

---

23)『민주중보』 1945년 10월 24일자.
24)『민주중보』 1945년 10월 17일자.
25)『민주중보』 1945년 9월 29일자.
26)『민주중보』 1946년 5월 29일자.

개 정치단체들이 나타났다. 이들 대부분 조직들이 내거는 목적은 한국의 자유와 발전을 위해서 일한다는 것이다. 가장 활발했던 정치조직은 인민위원회였다. 이 조직의 수많은 구성원들은 힘으로 또는 행정사무소의 친한 사람을 통해 지방정부의 권력을 행사했다.

4. 미군정의 좌익과 농민운동 탄압

경상남도에서는 해방에서 미군진주 때까지 약 한 달간 공백기간이 있었다. 진주에는 미 제40사단 185연대 소속 213대대(58, 70중대)가 주둔했다. 58, 70중대는 진주시, 진양, 남해, 사천, 하동, 산청, 함양, 합천, 거창군에 대해 군정을 담당했다. 10월 2일 샤프 대위 일행 9명이 주둔을 위한 사전조사 등을 준비하기 위해 진주에 도착하여 수천 명의 진주시민들로부터 환영을 받았다. 10월 3일 개천절에는 6만여 명의 시민들이 진주중학교 교정에서 개천절 기념식을 가졌는데 여기서 샤프 대위가 내빈축사를 했다.[27] 진주에 주둔한 미군의 주력부대는 진주사범학교를 접수해 주둔지로 삼았다.

미군정은 점령 초기부터 한국을 자본주의사회로 안정시키면서 미국에 우호적인 국가로 만드는 것을 점령방침으로 삼았다. 한반도에서 소련을 중심으로 한 사회주의세력의 팽창을 저지하여 "공산주의에 대한 방벽을 구축한다"는 것이다. 이를 위해 남한통치에서 혁명세력을 배제하고 반혁명세력을 비호하기 위해 다음을 4대 목표로 삼았다. 첫째 보수진영과의 제휴 강화, 둘째 강력한 경찰력 확립, 셋째 남한에 독자적인 군대 창설, 넷째 좌익에 대한 탄압이 그것이다.

---

27) 『민주중보』 1945년 10월 7일자.

미군정은 인민위원회를 임시적 권력기관으로 인정하기를 거부하고 하나의 정치단체로서만 인정했다. 군정장관 아놀드 소장은 1945년 10월 10일 "자칭 조선인민공화국이든가, 자칭 조선공화국내각은 권위와 실재가 전연 없는 것이다"라고 언명하여 인민공화국을 정부로서 부인했다. 이 성명에서는 "고관대작을 참칭하는 자들이 흥행적 가치조차 의심할 만한 괴뢰극을 하는 배우라면 그동안 그 극을 즉시 폐막할 것" 등의 언사를 남발하여 미군정을 비판하는 여론을 불러일으켰다.

1945년 10월 11일에는 진주지역(삼천포, 사천, 진주, 진양, 함양, 하동, 남해) 주둔 미군사령관 웨이트 사이드 대령이 부청(府廳) 회의실에 부내 각 관공서, 지방단체, 지방유지 등 300명을 모아놓고 군정실시 방침을 천명했는데 그 중에는 "……인민위원회가 있다 하는데 이 모든 것을 조사한 다음 치안을 문란하게 하는 정당과 단체는 전부 해산시킬 것이며 가장 이상적인 것은 우리도 지지할 것이니 …… 여러분의 전폭적 지지와 협력을 구한다"는 내용이 있다.28) 그 후에도 진주주둔 미군사령관은 100여 명의 각 정당단체 대표자를 모아놓고 "제단체의 행정간섭은 비합법적인 행동이니 금후에도 여전히 그와 같은 행동을 취한다 하면 단호히 엄벌에 취한다"고 경고했다.29) 미군정에서는 인민공화국의 '국'자를 떼고 '당'이란 명칭을 쓰라고 요구했다. 그 후 군정청과 이 문제를 가지고 교섭하다가 11월 20~23일간의 전국인민위원회 대표자대회에서 장시간 토론 끝에 미군정의 요구를 거부했다.

하지 사령관은 12월 12일 인민공화국 문제에 대해 성명을 발표하여 "어떠한 정당이든지 정부로 행세해보려는 행동이 있다면 이것은 비법적 행동으로 취급하도록 하라고 하는 주둔군과 군정청에 명령을 내렸다"라고 언명하여, 인민공화국 해체에 물리력을 동원할 것임을 분명히

---

28) 『민주중보』 1945년 10월 14일자.
29) 『민주중보』 1945년 10월 26일자.

했다. 최초로 전북 남원에서는 11월 15일 전북도 경찰부장 김응조가 남원군 인민위원회 위원장 등을 체포하자 많은 민중들이 모여 항의했고, 이때 미군이 발포, 발검하여 사망자 3명, 부상자 50여 명을 냈다. 경남에서는 1945년 9월 28일에 부산치안대가 해산되었다.30) 미군측에서는 10월 24일까지 15개 군인민위원회를 제거하고자 했다.

진주, 하동, 산청에서는 인민위원회가 행정권을 접수하고 그 지역에서 미군의 승인을 거부했다.31) 하동에서는 10월 23일 인민위원회가 군청을 접수하여 미군정의 승인을 거부했다. 하동으로 급파된 미군은 군청을 장악했던 사람들을 추방하고 원래의 관리들을 다시 복귀시켰다. 미군이 철수하자 인민위원회가 다시 집권하고, 때로 미군이 임명한 관리를 감금하기까지 했다. 그러면 미군이 다시 출동했다. 이러한 상황이 하동 이외에 통영·양산·고성·함안 등에서 반복되었다.

미군이 진양군 수곡면에 들어온 것은 10월 초였다. 미군들이 들어와 "인민위원회를 하는 것은 말리지 않겠는데 면사무소에서는 나가라"고 해서 쫓겨났고, 그 후 몇 달 동안 면사무소와 병립하여 활동이 계속되었지만 1946년에 들어서면서 인민위원회는 사실상 해체되었다. 미군 진주를 계기로 도피했던 면서기와 경찰이 돌아와 다시 면과 마을의 권력을 장악했지만 다시 돌아온 관리들은 이전의 절반도 되지 않았고, 1950년 한국전쟁 때까지 마을의 정치는 좌우대립 양상이 해소되지 않은 채 계속되었다.32)

미군정의 탄압에 대해 인민위원회측은 저항했다. 진주에서는 1945년 10월 21일 300명의 시민들이 야간통행금지 위반 혐의로 체포되었다.33)

---

30) HQ. USAFIK, *G-2 Periodic Report*, No. 23(1945. 10. 3).
31) HQ. USAFIK, *G-2 Periodic Report*, No. 48(1945. 10. 28).
32) 정진상, 위의 글, 99~100쪽.
33) HQ. 40th INF DIV, *G-2 Periodic Report*, No. 27(1945. 10. 22)

11월 24일에도 42명의 시민이 야간통금 위반행위로 체포되었다.34) 1945년 10월 31일 인민공화국 사람들이 합천에서 정부를 장악하고 재판소와 모든 시정문서를 불태우고, 군재무관에 대해 당신 집을 불태우고 강탈하겠다고 위협하면서 금고를 열게 했고, 당에 헌금하고 가입하도록 강요했다. 당원들은 포스터와 대중연설을 통해 인민들로 하여금 모든 친미 관료들을 죽이라고 요구했고, 미군정의 원활한 활동을 막기 위해 점령군에 대항하도록 선동했다.35) 1946년 1월 5일 미군이 합천군청 방화혐의로 1945년 10월에 체포한 다섯 명에 대해 진주의 조선혁명동맹 회원들이 지방경찰을 위협하여 이들을 방면시켰다.36)

경남지방 조선공산당세력들은 미군정과 친일파 및 민족반역자에 대한 투쟁결의를 다지고 있었다. 1945년 10월 20일 진주연합출판사에서 발간된 조공 경남도당 기관지 『전로(前路, The Future Road)』에서도 이를 엿볼 수 있다.

 …… 우리는 사실상의 전쟁상태에 있다는 것을 인식해야만 한다. 우리들 앞에는 일본제국주의의 잔재와 새로운 점령군이라는 강력한 적이 있다. 또한 친일경찰, 개량주의자, 자본가들의 공격적인 행동과 음모가 점점 우리들을 위협하고 있다. 우리 조공 경남도당은 이에 대해 끝까지 투쟁할 것이다. 우리 자신들을 한층 강력하게 무장하는 한편 볼셰비키당을 조직하기 위해 더욱 분투할 것이다.……37)

그러나 미군정의 지방인민위원회 탄압에 대해 인민위원회 중앙지도부는 미군정과 상층 수준에서의 정치적 타협에 주력했다. 오히려 지방

---

34) HQ. 6th INF DIV, *G-2 Periodic Report*, No. 37(1945. 11. 25).
35) 미군 40사단, *G-2 Periodic Report*, No. 37(1945. 11. 1).
36) 미군 40사단, *G-2 Periodic Report*, No. 102(1946. 1. 5.)
37) HQ. USAFIK, *G-2 Periodic Report*, No. 76(1945. 11. 25).

인민위원회가 군정과의 마찰을 피하도록 강조함으로써 지방인민위원회의 강화를 통한 역량의 보존과 강화를 저해하는 결과가 되었다. 1945년 11월 20~22일에 열린 전국인민대표자회의에서 다음과 같은 위원장 허헌(許憲)의 개회사는 중앙지도부의 미군정에 대한 타협적 태도를 잘 보여주고 있다.

…… 연합군의 승리가 없었다면 조선의 해방은 있을 수 없었던 것이다.…… 38도 이남의 미군정에 대해 다소 오해가 있어 마찰 압력이 있었는바, 이는 군정의 본의를 모르는 오해에서 나온 것이다. 즉 군정은 조선에 영토적 야심이 있어서 실시된 것이 아니라 조선의 완전독립 촉성을 위함이 본지인 것을 오해하여, 금일까지 다소 지방에 대립이 있었다는 것은 유감된 일이다.…… 지방으로부터 오신 대표 제씨는 지방에 돌아가서 군정과 그동안 암운의 공기가 있었던 것을 일소하고 군정에 협력해주시기를 바란다.38)

5. 모스크바삼상회의 결정과 좌우익의 대립

1946년에 들어오면서 좌익과 우익은 모스크바삼상회의 결정을 둘러싸고 지지와 반대(반탁)로 나누어서 격렬하게 대립하게 된다. 모스크바삼상회담 결정의 주요 내용은 ① 조선 임시민주주의정부의 수립, ② 미소공동위원회의 조직, ③ 조선인민의 정치적, 경제적 사회적 진보와 민주주의적 자치발전과 조선독립을 원조 협력하는 방안으로서 5년 이내 기한의 조선에 대한 4개국 신탁통치(Trusteeship)의 협정이었다.

이에 대응하여 좌익세력은 모스크바삼상회의 결정 지지와 민족주의

---

38) 김남식, 앞의 책 2, 15~16쪽.

민족전선 결성, 우익진영은 반탁과 비상국민회의 결성으로 대응했다. 경남에서는 1945년 12월 30일에 경남신문기자회 주최로 좌우익 단체가 망라되어 신탁통치 배격 인민대회준비회(의장 金喆壽, 부의장 尹一)를 개최하여 1946년 1월 1일 탁치 배격 부산시인민대회가 개최되었다. 경남 좌익은 즉각적으로 반탁을 주장하고 나서면서 대중의 광범한 지지를 받았고, 진주에서도 1월 3일 오후 2시부터 진주중학교 교정에서 탁치철폐 대회가 개최되었다.39)

그러나 삼상회의 결정이 자세하게 보도되고 중앙의 좌익이 '모스크바삼상회의 결정 총체적 지지'를 표방하게 되면서 경남의 좌익 역시 태도를 달리하게 된다. 1월 5일 경남조공은 성명서를 발표하여 "삼상회의 결정이 조선에 민주주의적 임시정부를 수립케 하여 미·소가 이에 협조하면서 완전한 자주적 민주주의국가를 건설하는 데 의의가 있다"고 했다. 이에 대해 우익세력은 삼상회담을 신탁통치로, 좌익을 '찬탁', '친소'세력으로 몰아붙이기 시작했다.

모스크바삼상회의 결정을 둘러싸고 우익진영에서는 1946년 2월 1일 이승만과 한민당 김구 등이 반탁운동의 중심체로서 '비상국민회의'를 결성했다. 미군정은 1946년 2월 14일 이승만을 의장으로 하는 우익세력 일색의 '남조선국민대표민주의원'을 결성하여 협의기능(실질적으로는 자문기관)을 담당하게 했다. 좌익진영은 삼상회의 결정을 지지했고, 2월 15일에 '민주주의민족전선(민전)'을 결성하여 우익세력에 대항했다. 3월 7일 민전 경남위원회가 결성되었고 농민조합은 민전에 참여했다. 3월 10일 민주주의민족전선 진주시위원장 이현중(李現重)이 뇌일혈로 사망하여 16일에 민전 사회장으로 장례식이 치러졌다. 3월 31일 민전 진양군위원회가 진양군 인민위원회실에서 결성되었고, 위원장으

---

39) 『민주중보』 1946년 1월 4일자.

로 하만리(河萬里)가 선출되었다.40)

　삼상회의 결정을 둘러싼 지지와 반대를 계기로 경남지역에서 좌우익 대립이 뚜렷해졌는데 우익세력의 활동은 좌익단체를 습격하는 것으로 시작되었다. 우익은 '반탁=민족주의, 찬탁=민족반역'이라는 공식 위에서 좌익 단체에 대한 습격을 정당화했다. 1월 9일 부산에서 조선청년단이 총기를 소지하고 도인민위와 시인민위를 습격하여 4명의 중경상자를 냈다. 사천에서도 청년연맹이 임정을 습격했다는 임정의 발표가 있자 사천청맹에 대해 진주의 우익 청년단체가 습격했다. 2월 4일에는 하동에서 청맹과 독촉청년단이 충돌했다. 울산, 언양, 포항, 함안 등에서도 우익 청년들에 의한 테러가 있었다.

　미군정은 암묵적으로 우익 단체를 지원했고 동시에 좌익을 탄압했다. 1월 10일 군정청 경남도 경찰부는 부산의 군사단체인 국군준비대, 학병동맹, 광복군 3대표자에게 군사단체를 해산하도록 명령했다. 또 좌익 청년단체에 대한 탄압도 강화되었다.

　미군정에 맞서 좌익측은 대중적 투쟁을 전개했다. 1946년 1월 2일 진주에서는 조선혁명군, 청년회, 노동조합의 이름으로 한국노동자들이 미군을 위해 일하지 말도록 요구하는 포스터가 나붙었다.41) 1946년 1월 3일 진주에서는 5명이 감옥에서 불법적인 방법으로 풀려났다. 이들 5명은 전복행위 및 미군무기 소지로 범죄수사대의 조사를 받고 있었다.42) 1월 16일 진주에서 일본 총 12정과 칼 24정이 몰수되었다.43) 1월 17일 사천에서 사천청년회와 진주에서 온 미상의 정치단체의 집회가 미군정의 허가 아래 개최되었다. 집회기간 동안 두 단체 간에 견해차

---

40) 『민주중보』 1946년 4월 4일자.
41) HQ. 6th INF DIV, *G-2 Periodic Report*, No. 76(1946. 1. 2).
42) HQ. 6th INF DIV, *G-2 Periodic Report*, No. 79 (1946. 1. 5).
43) HQ. 6th INF DIV, *G-2 Periodic Report*, No. 90(1946. 1. 16).

이로 싸움이 일어나 12명이 다쳐서 치료를 받으러 병원에 실려갔다. 두 명의 선동자가 경찰에 체포되었으나 그 후 군중이 경찰서 앞에 모여들자 경찰서장이 석방했다.44) 1월 18일 사천군 곤양에서 미군정의 공출에 반대하는 농민회의 시위가 벌어졌다. 다수의 농민회원들이 경찰을 공격하여 경찰책임자를 포함하여 4명이 다쳤다. 사천주둔 분견대와 경찰이 질서를 회복하기 위해 출동하여 19일 아침 일찍 곤양에 도착했다. 20명이 체포되었고, 오후 9시 이후 통행금지조치가 내려졌다.45) 1월에 CIC요원이 진주군 인민당 의장과 면담한 결과 인민당은 인근 군으로 하여금 신탁통치에 확실하게 반대하도록 시위를 계획하고 있었던 것으로 드러났다.46) 이는 상급 조직에서 내려진 신탁통치 찬성으로의 변경방침이 아직 하부에까지 도달하지 않았음을 보여준다.

2월 12일에는 진양군 미천면 농민조합과 청년동맹 간부인 박해종이 설을 맞이하여 농악을 치면서 마을을 순회하다가 지주 임영찬과 마을 주민 40여 명에게 구타당해 살해당할 위기에 처했는데, 이를 말리러 온 농민과 청년들 300여 명이 지주 임씨의 가재도구를 파괴하자 진주경찰서에서 관련자 74명을 체포하여 고문한 일이 발생했다.47) 2월 26일 진주에서 일본인 주택과 자산을 임대하는 미군정의 정책에 반대하는 익명의 포스터가 나붙었다.48)

3월 8일 진주에서는 진주청년회 회원 진봉식이 술에 취한 후 진주경찰에게 욕설을 했다. 이로 인해 그와 다른 주민 사이에 주먹다짐이 일어났고 순찰중이던 경찰이 이를 말리려고 왔다. 그러나 진봉식은 저항

---

44) HQ. 6th INF DIV, *G-2 Periodic Report*, No. 92(1946. 1. 18).
45) HQ. 6th INF DIV, *G-2 Periodic Report*, No. 94(1946. 1. 20).
46) HQ. USAFIK, *G-2 Periodic Report*, No. 128(1946. 1. 18).
47) 『민주중보』 1946년 2월 22일자.
48) HQ. 6th INF DIV, *G-2 Periodic Report*, No. 132(1946. 2. 27).

했고 경찰의 총을 뺏으려 했다. 그런 실랑이 속에서 총이 발사되면서 탄환이 진봉식의 가슴을 뚫고 나가 사망했다. 그날 늦게 청년회원 및 그 동조자들로 구성된 일단의 군중이 진봉식의 복수를 하겠다고 경찰서 유치장에 모여들었다. 진주경찰서는 구원을 요청했고, 53대대 A중대의 분견대가 출동되었는데 군대도착과 함께 군중들은 해산하고 도망쳤다.49)

6. 1946년 4월의 대탄압

농민들은 미군정이 1946년 1월에 강행한 공출제에 대한 반대투쟁도 활발하게 전개했다. 이에 농민들은 미곡수집에 저항했고, 미군정은 식량사찰본부까지 설치하여 수색, 압수, 투옥, 처벌을 강행하는 등 폭력성을 더해갔다. 1946년에 미군정은 하곡수집을 강행하여 농민들과 충돌했다. 하곡수집은 일제하에서도 없었던 일이었고, 수집기간에 정미소와 일반가정의 도정까지 금지한 데다가 수집과정의 폭력성 때문에 농민들의 불만과 저항이 폭발되었다.

전농은 북한의 토지개혁 실시(1946. 3)를 계기로 3월 중순 민전을 통해 소작제 철폐를 요구하는 토지개혁안을 제기했다. 그리고 4월 26일 제2차 인민위원회 대표자대회를 거쳐 5월 4일 전농 확대집행위원회에서 토지분배에 대한 농민의 투쟁의식 고양을 근거로 행동강령을 '무상몰수와 무상분배에 의한 소작제 폐지'로 수정 채택했다. 그리고 이를 실현해줄 수 있는 통일임시정부 수립운동에 농민의 총역량을 집결할 것을 주장했다.

---

49) HQ. 6th INF DIV, *G-2 Periodic Report*, No. 144(1946. 3. 11).

지방의 농민운동을 비롯한 좌익세력을 약화시키고 미군정의 기반을 강화하기 위한 탄압은 미소공동위원회 본회담이 교착상태에 빠지게 된 4월 초중순에 강력하게 진행되었다. 4월의 미군정 정보보고는 고성·통영·거제·배둔·청암리·함안·창원·영산·진동·남지·마산·창녕·칠원 등에 대한 조사결과 뒤의 6개 읍을 제외한 나머지 곳에서는 인민위원회가 지배정당이거나 유일한 정당이고, 민주당이 주도하고 있는 뒤의 6개 읍에서도 인민위원회가 활발했던 것으로 드러났다고 보고하고 있다.50) 3월 28일의 기자회견에서 질레트 경남도장관은 "6개월간 정치단체 지도자가 폭력으로 정부의 일을 방해했으나 이제는 강력한 취체를 하지 않을 수 없으며, 어떤 단체나 개인이 정부와 적대행사를 하는 때는 구금할 것이고, 또한 정부의 방침을 파괴하고 민중을 혼란에 빠지게 하는 논설은 중지할 때가 왔다"고 하여 언론에 대한 규제도 선포했다.51) 이에 따라 경남도 수사과에서는 4월 9일까지 민전 도위원장 김동산 이하 17명의 조공 및 민전 관련 단체 간부들을 검거했다.52) 인민위와 민전 관련자 검거는 밀양(4. 1), 고성(4. 4), 마산(4. 6), 함안(4. 8), 통영(4. 8), 진주(4. 10) 거제 등에서도 일어났다.53)

　4월 10일에 경찰이 인민위원회, 인민당, 청년동맹, 공산당, 청년회 등 진주 내 좌익단체들을 수색하고 간부 여러 명을 검거했다. 당의 핵심 당원들은 수배를 당해 잠적했다. 청년회에서 몰수된 장비 속에는 총 1자루, 칼 1자루, 망원경 몇 개, 표적, 표시물, 목총 한 자루 등이 포함되어있었다. 농민조합 사무실에서는 많은 기록물들과 금고 두 개 속에 들어있던 물건들이 압수되었다.54) 4월 17일 진양군 집현면에서 농민조

---

50) HQ. 6th INF DIV, *G-2 Periodic Report*, No. 172(1946. 4. 8).
51) 『민주중보』 1946년 3월 29일자.
52) 『민주중보』 1946년 4월 11일자.
53) 『민주중보』 1946년 4월 9일, 4월 14일, 4월 15일, 4월 19일, 4월 23일자.
54) HQ. 6th INF DIV, *G-2 Periodic Report*, No. 177(1946. 4. 13).

합 회장 주북만이 일본제 총을 불법소지한 혐의로 체포되었다. 4월 17일 진주에서 미군은 위협적인 선언문, 즉 모든 조선인은 형제이며 만약 감옥에 있는 모든 공산주의자들을 석방하지 않으면 행동을 개시하겠다는 선전물을 입수했다. 서명자는 공산당 진주지부였다. 경찰은 그 선전물의 배포자와 인쇄자를 검거했다. 4월 17일 진주에서 전 하동경찰서장이었던 김한철이 구속되었다. 혐의는 미군정정책에 반대했다는 것이다.55) 4월 25일 하동군청이 불탔다. 조사결과 방화의 증거가 드러났다. 26일 미군정은 진주에서 12명의 한국인들을 체포했다.56)

미군정은 언론분야도 탄압하여 『민주중보』, 『대중신문』, 『인민해방보』, 『신한일보』 등의 신문사가 서류장부 등을 압수당했다. 5월 1일 진주에서 『인민보』, 『국제통신』 소속 기자인 김연호(金然浩), 강대봉(姜大鳳) 등이 피검되었다. 이와 함께 좌익조직에 관련된 한국인 관료들은 공직에서 해임되었다. 민선군수였던 의령군수 안균과 거창, 하동의 3군수는 4월 11일자로 파면되었다. 미군정은 좌익에게 재정압박도 가하여 4월 15일부로 군정 진주지구 앤더슨 대위는 민전 산하 각 단체의 주요 간부 검거와 함께 각 단체의 자금동결령을 발령하여 관하 1시 8개 군에 지시하여 각 금융기관에 예금한 각 단체의 저금지불을 금지하는 동시에 단체에서 사용하는 건물 사무소를 전부 몰수했다.57) 마산에서도 5월 6일 인민공화국을 지지하는 16개 단체의 예금동결을 단행했다.58) 미군정은 4월이 되어서야 인민위원회가 경남에서 군정의 행정을 방해하지 않게 되었다고 평가했다.59)

5월 미군정 경찰이 농민조합의 불법행위에 대한 제보를 받고 진주지

---

55) HQ. 6th INF DIV, *G-2 Periodic Report*, No. 183(1946. 4. 19).
56) HQ. 6th INF DIV, *G-2 Periodic Report*, No. 191(1946. 4. 27).
57) 『민주중보』 1946년 4월 20일자.
58) 『민주중보』 1946년 5월 9일자.
59) HUSAFIK, Part 1. Ch. 3, pp. 67~68.

역 농민조합을 조사한 결과, 지난 4월에 체포되었다가 소액의 벌금을 내고 석방된 인사들이 활동하고 있음이 드러났다. 이들은 소작농들에게 "지주에게 소작료를 지불하지 말아야 하고, 얼마 지나지 않으면 그들(공산주의자)이 정권을 잡을 것이고, 이때는 누구나 같은 면적의 토지를 가질 수 있도록 하겠다"고 말하고 다녔다고 한다. 5월 17일 진주 경찰서장은 미군정 포고령위반 혐의로 두 명의 농민조합 간부를 체포했다.60) 5월 24일 경찰의 순찰결과 확인한 사실은 다음과 같다.

    삼천포 인민당 지도자 박철하, 당원수 5,000명
    진주인민당 지도자 가경윤, 당원수 3만 8,000명
    곤양 민주당지도자 황학복, 당원 2,000명
    하동인민당 지도자 황학산, 당원 4,000명
    사천인민당 지도자 윤치상, 당원수 2,200명.61)

  1946년 5월중 서부경남지역의 정치적 선동행위는 급속히 감소했는데 여기에는 두 가지 이유가 있는 것으로 미군정은 분석했다. 첫째 좌익진영은 간부들의 투옥으로 큰 타격을 받았고, 아직 충분히 회복되지 못했다. 둘째 보수적인 관료들이 국가적 문제에 더욱 관심을 기울였다는 것이다. 하나의 큰 위협은 한국인들이 확고하게 자리를 잡기 전에 미군이 떠나고 내부폭동이나 유혈이 발생하는 것이라고 보고하고 있다.62)

  진주에서는 해방 1주년 8·15기념식을 부청(府廳)에서 좌우익 공동으로 개최하기로 하고 7월 29일 준비위원회를 조직하여 위원장으로 부윤(府尹) 정종철, 좌익으로 박재표, 우익으로 이모 씨가 선출되었

---

60) HQ. 6th INF DIV, *G-2 Periodic Report*, No. 216(1946. 5. 22).
61) HQ. 6th INF DIV, *G-2 Periodic Report*, No. 218(1946. 5. 24).
62) HQ. 6th INF DIV, *G-2 Periodic Report*, No. 235(1946. 6. 10).

다.63) 그러나 그 뒤 행정기관이 단독으로 주최하는 것으로 방침이 바뀌었고, 민전 등 좌익측이 이에 강하게 반발했다. 윤일 민전 경남도 의장은 8·15 일주년을 맞이하여 7가지 불가사의를 말하고 있다. 첫째 해방이 아니라 궁박이 나날이 심한 이유, 둘째 잔적 소탕을 위한 진주라고 했으면서 왜 적이 없고 치안도 안정되었는데 미·소 양군이 여전히 진주해 있는가 하는 이유, 셋째 소련은 행정·사법·경찰을 조선인에 일임했는데 미군은 군정을 실시하는 이유, 넷째 민주주의라고 하면서 언론·집회·결사·출판의 자유를 구속하는 이유, 다섯째 반일투쟁을 하던 진정한 애국자와 민주주의자를 다시 감시 압박, 투옥하고, 미(美)·영(英)을 저주하고 친일하던 민족반역자들을 등용하는 의도, 여섯째 읍·면장, 군수까지 민선으로 한다고 해놓고 실은 민선 파면, 관료 전정을 하는 연유, 일곱째 막부삼상 결정은 미 국무성의 정책일텐데 신탁반대 구호가 천하를 소연케 하는 이유.64)

7. '10월 인민항쟁'과 농민운동

1) '10월 인민항쟁'

1946년 4월의 민전계통 정당·사회단체에 대한 미군정의 탄압과 함께 조선공산당은 1946년 5월 미소공동위원회가 휴회된 이후 정판사사건 등으로 미군정의 집중적인 탄압을 받았다. 이에 대응하여 공산당에서는 7월에 이른바 '신전술'을 채택했다. 「신전술에 관한 지시서」의 주요 내용은 다음과 같다.

---

63)『민주중보』1946년 8월 4일자.
64)『민주중보』1946년 8월 15일자.

5월 6일 미소공동위원회가 휴회된 이후 우리들은 매우 어려운 조건 하에서 투쟁해왔다. 전반적으로 반동정당들이 공산당에 더욱 강력한 공격을 해왔다. 당은 당원들에게 수세적 자세를 견지할 것을 지시했고, 당원들은 이를 잘 이행했다.
　그러나 수세적 자세는 공세적 자세를 완전히 잊는 것이 아니며, 공세적 자세를 준비하는 것이었다. 현재 한국의 상황은 우리 당의 공세적 전술을 요구한다. 우리의 수세적 자세는 공세적 자세를 위한 일시적 부분적 전술이었다. 이제 우리의 공세를 강화해야 할 시기가 왔다. 당은 모든 동지들에게 지난 2개월 반 동안 취한 수세에서 적극적 공세로 전환하여 작년 8·15 이후 전개했던 전술을 근본적으로 전환할 것을 지시한다. 그러면 이러한 자세 변화를 요구하는 국내외적 정세변화는 어떤 것인가?
　첫째, 국제적으로는 미국의 트루먼 정책이 제국주의적, 반동적 노선으로 전환되었다. 모스크바에서의 합의로 미·소 양군은 중국에서 철수하기로 결정했는데 소련군은 철수한 반면 미군은 철수는커녕 장개석 군대를 지원했다. 일본에서는 파시즘세력이 정치, 경제, 사회, 군사적으로 완전히 제거되지 않았다. 둘째, 국내적으로는 미군정이 모든 민주적 조직에 대한 반동적인 공세적 태도 외에 교활한 수법으로 민족전선을 분열시키고 우리 당을 고립시키려고 한다. 우리 당을 파괴하려는 작전이 폭력적으로 행해지고 있다. 우리 당에 향해진 가장 유해한 화살은 이른바 위폐사건이다.
　신전술의 구체적인 내용은 무엇인가? 미국과 미군과 협력하되 그들의 제국주의적 요소나 한국을 식민지화하려는 계획은 철저히 폭로해야 한다. 예컨대 미소공위 휴회의 이유를 우리는 전에는 국내 반동적 지도자들의 책략 탓으로 돌렸는데 이제부터는 미국대표들의 국제적인 반동정책 때문에 미소공동위원회가 휴회되었다고 국민들에게 말해야 한다. 우리는 미군측과 폭력으로 싸우려 하지 않는다. 우리는 민중들에게 선전을 하고, 민중들의 기관을 통해서 독립과 민주혁명을 달성해야 한다. 현재까지 우리는 테러리스트에 대해 무저항이었다. 이제부터는 자위적 전술을 채택할 것이다. 지도자가 체포될 때는 석방을 위해 민중을 조직화시켜야 한다. 이러한 새로운 전술을 구사하는 데는 많은 어려움이 있을 것이다. 당원 동지들은 자신을 희생하고 지하활동을 할 자세를 가져야 한다.65)

이러한 신전술 채택 후 좌익은 전국적인 규모에서 반미운동을 전개했고, 그 후 좌우익 간의 각종 테러사건, 총파업사건, 폭동사건 등이 잇따라 야기되었다. 1946년 9월 4일 조선공산당, 인민당, 신민당이 3당 합당을 결정하여 남조선노동당으로 새로운 출발을 했다. 진주에서는 1947년 3월 15일 진주극장에서 남로당 진주지구당 결성식이 있었다. 임시집행부에는 강대창, 정창화, 김연호, 강문기(姜文基), 김오산(金午山) 5명을 선출했고, 임시집행부 의장에는 김연호(金然浩)가 취임했다.66)

1946년 10월 1일 대구에서 시발된 이른바 '10월 인민항쟁'은 경남지역으로 확산되어갔다. 10월 4일 지방 경찰은 부산에서 9명의 공산당 지도자, 마산에서 2명, 진주에서 1명을 체포했다.67) 진주주둔 미군이 증강되어 4명의 장교와 85명의 사병으로 늘어났고, 5명으로 구성된 순찰대가 함양으로 매일 나갔다.68) '인민항쟁'은 10월 7일 경남으로 파급되었으며, 진주와 마산에서 가장 심한 폭력이 행해졌다. 같은 날 진주에서는 죽창과 곤봉을 들고 경찰서를 공격한 시위자들에게 한국인 경찰이 발포하여 2명이 사살되었다. 군중들은 시청을 공격했고, 미군 전술부대가 시위군중에게 발포하여 4명이 사살되었고, 시위자 100명

---

65) HQ. 6th INF DIV, *G-2 Periodic Report*, No. 233(1946. 9. 6).
66) 『민주중보』 1947년 3월 18일자.
67) HQ. 6th INF DIV, *G-2 Periodic Report*, No. 351(1946. 10. 4).
68) HQ. 6th INF DIV, *G-2 Periodic Report*, No. 353(1946. 10. 6).

이 체포되었다. 판문북동 농민조합 위원장 최팔십(崔八十)은 동민 약 100여 명을 동원하여 진주시내 각 관공서 습격에 참가한 후 도피했다가 1947년 2월에 체포되었다.

밤에는 공산당원들이 시청을 습격한다는 소문이 나돌아 오후 6시부터 통행금지 명령이 내려졌다. 같은 날 진주 인근 반성면 지서가 습격당해 경찰 1명이 심하게 다치고 1명은 도망쳤다. 성난 군중들이 2정의 총을 빼앗아갔다.[69] 진양군 정촌면에서는 10월 7일 11시경 50명의 폭도들이 면 지서를 장악하고 건물을 파괴했다. 지서장이 심하게 다쳤으며, 2정의 일본총과 40발의 탄환을 빼앗아갔으며, 경찰 1명을 강제로 끌고 갔다.[70] 대평면 지서는 점거되었고 경찰 5명이 구타당했다. 10월 10일 오후 9시 진양군 명석면 지서가 50명의 좌익 인사들에게 점령당했다가 11일 3시경 진주경찰이 탈환하고 군중을 해산시켰고, 15명을 체포했다.[71] 이때 경찰지서를 습격한 좌익세력의 지휘자는 가화리에 거주하던 명석면 농민조합장 이○○였다. 경찰이 그를 체포하기 위해 가회리 서현마을 청년들을 감금하고 구타했다.[72] 진주에서는 10월 12일까지 63명이 체포되었다.

10월 14일에는 진주에서 격렬한 충돌이 발생하여 군중 10명이 피살되고 11명이 부상당했다. 체포된 군중들을 조사한 결과 농민, 봉급노동자, 행상인 및 상인들로 밝혀졌다. 이들은 미군정에 대해 "특권층, 악질 지주 및 모리배들"에게 도움을 주는 양곡공출제도를 폐지하라고 요구하면서 올바른 길은 "남한을 북한화시키는 것"이라고 주장했다. 소책자에서는 진주경찰을 "일본의 충견(忠犬)들"이라고 비난했으며, 경

---

69) HQ. 6th INF DIV, *G-2 Periodic Report*, No. 354(1946. 10. 7).
70) HQ. 6th INF DIV, *G-2 Periodic Report*, No. 356(1946. 10. 9).
71) HQ. 6th INF DIV, *G-2 Periodic Report*, No. 358(1946. 10. 11).
72) 『명석면사』, 205~206쪽.

찰에게 "당신들은 한국인이 아니오? 같은 혈육이 아니오? 어째서 한국인들에게 발포를 하는가?"라고 물었다. 군중들 대부분은 진주인민위원회 및 그 산하 청년단체에 속해있었다.73)

10월 22일 진주에서 다음과 같은 내용의 삐라가 살포되었다.

  한국경찰에게 : 한국의 민족적 혼과 피가 당신의 가슴에 충만하다. 왜 당신은 당신의 동포에게 총을 겨누는가? 만약 당신이 한국민족의 눈을 가졌다면 그렇게 할 수 없다. 지금 민중들은 기아로 울부짖으며 살기 위해 몸부림치고 있다. 왜 당신은 반쯤 죽어가는 우리의 형제자매들에게 총을 겨누는가. 그들은 쌀을 원했을 뿐이고 먹을 쌀을 얻지 못했기 때문에 절대로 무고하다. 왜 우리 민족이 살기 위하여 미군정의 타도를 요구한 애국자가 당신의 적이 되어야 하는가? 동포 여러분, 당신은 자신이 미군정에 복무하고 있음을 직시하여야 한다.
  경찰에게 : 당신은 민족의 피와 살을 가지지 않았는가? 당신은 한국인이다. 따라서 우리 민족의 공적(公敵)을 향해 총을 겨누어야 할 것이다.74)

진양군 수곡면에서도 1946년 10월에 시위를 벌였으나 주동자에 대한 탄압이 들어오자 농민운동을 이끌던 지도부는 공개적인 마을정치에서 배제되어 지하로 들어갔다.

통영군에서는 10월 3일 4,000~5,000명의 군중이 경찰서를 공격하여 수중에 넣었다. 미군 2개 중대가 출동하여 경찰서를 탈환했고, 한국인 관리 대신에 미군부대가 행정업무를 담당하게 되었다. 이 과정에서 시위자 15명이 체포되었고 경찰 1명이 사망했다. 마산에서는 10월 7일 군중 6,000명에게 발포하여 8명 내지 15명이 죽고 수십 명이 부상당했

---

73) 「진주방첩대 보고」, 1946년 10월 24일자 ; 브루스 커밍스, 앞의 책, 450쪽에서 재인용.
74) HQ. 6th INF DIV, *G-2 Periodic Report*, No. 378(1946. 10. 31).

으며, 약 150명이 체포되었다. 창녕군, 하동군, 의령군, 함안군, 창원군, 김해군, 동래, 양산군, 울산군에서 봉기가 있었다. 밀양군, 사천군에서도 파업과 군중에 대한 경찰의 공격이 있었다.

1947년 2월 16일 진주소요사건 군사재판이 개막되어 10월항쟁의 주모자들로 검거된 강대창, 구영식(具永植), 강인중(姜仁中), 구선태(具善太), 황문풍(黃文風), 허정식(許正植), 손덕조(孫德祚), 엄창재(嚴昌在) 등이 재판을 받았다. 첫날에는 강대창에 대한 증인 구문회의 심문이 있었고, 둘째 날에는 정촌지서장 김을도(金乙道) 살해 증인심문이, 셋째 날에는 의령 신반 김정오(金正五) 순경 치사사건이 다루어졌다.75) 재판 결과 2월 19일 강대창, 구영식, 강인중, 구선태, 황문풍, 허정식 6명에게 사형언도가 내려졌는데, 이때 방청석에서 곡성이 진동했다고 한다.76)

1946년 '10월 인민항쟁'의 영향은 컸다. 첫째, 정치, 경제 및 사회분야에서 미군정 정책의 실패가 뚜렷하게 부각되었다. 미국인들은 해방 후 1년간 경험을 통해 쌓인 한국민들 불만의 회오리바람을 이제서야 맞은 셈이었다. 국민들의 불만은 두 가지로 요약될 수 있다. 우선 해방된 한국에서는 일제와 싸운 애국자들이 관공서 일을 맡아야 하는데도 미군정 관리들은 대부분 일제하에서 관리를 지냈던 사람들이라는 점이다. 다음으로 쌀 부족과 가격 앙등이다. 쌀 공출과 관련해서 쌀은 지주들에게서는 세금으로, 소작인들로부터는 세금과 소작료로 징수되어

---

75) 재판과정에서 姜大昌은 다음과 같이 항변했다고 한다. "만약 내가 공산주의자라면 루즈벨트 대통령도 역시 공산주의자였음에 틀림없다. 내가 어떤 나쁜 놈들이 우리 조선을 위협한다고 믿었을 때 나는 소련사람들과 제휴했다. 루즈벨트 대통령도 어떤 나쁜 놈이 미국을 위협한다고 믿었을 때 똑같은 일을 했다. 단지 차이점이라고는 루즈벨트 대통령에게 나쁜 놈이란 나치 독일이었고, 나에게 나쁜 놈은 미국이었다는 점이다."(신종대, 앞의 글에서 재인용).
76) 『민주중보』 1947년 2월 16일, 2월 20일자.

야 하고, 수집된 쌀은 도시에서 배급되고 농민들은 자신의 쌀을 공개시장에서 팔 수 있어야 한다. 그런데 노동자들은 임금으로 쌀을 사먹기에 부족하고 배급도 불충분하고, 수집된 쌀은 관리들의 사리에 이용되고 투기상인들이 매점매석을 하기 때문에 문제가 생긴 것이라고 보았던 것이다.77) 둘째, 10월 인민항쟁으로 인해 인민위원회와 이와 관련된 대중조직들이 지방에서 권력을 공개적으로 쟁취하는 강력한 정치세력으로서 존재하는 것은 사실상 끝나게 되었다. 셋째, 봉기 진압과 인민위원회의 붕괴를 통해 우파, 특히 경찰의 지위가 크게 강화되었다.

'10월 인민항쟁'은 좌익과 우익을 명확하게 구분시키고 대립을 격화시켰다. 좌익진영은 1946년 11월 26일 결성된 남로당을 중심으로 각종 대중조직을 재건하고 인민정권 수립운동을 강화했다. 그리고 공개적인 집회 시위와 파업을 조직하는 합법투쟁과 무력투쟁의 비합법 투쟁을 결합하는 투쟁노선을 견지해나갔다. 우익 진영에서도 청년단체 등을 결성하여 좌익과 대결하려 했다. 진주지역에서 우익 청년단체의 활동은 장소익(張邵翼), 김태정(金泰丁), 천갑락(千甲洛), 김현대(金賢大) 등이 해방 후 광복군 국내지대의 진주지대를 조직했다가 미군정의 사설 군사단체 해체명령에 따라 해산되었다. 1946년 5월 하순경 오광선 위원장이 부산에 내려와 광복청년회 경남도지회가 결성되었는바, 지방조직으로 '한국광복청년회 진주특별지회'가 발족되었다. 초대 위원장은 박붕래(朴朋來), 부위원장은 김태정이었다. 우익 정치단체였던 대한민국임시정부 정치공작대(政治工作隊) 및 연정사(硏政社)에서 서부경남지구 책임자로 일했던 유한구(柳漢九)는 그 뒤 부위원장으로 취임했다가 위원장 박붕래가 대한독립촉성국민회 진주시 지부장이 됨으로써 2

---

77) HQ. 6th INF DIV, *G-2 Periodic Report*, No. 375(1946. 10. 28).

대 위원장이 되었고, 김태정, 하용준(河龍俊)은 부위원장이 되었다. 광복청년회 산청군 신등면분회는 학도병으로 신등면 출신 정우식(鄭雨湜 : 후에 국회의원)의 귀국을 계기로 진주지역에서 최초로 1945년 10월에 창립되었다. 1947년 6월 25일에는 사천군 서포면에서 광복청년회 지부가 면내 청년 수백 명의 참여 아래 결성되었는데 피선간부 대부분이 과거 좌익계의 중요 간부였다는 점이 특이했다. 9월에는 광복청년회 진양군 금곡면구회(金谷面區會), 수곡면구회, 일반성면구회(一班城面區會)가 결성되었다.

광복청년회 진주특별지회는 지리적 위치상 진주부, 진양군, 거창, 합천, 의령, 남해, 하동, 산청, 함양군 등 서부경남 1부(府) 9군(郡)을 관할하는 도지회격의 조직이었다. 그러나 진주특별지회는 진주부와 진양군만 직할구역으로 편입하고 나머지 8개 군에 각군 지회를 조직했다. 광복청년회 등 우익 청년단체는 독촉 진주시지부, 독촉애국부인회, 대한노총, 학련, 한민당, 한국독립당, 여자국민당 등 우익 정당 및 사회단체의 전위로서 인공, 민전계열의 좌익세력과 대결했다.[78]

2) 좌우익 대립의 격화

1947년에 들어 좌우익의 대립이 더욱 격화되었다. 1947년 1월 25일과 31일, 2월 2일부터 4일 사이에 남해군에서 광복청년회 남해지부 교관을 비롯한 광청 회원 20여 명이 민청 회원 윤은종(尹殷鍾), 민전 간부 박태권(朴泰權), 민주중보 남해지국장 차곤준(車棍俊), 고현면 구장 유영복(柳永馥) 등을 구타했다.[79] 또 2월 13일에는 방망이, 포승 등으로 무장한 광청 회원 수십 명이 민전 관계자 가택을 공격하여 중상자 6

---

78) 건국청년운동협의회, 『대한민국건국청년운동사』, 1989, 906~909쪽.
79) 『민주중보』 1947년 2월 18일자.

명, 경상자 11명이 발생했다.[80]

　2월 19일 600여 명의 진주농업학교 학생들이 동맹휴업에 들어갔다. 진주중학교 학생들도 동맹휴교에 들어가려고 했으나 이미 방학중이라 그럴 수 없었다. 학생들은 특별한 행동은 취하지 않고 5～10명씩 모여서 거리를 걸어갔다. 3·1절을 맞이하여 문제가 일어날까 봐 2월 26일 진주경찰 100명이 증원되었다.[81] 부산에서는 3·1절 기념행사에서 일어난 시위대와 경찰의 충돌과정에서 경찰의 발포로 5명이 사망하고 9명이 부상당했다. 1947년 5월 1일 부산, 동래, 진주에서 열린 메이데이 기념식은 별 소요를 일으키지 않고 해산되었다.[82]

　석가탄신일인 5월 27일 광청 진주지회 간부와 진양군 금산면 분회원들이 친선 축구시합을 마치고 30여 명이 금산면 인민위원장 강모를 습격하려다가 마을사람들과 충돌한 사건이 발생했다. 이 사건의 여파로 금산면 광청분회장 정대화가 6월 25일 분회를 개최하여 전회원(5명 제외)이 광청을 탈퇴, 민애청에 가입했다. 이에 대해 진주본부에서는 인근의 대곡, 문산 양면에 광청분회를 조직하여 금산면민들의 문산, 대곡, 진주장날 출입을 봉쇄했고, 이에 견디지 못하여 금산면민들은 사과문 제출과 광청 금산분회의 확대대회 개최를 약속했다.[83]

　1947년 6월 12일 진주경찰은 한민당계열의 독자적 청년단체인 진주구국청년단 본부를 습격하여 일본제 박격포 2개, 일제 경기관총 1대, 중기관총 1대, 미제 카빈총 1개를 압수하고 동 청년단 동원부장 강주상(姜柱相)을 체포했다. 일제 박격포 1대 외에는 모두 작동 불능이었고, 탄환은 없었다.

---

80) 『민주중보』 1947년 3월 9일자.
81) HQ. 6th INF DIV, *G-2 Periodic Report*, No. 493(1947. 2. 23).
82) HQ. 6th INF DIV, *G-2 Periodic Report*, No. 560(1947. 5. 1).
83) 『민주중보』 1947년 6월 10일, 1947년 7월 22일자.

6월에 들어 진주에서는 좌익의 선동과 시위가 점차 증가했다. 선동자들은 통행금지가 1시간 늘어난 것을 이용했다. 죽창에 찔린 진주경찰서장의 짚단인형이 6월 13~14일 중학교 인근에서 발견되었다. 6월 13일에는 하동군에서 약 30명의 독촉계 테러단이 『조선신문』, 『민주중보』 등의 기자 2명을 테러한 사건이 발생하여 기자회에서 항의문을 발표했다.84) 6월 15일에는 형사가 지난 해 10월항쟁을 지휘하고 도피한 공산주의자 강연중을 체포했다. 좌익 인사들은 이에 크게 분노하여 경찰서장과 형사에게 협박 편지를 보냈다.85)

6월 23일에는 진주극장에서 신탁통치반대 부민환영대회가 열렸다. 대회를 마친 후 단오절 부민위안회라는 형식을 빌려 시가행진을 했다. 손영달(孫永達) 경찰서장의 지휘로 시위대 해산에 나선 경찰이 군중과 충돌했고, 이 사건으로 광복청년회 유한구 위원장, 국민회 지부장 박붕래 등 16명과 학생 10여 명이 연행되어 3일 구류처분을 받았다.86)

7월 1일 진주에서 민청이 민애청으로 개편되었다.87) 7월 1일과 4일 삼천포와 고성에서는 각각 좌우익 청년들의 패싸움이 벌어졌고, 7월 8일 사천에서는 대규모 좌우익 충돌이 있었다. 고성사건을 처리하고 진주로 가고 있던 40여 명의 광청회원들과 사천의 민전, 남로당, 민애청원들이 충돌하여 민청원 2명이 사망했고 광복청년회원 9명이 중경상을 입었다. 사천 민애청 위원장 박삼갑(朴三甲) 외 10명과 진주 광청 유한구 위원장, 김학성 외 2명, 사천 광청위원장 조금봉(曺수奉)이 체포되었다. 광청원 5명은 정당방위라 하여 무혐의로 석방된 반면, 박삼갑 외 6명은 최고 7년까지 중형을 선고받았다.88) 6월 13일부터 7월 9일까지

---

84) 건청협, 위의 책, 984~985쪽.
85) HQ. 6th INF DIV, *G-2 Periodic Report*, No. 606(1947. 6. 16).
86) 건청협, 위의 책, 959쪽.
87) HQ. 6th INF DIV, *G-2 Periodic Report*, No. 621(1947. 7. 1).
88) 건청협, 위의 책, 959~964쪽.

경상남도 37개 지역에서 소요가 벌어졌다.[89] 7월 17일 산청군 신안리에서 1,000명이 양곡수집 반대투쟁으로 지서를 점령했고, 산청에서 증원된 경찰이 총을 쏴서 군중을 해산시켰는데 그 과정에서 1명이 피살되었다. 산청군 생비량면에서도 7월 15일 군청 관리와 경찰 4명이 양곡수집하러 나갔다가 항의하는 농민을 체포하자 100여 명이 길을 막아서 결국 농민을 석방시켰다.[90]

미군정에서는 이러한 상황을 일종의 내전으로 파악하고 있었다.

선언되지 않았을 뿐이지 좌우익 간에는 실제로 내전과 같은 상태가 계속되고 있다. 대립과 소요의 원인은 작년 10월폭동 지도자들의 출옥, 불법화된 좌익 민애청의 테러행동, 우익 광복청년회·서북청년회의 테러행동, 우익의 폭력적인 반탁투쟁, 좌익 공산당의 반미군정·반경찰·반우익·양곡수집 반대정책 등이다. 1947년 6월 13일부터 7월 24일까지 6사단 점령지역에서 101건의 크고 작은 소요가 있었는데 경남지역이 52건으로 가장 많다.[91]

좌익이 당노선을 선전하고 미소공동위원회를 지지하는 날로 정한 1947년 7월 27일, 6사단 점령지역에서는 모두 13건의 소요가 발생했는데, 그 중 4건이 경상남도에서 일어났다.[92] 진주에서도 7월 27일 '공위 경축 임정수립 촉진 진주부 진양군 인민대회'가 13만여 명이 참석한 가운데 진주중학교 교정에서 열렸다. "공위 파괴음모 반동을 분쇄하라", "토지는 무상몰수하여 농민에게 무상분배하라" 등의 플래카드가 내걸렸고, 준비위원장 정창화(鄭昌和 : 남로당 진주지구당 위원장)가 개

---

89) HQ. 6th INF DIV, *G-2 Periodic Report*, No. 630(1947. 7. 10).
90) HQ. 6th INF DIV, *G-2 Periodic Report*, No. 638(1947. 7. 18).
91) HQ. 6th INF DIV, *G-2 Periodic Report*, No. 644(1947. 7. 24).
92) HQ. 6th INF DIV, *G-2 Periodic Report*, No. 652(1947. 8. 1).

회사를 했고, 임시집행부선거에서 의장 정창화, 김오산 등 5명이 선출되었다. 동래 4만 5,000명, 마산 3만 명, 진해 8만 명, 울산 6만 명, 창원군 2만여 명, 창령군 2만여 명이 참석한 것으로 보도되었다.93) 진주시 판문동 최팔십은 1947년 4월 20일경 진주시 판문북동 농민위원회를 조직하고 동 위원장으로 활동하던 중에 7·27 미소공위 성공촉진대회에 모든 동민을 참가시켰다가 경찰의 탄압으로 잠입했다. 그러다가 1948년 1월 20일에 다시 진주시 서구 농민위원회를 재조직하여 위원장으로서 관하 7개동의 농위를 재조직하여 지하활동을 했다.94) 하동에서는 7월 27일 대회에서 경찰의 발포로 7명이 즉사하는 참사가 벌어졌다.

8월 5일에는 진주극장에서 약 2,000명이 모인 가운데 진주지구 농민대표대회가 개최되었다. 하창영(河昌永)의 사회로 임시집행부 의장에 강두석(姜斗錫), 성낙천(成樂天) 씨가 선출되었고, 긴급동의로 광청 테러근절, 광청 해산, 친일파·민족반역자 처단 등의 메시지를 미소공위 대표에게 전달하기로 했다.95) 8월 7일 창원군 대산면에서는 하곡수집에 반대하는 농민들이 지서를 습격하여 총기를 탈취하자 경찰이 발포하여 7명이 죽는 사건이 일어났다.96) 8월 16일 진양군 대곡면에서는 1,500명의 군중이 미군순찰대를 돌로 공격했다.97) 8월 15, 16일에는 소요 19건이 발생했는데, 그 중 15건이 경남에서 발생했다. 진양군 금산면에서는 진주경찰이 공산주의 포스터를 붙인 죄로 69명의 농민을 체포했다.98) 8월 24일에는 진주 민전에서 군도, 목검, 목총을 가진 우익 테러단 약 60명이 민전 관련 인사들을 테러한 사건이 발표되었다. 서

---

93) 『민주중보』 1947년 7월 29일자.
94) 대검찰청, 『좌익사건실록』 제11권, 1975, 216쪽.
95) 『민주중보』 1947년 8월 7일자.
96) HQ. 6th INF DIV, *G-2 Periodic Report*, No. 658(1947. 8. 7).
97) HQ. 6th INF DIV, *G-2 Periodic Report*, No. 667(1947. 8. 16).
98) HQ. 6th INF DIV, *G-2 Periodic Report*, No. 670(1947. 8. 19).

북청년회 진주지부 회원들이 천전국민학교장 추선수(秋宣秀), 환영양복점 주인 김재섭(金在燮), 민청 부위원장 댁, 권복해 전 여맹위원장 댁 등을 습격하여 구타를 자행했다. 이로 인해 중경상자 86명과 가재도구·가옥 파괴 52건, 약탈당한 식품 20만 원 등 피해액이 300여만 원에 달했다고 한다.99)

미군정은 8월중 6사단 점령지역 중 경남지역에서 좌익의 강화경향이 분명히 보인다고 파악했다.

> 좌익 강화의 요인은 투옥되었던 좌익 지도자의 석방이다. 양곡수집 반대투쟁은 좌익 지도하에 전개되고 있다. 좌익은 농민들에게 지속적인 항거를 요구했고, 동시에 좌익 정부가 들어섰을 때 토지 무상분배와 양곡수집 철폐를 약속했다. 좌익 진영의 농민동원을 위한 묘안은 농민들에게 미소공동위원회의 활동 결과 좌익 정부가 들어설 것이 거의 확실한데 이때 토지 재분배를 할 때 투쟁에 참여하지 않았던 농민들에게는 토지를 분배하지 않는다고 선전하는 것이었다.100)

8월 29일 밤 진주에서는 200명의 좌익 청년들이 길거리에서 우익 인사 5명을 공격했다.101) 9월 2일에는 진주교도소 인근에서 약 150명의 우익이 거의 같은 수의 좌익을 공격했다. 이날 명석면에서도 좌우충돌이 발생했다. 5명의 서북청년단원이 명석면 외율리에서 80명의 민청단원들에게 습격당해 3명이 중상을 입고, 2명이 경상을 입었다. 무장경찰 14명이 긴급 출동하여 진압작전에 들어갔으나 500여 명의 군중이 돌과 죽창으로 무장한 채 경찰을 위협했다. 긴장이 고조되자 경찰은 무차별적인 발포를 개시, 진압하기 시작했다. 1명이 사망하고 다수가

---

99) 『민주중보』 1947년 9월 3일자.
100) HQ. 6th INF DIV, *G-2 Periodic Report*, No. 671(1947. 8. 20).
101) HQ. 6th INF DIV, *G-2 Periodic Report*, No. 681(1947. 8. 30).

부상했다. 경찰은 좌익지도자 5명을 포함한 23명의 남자와 22명의 여자를 체포해서 조사했다.102) 9월 5일 범죄수사대에서 진주서북청년회 본부를 수색하여 창과 곤봉을 몰수했다. 9월 13일 새벽 3시경 진주부내 국민회 청년부차장 최상호(崔上浩) 집에 괴한 5~6명이 침입했다가 도주하는 사건이 발생했다.103) 1947년 6월 13일부터 9월 13일까지의 민간인 소요는 총 202건인데, 그 중 경남이 112건으로 가장 많았다.104)

10월 4일 함안의 광복청년회원 28명이 회합중인 좌익 몇 명을 잡을 목적으로 진양군 일반성면 계암리에 들어가서 3명을 체포하여 함안으로 돌아오려는데 50명의 계암리 주민들이 이들을 공격했다. 4명을 제외한 우익들이 모두 도망했고 좌익 3명은 구출되었으나 그 와중에 우익 2명이 살해되었다.105) 10월 5일 진주에서는 서북청년회장 조형태가 민청회원 이도회를 구타하는 사건이 있었다.106) 10월 10일에는 수촌청년회원 34명이 체포되었다. 진양군 문산면에서 광청회원 20명이, 반성에서는 20명의 광청회원이 단체를 위해 불법적으로 돈을 거두었다는 혐의로 체포되었다.107) 10월 11일 경찰은 불법 회합을 이유로 좌익 6명을 체포했다.108) 10월 22일에는 경찰관 12명이 조선노동당에 가입했다는 이유로 체포되었다. 11월 10일경 대동청년단 진주본부 창설을 위해 이청천이 진주를 방문할 예정이었고, 11월 1일 대한노총 진주지부가 결성될 예정이었다.109)

---

102) HQ. 6th INF DIV, *G-2 Periodic Report*, No. 685(1947. 9. 3).
103) 『자유민보』 1947년 9월 13일자.
104) HQ. 6th INF DIV, *G-2 Periodic Report*, No. 700(1947. 9. 18).
105) HQ. 6th INF DIV, *G-2 Periodic Report*, No. 717(1947. 10. 5).
106) HQ. 6th INF DIV, *G-2 Periodic Report*, No. 721(1947. 10. 9).
107) HQ. 6th INF DIV, *G-2 Periodic Report*, No. 722(1947. 10. 10).
108) HQ. 6th INF DIV, *G-2 Periodic Report*, No. 730(1947. 10. 18).
109) HQ. 6th INF DIV, *G-2 Periodic Report*, No. 742(1947. 10. 30).

1947년 가을 진양군 수곡면 사곡마을에서는 천민 신분이었던 최백문과 김준세 등이 주동이 되어 향반 하수근을 마을 어귀에서 살해하는 사건이 발생했다. 예전의 상전에게 직접 폭력으로 저항했던 것이다. 여기에는 모두 5명이 가담했는데, 이 사건이 있고 난 후 이들은 모두 마을을 떠났다.110)

1947년 11월 13일 여러 우익 청년단체가 집결한 대동청년단 진주지구단부 결성식이 열려 서부경남 전역에서 약 10만 명이 운집했으며, 단부장에는 유한구가 취임했다. 우익세력이 점차 득세해간 것이다.

8. 단독정부 수립을 둘러싼 좌우익의 대립

1947년 5월 21일 제2차 미소공위가 열렸지만 역시 참가단체를 둘러싸고 미·소간에 팽팽한 대립이 재연되었다. 소련측은 정당단체 중 친일파·민족반역자 혹은 유령단체를 협의대상에서 제외하고 반탁투쟁위원회에 참가했던 단체도 협의에서 제외할 것을 주장한 반면, 미국측은 협의를 청원한 단체의 전부를 협의대상으로 하자고 주장했다. 미국이 완강한 태도를 보인 것은 1947년 6월 마샬 플랜을 마련하고 7월에 대소봉쇄정책으로 들어간 것과 관련된다. 10월 18일 미소공위 미국대표 브라운 소장은 공위 휴회를 제안했고, 10월 21일 소련의 스티코프 일행이 평양으로 떠남으로써 제2차 미소공위는 결국 결렬되고 말았다.

미소공위가 지지부진하자 우익 반탁세력은 남한만의 단독정부 수립을 주장하기 시작했고, 미국은 1947년 9월 23일 한국문제를 당시 미국 지배하에 있던 유엔에 상정하여 유엔결의에 의한 남한단독정부 수립

---

110) 정진상, 앞의 글.

추진으로 전환했다. 진주에서는 1947년 10월 25일 진주중학교 운동장에서 김주석, 박붕래, 허만채 등의 주도로 '한국독립 마샬 미 국무장관 제안 달성 진주국민대회'가 열렸다.111) 소련측 대표 스티코프는 9월 26일 미소공위 제61차 회의에서 1948년 초까지 미·소 양국 군대 철퇴 제안을 내놓았다. 소련과 북한은 유엔 한국임시위원단이 38선을 넘는 것을 불허했고, 1947년 11월 14일 유엔총회는 "유엔 한국임시위원단 감시하에 인구비례에 따른 남북 총선거"를 골자로 한 한국결의안을 통과시켰다.

  이에 대응하여 좌익 진영 주도로 한국민중의 단독정부수립 반대투쟁이 격렬하게 진행되었다. 1947년 12월 8일 전농은 창립 2주년을 맞이하여 단정·단선 분쇄와 민족해방운동을 전개할 것을 결의했다. 1948년 2월 7일 전평 산하 30만 노동자들이 총파업을 단행하여 단정·단선에 반대했고, 각급학교도 동맹휴학과 가두시위로 단정·단선을 반대하는 등 '2·7구국투쟁'이 전국적으로 전개되었다. 단선 반대투쟁 과정에서 '4·3제주항쟁'이 발생했다. 항쟁 발발의 원인은 당시 호소문에 잘 나타나는데 첫째 반미구국, 둘째 단선·단정 결사반대와 조국통일, 셋째 원한해소와 학살만행 제거 등이었다. 이승만 정부는 이를 진압하면서 양민도 학살하여 전체 사망자가 8만여 명에 달했다. 임시정부세력에서도 단정수립 기도를 저지하기 위해 노력했다. 김구와 김규식은 1948년 4월 19일 평양에서 있었던 '남북 제정당 사회단체 연석회의'에 참석했지만 남북협상에 의한 단정수립 저지 노력은 실패로 돌아갔다.

  결국 5·10총선거가 실시되었는데 통일추진세력들은 선거에 불참했다. 선거를 통해 선출된 '제헌국회'에는 이승만이 지배하는 독립촉성

---

  111) 『민주중보』 1947년 10월 28일자.

국민회가 54석, 한민당 29석, 대동청년단 12석, 민족청년단 6석을 차지했고, 85석은 무소속이 차지했다. 무소속의 대부분은 이승만과 한민당 세력이었다. 이렇게 해서 성립한 '대한민국'은 미국의 실질적인 지배 하에 있었다고 할 수 있다. 남한에서 단독정부가 성립되자 북한에서도 8월 25일 대의원선거를 실시하고(남한지역에 대해서는 비밀선거를 통해 대의원을 선출했다), 9월 9일 '조선민주주의인민공화국' 수립을 선포했다. 이로써 한반도에는 실질적으로 두 개 국가가 성립했고 분단이 형식상으로도 굳어지게 되었다.

단정수립에 반대하는 투쟁은 진주에서도 격렬하게 전개되었다. 1947년 12월 15일 밤 진주에서는 총선반대, 좌익인사 석방, 미군철수 반대자를 민족의 적으로 선언하는 포스터들이 나붙었다.112) 1948년 1월 30일 유엔위원회 반대시위가 열렸고, 시내 주변 산에는 봉화가 올랐다.113) 2월 4일에는 유엔위원회 반대 및 미·소 양군 철수를 요구하는 포스터가 시내에 나붙었다.114) 3월 1일 진양중학교장이 미군은 한국의 이익이 아니라 자국의 영토확보 욕심으로 한국을 점령했다고 말했다.115) 3월 8일에는 1948년 2월 9일 이래 지하에 숨어있던 남조선노동당 지방지도자 성두완이 체포되었다.116) 3월 28일에는 경찰이 경찰서, 지서를 공격할 계획을 세우고 있던 남조선노동당 집회를 습격하여 9명을 체포했다. 5월 9일에는 국회의원 후보자 조선래에 대한 폭탄공격이 있었고, 다음날인 제헌의원 총선일에는 신원 미상의 사람이 투표장에 폭탄 5개를 던졌다. 또 5월 13일 세 사람이 대동청년단 대표인 유한구 집에 수류탄 1발, 화염병 5개를 던졌다.

---

112) HQ. 6th INF DIV, *G-2 Periodic Report*, No. 791(1947. 12. 18).
113) HQ. 6th INF DIV, *G-2 Periodic Report*, No. 834(1948. 1. 31).
114) HQ. 6th INF DIV, *G-2 Periodic Report*, No. 838(1948. 2. 4).
115) HQ. 6th INF DIV, *G-2 Periodic Report*, No. 870(1948. 3. 7).
116) HQ. 6th INF DIV, *G-2 Periodic Report*, No. 871(1948. 3. 8).

해방 후 남로당 활동에서 유격투쟁을 배합하게 된 것은 1948년 남한 단정수립을 반대하는 투쟁에서 비롯된다. 미군정 당국은 1947년 8·15 해방기념대회의 옥외 개최를 금지하고 이를 구실로 하여 남로당 부위원장 이기석 등 수많은 간부들을 구속했으며, 모든 좌익계 신문을 폐쇄했다. 남로당을 비롯한 좌익활동에 대한 탄압과 주요 핵심인물에 대한 검거선풍은 남로당의 전술이 폭력전술로 바뀌게 되는 주요 요인이었다.

1948년 '2·7투쟁'과 '5·10선거 반대투쟁'을 통해 부분적인 무장투쟁전술을 채택하여 비폭력적 정치투쟁을 지원하도록 했다. 4·3제주항쟁의 여파로 1948년 10월 19일 전남 여수, 순천에서 국방경비대 반란사건이 일어났다. 제14연대의 3,000여 병사들이 김지회 중위의 지휘아래 20일 새벽 여수시 전역과 7만 시민을 완전 장악했다. 반란군 병사들은 아침 9시경 여수역에 있던 6량의 열차를 나누어 타고서 순천으로 향했다. 순천시에 주둔하고 있던 홍순석 중위 휘하 제14연대 2개 중대 병력이 반란군에 합세했다. 진압군은 10월 22일 오후부터 순천탈환작전을 본격적으로 펼쳤고, 26일에 여수를 탈환했다.

이승만 정부는 1948년 11월 20일 국회에서 국가보안법을 통과시켜 남로당의 활동을 법적으로 봉쇄하는 조처를 취했다. 또한 이승만 정부는 국회프락치사건 등을 이용하여 반민족행위자 처벌을 무력화시키고, 친일관료를 계속 옹호하는 방향으로 나갔다. 5월 9일 "남로당이 정당 프락치 활동을 강화하여 국회의원들을 조종하고 있다"는 『동아일보』의 보도를 시작으로 5월 20일에는 국회의원 이문원·이구수·최태규가 국가보안법위반 혐의로 구속되었다. 이른바 국회프락치 사건이다. 6월 6일에는 친일경찰이 반민특위를 습격하는 사건이 발생했는데 이것은 의회를 정부 장악하에 두려는 일종의 쿠데타였다. 5월의 김구 암살로 모든 강경세력이 제거되자 국회는 이승만의 요구로 1950년 9

월 21일로 되어있던 반민족행위 처벌의 공소시효를 1949년 8월 31일로 단축시켰다.

　1948년 10월의 여수 14연대 반란사건을 계기로 좌익 진영은 유격투쟁전술을 채택했다. 14연대는 반란 후 지리산으로 들어가 저항했다. 반란군들은 11월 하순 유격거점을 마련했다. 각 지역의 남로당 조직은 14연대 반란군이 주축이 된 지리산의 반란군 주력이 분산하자 이들과 합세하여 곳곳에서 관공서를 습격했다. 한동안 구례지역에 국한되었던 관공서 습격이 11월 중순 이후 곡성・남원・무주・장수・거창・함양・산청・진주・하동・광양 일대로 번져갔다.

　1949년 3월 육군본부는 호남지구 전투사령부를 다시 지리산지구 전투사령부(智戰司)와 호남지구 전투사령부로 개편하여 토벌작전을 강화했다. 반란군 지휘자 홍순석과 김지회는 4월 9일 남원군 산내면 반선리에서 토벌군에게 사살당했다. 이로써 주력이 와해되면서 5월 9일 지전사가 해체되고 토벌작전은 막을 내렸다. 그러나 일부 잔여 반란군이 남아있고, 호남지역을 중심으로 민간인 출신 유격대원들이 계속 충원됨으로써 유격대는 1950년 한국전쟁 발발 때까지 유격투쟁을 전개했다.

　1949년 가을 남한 유격대들은 산악은 물론 관공서나 군부대, 경찰서가 위치한 도시에 대한 대담한 공격작전으로 나왔다. 이를 9월 공세 또는 아성공격(牙城攻擊)이라 하며, 9~10월중에 25개 대도시, 읍에 대한 습격이 강행되었다. 북한은 9월 총공세를 지원하기 위해 유격대를 남파했으며, 유격대의 강력한 투쟁으로 전라도와 경상도, 강원도의 일부 산악지대는 "낮에는 대한민국, 밤에는 인민공화국"이라 불리는 등 대한민국의 통치권에서 벗어나 있었다. 지리산 유격전 구내에서는 인민위원회가 부활되었으며 부분적으로 토지개혁이 실시되었다.[117] 무장유격대들은 마을을 습격, 점거하면 그 마을출신 유격대원을 앞세워

"멀지 않아 해방된다", "인공치하가 되면 토지개혁을 해야 한다"라며 마을사람들을 선동했고, 지주의 토지문서를 불태워버리고 그 토지를 소작인들에게 분배하고 유격대에 식량을 바칠 것을 강요하는 식으로 토지개혁을 명분으로 식량을 강제 약탈했다. 당시 유격대원들에게는 인민군이 남하한다는 소문이 광범하게 유포되어있었는데, 이것이 총공세를 감행하는 중요한 동기가 되었다. 그러나 기대했던 남하가 이루어지지 않자 유격대 세력은 급격히 약화되었다. 9월 총공세는 미군철수를 호조건으로 보고 총력투쟁을 전개하게 한 북한지도부의 모험주의 소산으로써 결국 남한 내 좌익의 정치적 역량을 붕괴시키는 결과를 초래했다고 할 수 있다.

1948년 여순반란사건 후 빨치산부대가 본격적인 활동을 시작할 무렵 진양군 수곡면 좌익세력의 일부는 산으로 들어갔다. 이후부터 진양군 수곡면은 한국전쟁이 일어날 때까지 유격투쟁의 무대가 되었다. 지주가 많이 거주하던 사곡마을은 빨치산부대의 공격대상이 되었고, 소작빈농이 다수 거주하던 대각마을은 유격투쟁의 근거지로서 역할하고 있었다. 1949년 9월 지리산 유격대가 진주를 기습하는 길에 진양군 수곡면 사곡마을에서 지서와 연결되어있는 방호업무를 하던 마을주민 5명이 살해되었다. 진주시 판문북동 농민위원회 위원장 최팔십은 1949년 9월 초순경 진주시 남로당의 지시에 의해 지리산 유격대원에 보급할 의류 20점, 신 20켤레를 갹출하여 제공한 혐의로 경찰에 검거되어 12월 20일 징역 1년에 집행유예 2년 처분을 받았다.[118] 그리고 1949년 10월 27일경에는 지리산에서 활동하고 있던 유격대원 300여 명이 진주 시내에 침입하여 시청, 재판소, 경찰서, 국군 마사 1동을 습격 방화했

---

117) 이승엽, 「조국통일을 위한 남반부인민의 투쟁」, 『근로자』 1950년 1월호, 20~21쪽.
118) 대검찰청, 『좌익사건실록』 제11권, 1975, 216~217쪽.

다. 이에 진주경찰서에서는 치열한 시가전을 전개하여 4시간 후에 이를 격퇴시켰다.

유격대 투쟁이 격화되자 이승만 정부는 1949년 10월 1일부터 11월 30일까지를 국민보도연맹 자수기간으로 설정하여 물리적 공격과 감시체제 구축에 나섰다. 보도연맹은 30만 조직원을 포괄하고 국가의 지원을 받으면서 반좌파 투쟁에 동원되었다. 자수와 밀고가 장려되면서 많은 좌파들이 전향하면서 좌파조직에 치명타를 가했다. 이로 인해 1949년 말 남로당은 거의 모든 당조직들이 파괴되어 마비상태에 빠졌다.

한국정부는 1949년 9월 말 게릴라 근절과 지방좌파 뿌리뽑기에 나섰다. 이른바 동계대토벌작전이다. 군경토벌대들은 전략촌 건설 및 소진(消盡), 소개작전(疏開作戰)을 폈다. 1949년 여름까지 매월 평균 300~400명을 기록했던 토벌에 의한 게릴라 사상자 수는 9월 이후 급격히 증가하여 800~1,000명에 달했다. 군·경 합동으로 진행된 1949년 12월에 시작된 동계토벌작전은 사살 365명, 생포 187명, 귀순 4,964명이라는 전과를 올리고 1950년 3월 막을 내렸다. 동계토벌작전은 무장유격대에게 결정적 타격이 되었다. 한때 수천 명에 달했던 남한유격대는 거의 완전히 붕괴되었다. 유격대들은 이동과 은신에 유리한 소규모 조직으로 재편하여 민간 속에 잠입하거나 지하투쟁으로 전환했으나, 생존전략 수준을 넘지 못했다.

9. 맺음말

이상 해방 직후 진주지역 농민운동의 전개과정을 살펴보았다. 해방 직후 광범한 대중의 지지를 받으면서 출범했던 건국준비위원회와 인민위원회, 농민운동은 미군정의 부정과 탄압을 받아 약화되어갔고, 우익은 미군정의 비호를 받으면서 취약한 지위를 강화해나갔다. 모스크바삼상회의 결정 절대지지를 표명했던 진주지역의 좌익진영은 10월 인민항쟁에서 격렬한 투쟁을 전개하여 세력을 과시했으나, 지도부의 대량체포와 우익세력 강화라는 결과를 초래했다. 그 후 좌우익 대립이 격화되면서 좌익에 대한 우익의 공격이 테러로까지 나아갔고, 이에 대한 좌익의 대응도 점차 폭력적이 되어갔다. 미군정과 우익이 단독정부 수립에 이르자 저항투쟁은 유격투쟁으로 발전해갔지만, 토벌작전으로 치명적 타격을 입었고, 1946년 말경에는 거의 대부분의 좌익조직은 파괴되어 마비상태에 빠지게 되었다.

이상에서 밝혀진 사실을 통해 머리말에서 제기한 문제에 대해서는 다음과 같이 정리할 수 있을 것이다. 해방 직후 진주지역에서는 경남의 다른 지역에 못지 않게 건준과 인민위원회 활동, 농민조합 활동이 활발하게 전개되었다. 진양군에는 1930년대에 적색농민조합이 존재했으며, 해방 직후에는 진주지역의 인구가 급증했는데, 여기에는 일본으로부터의 귀환자들이 많아 급진적 운동을 선도한 것도 한 요인으로 작용했다. 이렇게 활발하게 전개되던 자주적 민족국가 수립과 농민운동은 1946년 상반기를 전기로 하여 약화되는데, 그것은 무엇보다 먼저 미국측이 냉전정책에 입각하여 한반도를 대소 군사기지로 확보하기 위해 자본가세력을 정치적 경제적으로 강화하고 좌익세력을 강력하게 탄압했기 때문이라고 할 수 있다. 1945년 말까지 있었던 인민위원회 부정과 탄압, 1946년 4월에 집중적으로 이루어진 민전 관계 정당, 단체들에 대한 탄압 등으로 농민운동은 큰 타격을 받았다.

그러나 자주적 민족국가 수립 실패의 모든 책임이 미국에 있었다고는 할 수 없다. 당시 정치활동과 사회운동을 전개했던 사람들의 이론적, 실천적 한계 또한 중요한 요소이다. 정치활동, 사회운동 과정에서 이루어진 지방의 운동에 대한 중앙지도부의 지도는 적절했다고 할 수 없다. 미군정의 인민위원회 탄압에 임하여 지방인민위원회로 하여금 미군정에 협력하기를 요구한 것, 모스크바삼상회의 결정에 대해 초기에 좌우익을 막론하고 신탁통치에 반대한 것의 중대성을 인식하지 못하고 "삼상회의 결정 절대지지"를 방침으로 정한 것 등은 각 지역 좌익정당과 사회운동조직의 활동을 어려움에 빠뜨렸다. 소련에 대해서도 자주적 입장을 견지하여 조선민주주의임시정부의 수립과 이를 위한 미소공동위원회의 조직에 찬성하면서 신탁통치에는 명백히 반대하는 것이 올바른 방침이었다고 할 수 있다. 이러한 주체적 입장을 견지하지 않음으로써 좌익은 대중성이 약화되었고 우익이 득세하게 하는 결과를 초래했다.

정치투쟁과 경제투쟁의 관계라는 측면에서 볼 때도 해방 직후 정치활동, 농민운동에는 한계가 있었다. 토지개혁 투쟁, 공출반대 투쟁, 노동자 생활향상 투쟁 등을 지속적으로 전개함으로써 정부수립 투쟁의 역량을 강화하는 경제투쟁과 정치투쟁의 결합을 소홀히 하고, 10월 인민항쟁, 1947년 3·22 총파업, 7·27 미소공위 성공촉진 투쟁, 1948년 2·7 단정반대 구국투쟁 등 상징적 투쟁에 전국적으로 대중을 동원하여 크게 탄압을 당한 것은 정치투쟁 우선 편향으로서 지도조직과 역량을 약화시킨 과정이었다고 할 수 있다. 또한 유격투쟁을 성급하게 전개한 것 역시 정치투쟁을 우선시한 결과라고 할 수 있다.

그러나 이러한 정리는 완전한 것은 아니다. 더 심화된 연구를 통해 보완되어야 할 것이다. 특히 지도조직과 대중조직의 관계, 정치투쟁과 경제투쟁의 관계에 대한 문제는 구체적인 조직과 활동의 변화과정 속에서 고찰되어야 하며, 이를 위해서는 당시 조직활동에 관한 내부보고서 및 실천에 임했던 분들의 증언이 중요하다.

【 참고문헌 】

건국청년운동협의회, 『대한민국건국청년운동사』, 1989.
김기원, 『미군정기의 경제구조』, 푸른산, 1992.
김남식, 『남로당연구자료집 2』, 고려대 출판부, 1974.
김종범, 『조선 식량문제와 그 대책』, 돌베개, 1987.
김창진, 「8·15 직후 광주지방에서의 정치투쟁에 관한 연구」, 고려대 정외과 석사학위논문, 1986.
박철규, 「해방 직후 부산지역의 대중운동」, 『한국근현대지역운동사』 1 - 영남편, 여강출판사, 1993.
_____, 「해방 직후 통영읍의 사회운동」, 『지역과 역사』 1, 부산경남역사연구소, 1996
_____, 「해방 직후 마산지역의 사회운동」, 『한국근현대사회운동 - 역사연구』 제5호, 역사학연구소, 1997.
박혜숙, 「미군정기 농민운동과 전농의 운동노선」, 『해방전후사의 인식 2』, 한길사, 1988.
브루스 커밍스 / 김자동 역, 『한국전쟁의 기원』, 일월서각, 1986.
신종대, 「해방 직후 부산 경남지방의 변혁운동」, 『한국근현대지역운동사』 1 - 영남편, 여강출판사, 1993.
이우재, 「8·15 직후 농민운동 연구」, 『한국농업농민문제연구 2』, 연구사, 1989.
_____, 『한국농민운동사 연구』, 한울, 1990.
이혜숙, 「미군정기 농민운동의 성격과 전개과정」, 『해방직후의 민족문제와 사회운동』, 문학과지성사, 1988.
_____, 『미군정의 경제정책에 대한 정치사회학적 연구』, 서울대 사회학과 박사학위논문, 1992.
이호철, 「농민운동」, 『한국사』 제18권 - 분단구조의 정착 2, 한길사, 1994.
장상환, 「해방 직후 진주지역의 정치변동」, 『경남사학』 제7집, 1995.
_____, 「한국전쟁기 진주지역의 사회변동」, 『경상사학』 제12집, 1996.
장상환·정진상, 『한국의 사회운동』, 경상대학교 출판부, 2001.
정진상, 「한국전쟁과 계급구조의 변동 - 경남 진양군 두 마을 사례연구」, 『계급과 한국사회』, 한울, 1994.
_____, 「해방 직후 사회신분제 유제의 해체 - 경남 진양군 두 마을 사례연구」, 『사회과학연구』 제13집 제1호, 경상대 사회과학연구소, 1995.

진주지역 농민운동의 현단계

정 진 상*

1. 머리말
   1) 한국 농민운동의 특징
   2) 진주의 지역적 성격
2. 진주지역 농민운동의 전개
   1) 태동기(1980~1986)
   2) 형성기(1987~1992)
   3) 성장기(1993~1997)
   4) 고양기(1998~)
3. 농민운동의 조직
   1) 진주농민회
   2) 진주여성농민회
   3) 연대조직과 연대투쟁
4. 협동사업 : 우리영농조합법인
   1) 우리영농조합법인 창립과정
   2) 우리영농조합의 조직과 사업
   3) 협동사업의 의의
5. 맺음말

1. 머리말

1) 한국 농민운동의 특징

봉건사회 해체기에 농민들은 반봉건운동을 전개한 주요한 사회세력이었다. 1862년 진주를 시발로 하여 삼남지역 전역을 휩쓴 농민항쟁은

---

* 경상대학교 사회학과 교수.

전형적인 반봉건운동이었다. 조선이 자주적 근대화를 이루지 못하고 제국주의 침략을 받게 되자 농민들은 반제국주의 투쟁에 나섰다. 1894년 갑오농민전쟁에서 농민들은 반제·반봉건을 기치로 내걸고 근대적 민족국가를 수립하기 위한 투쟁을 벌였으나 일본군의 무력 앞에 패배함으로써 조선은 일제식민지로 전락했다. 일제식민지 지배체제하에서 끈질긴 투쟁을 계속하던 농민들은 1945년 해방이 되자 토지개혁을 요구하면서 근대 민족국가 건설을 위한 투쟁의 주도세력으로 부상했다.

그러나 미군정과 이와 결탁한 이승만 정권은 농민들의 투쟁을 분쇄하는 한편, 위로부터 농지개혁을 실시했다. 한국전쟁은 농민운동에 이중적 역할을 수행했다. 한편으로 부르주아적 농지개혁을 완수함으로써 봉건적 지주계급을 제거하여 부르주아 혁명의 주요한 한 과제를 수행했으며, 다른 한편으로 농민운동의 선진적 인자들을 제거함으로써 상당한 기간 동안 농민운동의 분출을 저지했다.

해방 이후 한국의 농민운동은 선진국이나 여타 후진국과 다른 특징을 갖는다. 선진자본주의 국가에서 농민들은 일반적으로 소규모 재산소유자로서 보수적 성격을 띠기 때문에 농민운동이 활발하지 않다. 토지개혁이 이루어지지 않은 대부분의 후진국들은 농촌 내부의 계급관계가 주요모순으로 존재하기 때문에 농민운동이 농촌사회 내의 계급투쟁으로 나타나는 경우가 많다. 이에 비해 한국사회에서는 농지개혁으로 지주-소작관계 등 농촌 내의 직접적 대립관계가 해소되었기 때문에 농민운동이 농업에 대한 자본주의적 지배에 대한 저항으로 나타난다.

1960년대 이후 대외종속적 자본주의 발전과정에서 농민은 노동자계급과 함께 제국주의와 국내 독점자본의 가장 가혹한 지배대상이 되었다. 제국주의 독점자본은 신식민지 종속국에 대한 식민지 초과이윤 착취를 통해 확보한 경제력으로 자국의 농업을 보호하고 농민의 사회보장 수준을 높일 수 있지만, 한국자본주의는 제국주의 지배하에 있기 때문에 농민들은 그렇게 되기가 어렵다. 저농산물가격과 저임금을 기초로 한 한국자본주의 축적과정은 그러한 점을 잘 보여주었다. 특히 1980년대부터 개방농정이 시작됨으로써 농업부문은 제국주의적 수탈에 노골적으로 노출되기 시작했다. 1995년부터 시작된 WTO 체제로의 편입과 우루과이라운드를 통해 농민에 대한 제국주의적 지배는 절정에 달했다. 1980년대 이후 한국 농민운동이 활발하게 전개된 것은 이러한 한국자본주의의 특수한 조건을 반영하는 것이었다.

2) 진주의 지역적 성격

진주지역은 해방 이전까지 주요 농업지대의 하나였지만, 1960년대 공업화가 시작된 이후에는 전라도와 함께 낙후지역이 되었다. 농업에 대한 자본주의적 지배의 모순이 가장 심한 지역이 된 것이다.

진주시는 1995년 행정구역 개편으로 구(舊)진주시와 진양군이 통합됨으로써 도농(都農) 복합시가 되었으며 2000년 현재 인구는 34만여 명이다. 구진양군인 읍·면지역은 농업생산지대이며, 구진주시인 동지역은 약간의 공업생산 기능을 제외하면 대체로 교육, 상업, 문화 등의 기능을 하고 있다. 구진주시의 인구는 1970년 11만여 명에서 2000년에는 28만 6,000여 명으로 증가한 데 비해, 구진양군의 인구는 1970년 14만여 명에서 2000년에는 6만 5,000여 명으로 현저히 감소했다.[1] 진주시 전체 인구에 대한 농업인구의 비율도 1991년 20.56%에서 1999년 12.23%(4만 1,772명)로 줄었다.[2] 이는 전국 평균과 비슷하다.

농업지대인 읍·면지역의 가구당 경작면적은 1ha 정도로 전국 평균

---

1) 경남지역사회연구원, 『진주시 사회지표』, 2000, 74, 79쪽 참조.
2) 위의 책, 772쪽.

과 비슷하며, 논과 밭의 비율은 7대 3 정도이다. 논이 상대적으로 많기 때문에 진주지역은 이전에는 전형적인 벼농사지대였다. 그러나 정부 농업정책의 변화로 벼농사 수익이 현저히 감소하게 되자 진주지역에서는 1970년대 중반부터 비닐하우스, 과수, 축산 등이 시작되어 1980년대부터는 전국에서 주요한 비닐하우스 농업지대가 되었다.3)

비닐하우스 농업은 벼농사에 비해 자본이 많이 들고 노동력도 많이 필요하다. 이에 따라 전라도지역과 같은 벼농사지대에서는 이농이 극심하여 농업인구의 노령화가 급격하게 진행된 데 비해 진주지역에서는 상대적으로 젊은 층의 농업인구가 많은 편이다.4) 젊은 층의 인구가 상대적으로 많은 것은 진주지역에서 농민운동이 활발하게 전개된 객관적 조건의 하나라고 할 수 있다.

진주의 농업지역이 도시와 근접해있는 것도 이 지역의 특징 중 하나이다. 진주지역에서 일찍부터 비닐하우스, 과수, 축산 등 기술과 자본이 필요한 농업부문이 발달하였는데, 이렇게 된 이유는 도시와의 근접성으로 설명할 수 있다. 또한 경상대학교를 비롯한 몇 개 대학이 인접해있는 것은 농민운동에 유리한 조건이 되었다. 해방 이후 한국 농민운동이 다른 대중운동과 마찬가지로 종교단체나 학생들과의 연관 속에서 형성, 전개되었다는 점을 고려하면 그러한 점을 잘 알 수 있다.

---

3) 2000년 현재 진주지역 농가의 주요 영농부문을 보면 수도작이 30%, 시설채소 38.5%, 시설화훼 4.3%, 과수 15.4%, 축산 4.3%, 기타 8.1%로 나타나고 있다(위의 책, 778쪽).
4) 진주지역 농민의 연령별 분포를 보면 2000년 현재 30세 미만이 9.8%, 30~39세가 26.5%, 40~49세가 35.5%, 50~59세가 18.4, 60세 이상이 9.8%로 전국 평균에 비교할 때 젊은 층 인구가 많은 편이다(위의 책, 760쪽).

2. 진주지역 농민운동의 전개

진주지역 농민운동의 전개과정은 주체적 역량의 성장과 투쟁과제, 투쟁전술의 변화에 따라 대체로 네 시기로 나누어볼 수 있다.

한국전쟁 이후 긴 동면을 깨고 최초로 농민운동이 나타나는 태동기(1980~1986), 1987년 6월민주항쟁 이후 열린 정치공간에서 대중적 농민운동이 형성되면서 군단위의 자주적 농민회인 진양군농민회가 조직되어 전국농민회총연맹과 함께 본격적으로 농민운동을 전개하기 시작한 형성기(1987~1992), 진주농민회가 독자적인 사무실을 열어 협동사업을 시작하고 읍·면 지회체계를 갖추게 되는 성장기(1993~1997), 농가부채투쟁과 협동조합개혁 투쟁 등 제도적 개혁에 구체적인 대안을 가지고 참여하며 투쟁전술이 다양화된 고양기(1998~)가 그것이다.

이러한 시기구분은 대체로 정권교체시기와 일치하는 것이지만, 그러한 일치가 우연적인 것인지 필연적인 것인지는 분명치 않다.

1) 태동기(1980~1986)

해방 직후 격렬하게 전개되었던 농민운동은 미군정의 폭력적 탄압과 한국전쟁으로 장기간의 침체에 들어갔다. 새롭게 농민운동이 시작된 시기는 1970년대였다.

1960년대 이후 공업화를 통해 농산물의 상품화가 진전되면서 농산물가격 문제가 등장하고 도시와 농촌간에 격차가 벌어짐으로써 농업모순이 심화되었다. 주체적으로는 학생운동 출신의 선진적 인자들이 농민의식화에 기여하고 종교단체가 농촌문제에 관심을 가지면서 농민운동 활동가들이 나타나기 시작했다.

농협민주화 투쟁, 강제농정 반대투쟁, 부실경지 보상투쟁, 함평고구마사건 등은 1970년대 농민운동의 대표적 투쟁이었는데, 이러한 투쟁들은 대부분 가톨릭농민회, 기독교농민회 등 종교적 농민조직에 의존하면서 준법투쟁 수준에서 전개되었다.[5]

그러나 진주지역에서는 1970년대까지 아직 이렇다할 농민운동이 나타나지 않았다. 진주지역에서 최초로 농민운동이 시작된 것은 1980년대 초반 진양군 금산면 관방마을을 중심으로 전개된 일련의 투쟁이었다.

(1) 관방원예작목회의 건설과 활동

금산면 관방마을은 1970년대부터 비닐하우스 농사를 시작했으나, 농자재 구입과 농산물 판매과정에서 상인들의 농간이 심했다. 여기에 대항하기 위해 1980년 6월경부터 정현찬 씨[6]가 중심이 되어 농자재 공동구입과 농산물 공동판매를 위한 모임 결성을 추진하여 그해 7월에 70여 명으로 관방원예작목회가 설립되었다. 원예작목회는 총무를 맡은 정현찬 씨의 헌신적이고 엄격한 조직운영[7]과 마을 농민들의 호응으로 큰 성공을 거두었다.

작목회가 성과를 거두자 농협은 이를 흡수하려고 시도하고 군당국은 몇몇 농가에 자금을 제공하여 '관제 어용 작목반'을 만들어 무력화시키려고 했으나, 회원들은 이에 동요하지 않고 작목회를 지켜나갔

---

5) 장상환·정진상, 『한국의 사회운동』, 경상대출판부, 2001, 409쪽 참조.
6) 정현찬 씨는 이즈음부터 농민운동을 시작하여 진주농민회장, 전국농민회총연맹 경남도연맹 의장, 전국농민회총연맹 부의장을 거쳐 현재(2002년) 의장으로 활동하고 있는 진주지역의 대표적인 농민운동가이다.
7) 총 43조에 이르는 「관방원예작목회 회칙(규정)」은 회원, 업무, 회계 등의 규정이 매우 엄격하다(관방원예작목회, 「농민운동의 새로운 기수가 되어-경남 진양의 농민운동 보고」, 장상환 외, 『농촌현실과 농민운동』, 돌베개, 1985, 170~176쪽 참조).

다.8) 관방원예작목회는 태동기 진주지역 농민운동의 모태가 되었다.9)

(2) 을류 농지세 인하운동

맨 처음으로 전개된 투쟁은 을류농지세10) 인하운동이었다. 금산면 일대의 비닐하우스 농가에 부과된 을류농지세는 1979년 100m 하우스 한 동에 3,000원이었던 것에서 1980년에는 2~3만 원인 약 10배로, 1981년에는 7만원인 약 20배까지 대폭 인상되었다. 진양군 당국은 세금납부 독촉에 응하지 않으면 벼, 재봉틀, 경운기 등을 압류했다. 분노를 느끼고 있던 농민들은 1981년 봄 마산에서 열린 가톨릭농민회 교육을 받고 온 정현찬 씨로부터 을류농지세제에 '자진신고'와 '이의신청' 제도가 있음을 알고는 적극 이에 대처하기로 했다.

금산면 내 각 마을에서 지도자격에 있는 40여 명이 을류농지세에 관한 교육에 참여했다. 관방마을에서는 모두 34명이 가톨릭농민회 관방분회를 결성하고 투쟁을 주도했다. 농민들은 을류농지세 자진신고를 했고, 미처 자진신고하지 못한 농민들은 이의신청을 냈다. 당장 효과가 나타나 인정과제를 내지 않고 끝까지 버틴 20여 농가에는 1~2만 원으로 크게 낮추어 부과되었다.

1982년에도 자진신고를 했는데 군당국이 농민들을 분열시키고 농민회 활동을 탄압하기 위해 자진신고하지 않은 농가에는 1~2만 원을 부과하고 자진신고자에게는 7만 원을 부과하는 작태를 보였지만, 농민들

---

8) 관방원예작목회, 위의 글, 170~179쪽.
9) 이때는 마을단위에 작목반이 있는 경우에도 관제작목반이었지만, 관방원예작목회가 성공을 거둔 이후 금산면 일대에는 마을마다 자주적인 마을 작목반이 만들어졌다고 한다(정현찬 씨와의 면담, 2002. 3. 16).
10) 을류농지세란 벼 이외 작물에 부과하는 지방세이다. 지방세법에는 수확물에 대한 비용을 공제하고 농민의 자진신고에 따라 부과하도록 했으나, 실제로는 기준수확량의 3~4할을 소득금액으로 계산하여 인정과제로 부과했다.

은 압류 위협에도 불구하고 끝까지 버텼다. 그리하여 1983년에는 금산면뿐 아니라 진양군 전체에서 농지세가 1981년 수준의 1/5로 내려갔다.[11]

이렇게 하여 을류농지세 인하투쟁은 완전히 성공했고, 정현찬 씨 등 투쟁을 주도한 사람들의 신망이 높아졌으며, 가톨릭농민회도 지역농민들 사이에 널리 알려졌다. 진주지역의 을류농지세 인하투쟁은 1982년 충북 음성의 '부당농지세 시정 농민대회'와 함께 이 시기 중요한 농민운동의 하나로 기록될 만하다.

(3) 수세 현물납부운동

전두환 정권 이후 시작된 개방농정으로 외국쌀이 수입되면서 정부의 미곡수매정책이 바뀌어 쌀수매가가 동결되고 수매량도 제한되었다. 개방농정의 효과가 나타나 1983년에는 소, 돼지값이 떨어지고 과일과 채소값도 폭락한 데다가 쌀수매가가 동결되자 농가경제가 파탄에 빠져 파산, 이농, 야반도주, 자살농민이 급증했다. 이러한 상황에서 전남 무안, 구례지역과 진주지역에서는 추곡수매량 확대요구 투쟁이 수세 현물납부운동이라는 형태로 전개되었다.

관방마을 주민들의 1983년산 벼수매 희망물량이 6,000석이었는데 할당 수매량은 3,000여 석에 불과했다. 이에 가톨릭농민회 관방분회원들은 1983년 11월 초 마을 농민 75명의 서명을 받아 국회 농수산분과위, 청와대 합동민원실, 경상남도 지사, 진양군수 등에게 수매량 증량을 건의했으나 묵살되었다. 그래서 마을 주민들은 12월 10일 결의문을 통해 "① 수세만이라도 현물로 받아줄 것과 ② 12월 15일까지 받지 않을 시에는 12월 19일 농지개량조합에 현물로 싣고 갈 것"이라고 면장, 농

---

11) 관방원예작목회, 앞의 글, 179~181쪽.

지개량조합장에게 통지했다.

　주민들은 정한 날까지 아무 소식이 없자 12월 19일 경운기 17대에 261석의 벼를 싣고 '수세현물 자진납부 차량'이라는 현수막을 걸고 약 12km 떨어진 진주시내에 있는 진양농지개량조합으로 갔다. 그런데 농지개량조합이 모든 문을 잠그고 조합원의 사무실 출입마저 봉쇄하자, 농민들은 담 너머로 벼가마니를 넘겨 수세를 현물로 자진납부하고 이튿날 '우편 내용증명'으로 자진납부 사실과 납부자 명단과 물량을 통보했다. 이렇게 되자 행정당국은 같은 마을 출신 면직원, 조합직원을 시켜 자진납부한 벼를 다시 찾아가도록 마을 주민들을 회유하는 한편, 처음에는 수세 자진납부운동에 적극 참여했던 M씨를 꼬드겨 이 운동에 앞장서 일해온 최평규 이장을 끊임없이 괴롭혔다.12)

　이러한 회유와 협박에도 불구하고 농민들이 완강하게 버티는 가운데 가톨릭농민회 전국조직에서 대책을 협의하고 지원투쟁을 전개할 움직임을 보이는 등 문제가 전국 수준으로 확대될 기미가 보이자 당국은 1월 29일 농민들이 원하는 전량을 추가수매하겠다고 통보함으로써 사태가 해결되었다. 관방마을의 두번째 투쟁인 수세 현물납부운동도 완전히 성공을 거둔 것이다.

(4) 피망고추 피해보상운동

　1985년에는 독점자본에 대한 농민들의 투쟁이 벌어졌다. 금산면 10

---

12) M씨는 밤늦게 수차례 술을 마시고 이장 집에 찾아와 "당신 이장 하지 마라. 농민회 활동 하지 마라. 현물로 낸 수세를 도로 가져오라"고 하면서 괴롭혔다. 그러던 중 해를 넘긴 1월 17일 밤 괴롭힘에 견디다 못한 이장이 감정이 폭발하여 싸움이 벌어져 M씨가 부상을 입고 입원하자 이장은 폭행혐의로 구속되는 사태가 벌어졌다. 구속된 이장은 곧 석방되었으나 수세 현물납부운동이 다시 불붙자 다시 구속되어 같은 해 3월 22일 집행유예 1년의 선고를 받고 풀려났다(위의 글, 185~189쪽).

개 마을 120농가는 1984년 9월에 홍농종묘(주)의 월계관 피망고추 종자를 구입하여 비닐하우스 재배를 했는데, 이듬해 2월 수확기가 되니 고추열매에 기형이 많고 정상적인 열매는 10%도 되지 않았다. 피해농가들은 비닐하우스 농사라면 이력이 나서 영농의 잘못이 아니라 종자에 이상이 있다고 확신하고 대책을 강구하기로 했다. 이번에도 관방원예작목회원들이 주도하여 '피망고추피해보상대책위원회'를 구성하여 피해실태를 조사한 후 3월 4일 회사측에 피해보상 청구금액 2억 2,742만 원을 보상하라는 청구서를 내고, 3월 5일에는 관계당국, 언론 등에 탄원서를 작성하여 보냈다.

그러나 이것으로 문제가 해결될 기미를 보이지 않자 대책위원회는 3월 21일 홍농종묘 본사 상경투쟁을 벌이기로 했다. 진양군수와 진주경찰서장은 피해농민 120여 명이 탄 3대의 버스를 저지하고, 고속터미널에서 개별적인 상경을 저지하는 등 농민들의 상경투쟁을 가로막았으나 농민들은 개별적으로 거창, 마산, 대구 등지를 거쳐 3월 22일 오전 10시경 서초동 홍농종묘사 앞에 104명이 집결하여 회사 구내식당으로 들어가 단식농성을 벌였다. 그 후 7일간의 농성과 협상 끝에 협상이 타결되었다.

애초에 농민들은 평균수확량을 기준으로 비닐하우스 한 동당 274만 원을 요구했으나 타결은 생산비로 계산하여 한 동당 100만 원 보상으로 이루어졌다. 애초 요구에는 미치지 못했지만 이 투쟁은 종자피해보상에서 신기원을 이룬 것이라 평가될 수 있다. 종래에는 불량종자가 문제가 되어도 씨앗값만 보상받는 것이 관례였기 때문이다.

이 투쟁 이후 밀양에서 참외 불량씨앗에 대한 피해보상운동이 일어나는 등 전국 도처에서 종자피해보상운동이 연달아 일어났으니 진주지역 운동이 하나의 기폭제가 되었다고 할 수 있다. 또 이 투쟁을 계기로 지역농민들 사이에서 농민운동에 대한 긍정적 평가가 확산되어 대곡 송곡, 문산 갈촌 등 몇 개 마을에서 가톨릭농민회 분회가 새로 결성되는 등 농민운동이 활발해졌다.[13]

(5) 소몰이 시위

외국소 도입으로 소값이 폭락하자 1985년 7월 이후 전국 20여 개 군에서 수만 명이 참가하여 소몰이 시위의 방법으로 '소값 하락 피해보상 및 외국농축산물 수입 반대투쟁'이 벌어졌다. 농민들의 대중적 참여 속에서 전개된 이 운동은 농민운동가들에게는 대중적 농민운동의 가능성과 함께 한국 민주변혁운동에서 농민이 주도세력의 하나가 될 수 있음을 입증했다.[14]

진주지역에서는 소를 직접 몰고 나가지는 않았지만 전국적 움직임에 맞추어 '소몰이 시위'를 벌였다. 7월 1일 고성에서 소몰이 시위가 일어난 이후 진양군 가톨릭농민회 회원들은 7월 18일 수입농축산물에 관한 강연을 듣고 난 후 시위에 들어갔다. 금산면 금호못 둑에서 농악을 울리며 출발한 시위대가 금산교를 건너려고 할 때 출동한 경찰이 저지하자 몸싸움을 벌여 강물에 빠지는 등 격렬한 시위가 전개되었다. 이 과정에서 정현찬, 하해룡 씨 등 11명이 연행되어 하룻동안 구금되기도 했다.[15]

지금까지 진주지역의 투쟁은 면단위 투쟁을 넘어서는 일이 없었으나 이때 처음으로 군단위의 투쟁이 벌어졌다는 점에서 소몰이 시위는 의의가 있다. 이는 전국적 수준에서 농민운동이 대중적 투쟁으로 발전

---

13) 위의 글, 190~202쪽 참조.
14) 장상환·정진상, 앞의 책, 412쪽.
15) 하해룡 씨와의 면담(2002. 3. 15). 하해룡 씨는 금산면 관방마을에서 정현찬 씨와 함께 초기부터 농민운동에 참여하여 진주농민회장, 전농 경남도연맹 의장을 거쳐 현재 우리영농조합법인 이사장으로 진주농민회 부회장을 겸임하고 있다.

한 것과 같은 맥락에 있는 것이라고 하겠다.

2) 형성기(1987~1992)

1987년 6월민주항쟁은 농민운동이 본격적인 대중투쟁으로 전개되기 시작한 계기였다. 군사독재정권하에서 억눌려있던 농민대중은 6월민주항쟁으로 정치공간이 열리자 대중투쟁으로 나섰다. 고추 제값 받기 투쟁, 수세 폐지투쟁, 의료보험 개혁투쟁, 수입개방 저지 및 농산물 제값 받기 투쟁을 중심으로 농민운동이 대중적으로 전개되었는데, 이러한 투쟁에는 농민운동조직 회원뿐 아니라 일반농민들까지도 광범하게 참여하여 군단위 집회에 평균 1,000여 명이 참여했다.

1988년 한해 동안 300여 회 투쟁에 연인원 20여만 명 이상이 참여했으며, 투쟁형태도 준법투쟁과 집회의 수준을 넘어 시위, 농성 등의 형태를 띠었다.[16] 1989년 2월 13일 서울 여의도에서 열린 '수세 폐지 및 고추전량수매 쟁취 전국농민대회'에는 전국에서 약 2만 명이 모여 농민운동이 대중운동으로 발전했음을 잘 보여주었다.

투쟁이 대중투쟁으로 발전함과 동시에 농민들의 자주적 대중조직인 농민회의 조직화도 급속하게 진전되었다. 1989년 말까지 가톨릭농민회, 기독교농민회 등 종교적 형식을 벗어난 군단위 자주적 농민대중조직의 수가 거의 70여 개 군에 달하여 농민회가 있는 100여 개 군의 절반을 넘어섰고, 회원수도 보통 수백 명 많게는 천여 명에 달했다. 이와 함께 1988년 말부터 농민운동조직의 통일 움직임이 일어나 군농민운동 조직을 1군 1조직으로 통일하는 것이 선차적 과제임을 인식하고, 1989년 3월 1일에는 82개 군이 참여하여 과도적 연합회로서 전국농민운동연합을 결성했으며, 1990년 4월 10일에는 드디어 군단위 농민회의

16) 장상환·정진상, 앞의 책, 414쪽.

전국연맹체로 전국농민회총연맹(전농)이 결성되었다.

진주지역에서도 이와 같은 전국적 흐름에 맞추어 1989년 5월 21일 금산면 농민회가 결성되었고, 같은 해에 진양군농민회 준비위원회가 만들어졌으며, 1990년 3월 5일에는 진양군농민회가 결성되어 본격적인 활동을 시작했다. 이어 4월 17일에는 경남지역 12개 군이 참여하여 전농 경남도연맹이 결성되었다. 이로써 진주지역 농민운동은 대중적 조직의 틀을 갖추게 되었다.

전농은 창립 직후부터 우루과이라운드 반대투쟁과 쌀수매가 인상 및 전량수매투쟁을 전개하여 국민들에게 농업문제의 심각성을 인식시키고 정부의 쌀수매가 억제정책을 저지하고 일반벼 수매가를 10% 인상시키는 데 상당한 역할을 했다. 1990년 농민운동은 노태우 정권의 '농어촌발전종합대책'의 문제점을 부각시키고 농정기조의 변화를 촉구하는 투쟁에 초점이 맞추어졌다.

1989년 4월에 발표되고 1990년 초 국회에서 통과된 농어촌발전종합대책은 수입개방을 전제로 하면서 농업구조를 수입개방에 대응하여 전환하기 위해 빈농을 농촌에서 내쫓고 소수 전업농만 육성하려는 농업구조조정정책이었다. 이는 농축산물 수입자유화율을 86.2%로 늘리고 빈농을 탈농시켜 농가호수를 180만 호에서 120만 호로 줄이며 농촌공업화로 농외소득개발정책을 편다는 것으로서, 본질은 수입개방을 전면 실시하고 한국농업을 축소조정하자는 것이었다.

전농은 노태우 정권의 의도를 저지하기 위해 1990년 9월 7일 전남, 충북, 경북, 경남 등 전국적으로 집회와 시위를 전개했다. 경남지역에서 경남도연맹이 주도하는 첫 대중집회가 경상대학교 민주광장에서 열렸다. '우루과이라운드 저지 및 농축산물 제값 받기 경남농민대회'라는 이름으로 열린 이 집회에는 진양군 200여 명을 비롯하여 거창, 창녕, 김해, 산청, 의창, 함안, 함양, 진양, 하동, 고성, 사천, 남해, 의령 등 14

개 시·군에서 참석한 농민 1,100여 명과 학생 1,000여 명, 민주사회단체 인사 100여 명이 참가하여 "우루과이라운드 대책 없는 노태우정권 퇴진하라", "뼈빠지게 지은 농사, 제값 받고 팔아보자" 등의 구호를 외쳤다. 이 대회는 17명이 경찰에 연행되는 등 격렬하게 전개되었다.

9월 22일에는 '우루과이 협상저지와 농어촌발전종합대책분쇄 및 제값 받기를 위한 2차 전국농민대회'가 군단위 농민회 주최로 열렸는데, 진양군 농민회에서 50여 명의 농민이 참여하고 거창에서 600여 명의 농민이 참여하여 투쟁하는 등 김해, 사천 등 9개 군에서 1,300여 명이 참가했다.

또 12월 1일 전농 경남도연맹은 거창 농협군지부 앞에서 150여 명이 모여 '추수대동제 원천봉쇄 탄압분쇄 및 쌀전량 수매쟁취를 위한 경남농민대회'를 개최했다. 12월 20일에는 진양군 금산면 관방마을 분회원들을 중심으로 쌀 전량수매를 요구하며 수매장에 오물을 투척하는 투쟁을 벌이고 경운기 20대에 통일벼를 싣고 농협으로 향했다. 농협으로 가던 도중 경찰과 격렬한 몸싸움이 벌어졌고 농민 10여 명이 연행되고 진주농민회 정현찬 회장과 정명환 간사가 구속되었다.

1991년 1월 11일에는 쌀 전량수매를 위한 경남도연맹 투쟁선포식을 가지고 진주 하대동 사무실 앞에 50여 명의 농민이 모여 벼 15가마를 불태우는 투쟁을 벌였으며, 1월 18일에는 쌀 전량수매 쟁취를 위한 진양군 농민대회가 열렸다.

1990년대부터 농민운동은 다른 민주세력과 연대하여 민주화운동에 적극 나섰다. 전농은 1991년 4월 21일 '민자당 일당독재 분쇄와 민중생존권쟁취 국민연합' 결성에 중요 부문으로 참여했고, 4월 29일 연세대에서 5만여 명이 참여한 가운데 열린 '고 강경대 열사 폭력살인 규탄과 공안통치 분쇄를 위한 범국민결의대회'에 적극 참가했다. 이 대회는 전국 17개 도시에서 10만여 명이 참여하는 대규모 집회였다. 5월 9

일의 '민자당 해체와 공안통치 종식을 위한 국민대회'는 87개 시·군에서 30여만 명이 참여한 명실상부한 전민중적 항쟁이었는데, 전농은 63개 시·군에서 3,000여 명이 참가했다.

진주에서도 시민, 학생, 농민 등 5,000여 명이 시내 중심가에서 집회, 시위, 연좌농성 등을 벌였는데 진양, 사천, 하동 등에서 농민 60여 명이 참가했다. 5월 18일의 '5·18 광주항쟁 계승 및 노태우 정권 퇴진 서부경남 국민대회'에서도 5,000여 명의 시민, 학생, 농민이 촉석광장 앞에서 집회를 갖고 진주극장 앞에서 연좌시위를 벌였다. 이러한 투쟁을 바탕으로 전농은 1991년 12월 1일의 '민주주의 민족통일 전국연합' 결성에도 주도적으로 참여했다. 이보다 먼저 진주농민회는 11월 30일에 결성된 '민주주의 민족통일 서부경남연합' 결성에 주도적으로 참여하여 정현찬 회장이 공동의장을 맡았다.

3) 성장기(1993~1997)

1993년은 김영삼 정권이 집권한 해이기도 하지만, 진주지역 농민운동에서도 중요한 전환이 일어난 해였다. 1993년 2월 20일 진양군 농민회는 금산면 삼거리에 30여 평 규모의 독자적인 사무실을 마련하고 협동사업을 시작했다. 군농민회가 결성된 이후 3년 만에 보금자리를 마련하는 한편, 협동사업[17]을 통해 농민들의 생활 속으로 한 걸음 다가설 수 있는 근거를 마련한 것이다. 이해에 진양군농민회는 그간 모범적인 활동을 벌인 것을 인정받아 전농 3주년 기념식에서 모범상을 수상하기도 했다.

김영삼 정부는 우루과이라운드로 인한 시장개방에 대응하기 위해 양곡관리개선 방안을 통해 양곡관리에 시장원리를 도입하여 수매에

---

17) 협동사업에 대해서는 나중에 따로 다룬다.

따른 정부의 부담을 덜고, 국토이용관리법 개정과 농지법 개정을 통해 농지전용과 비농민 농지소유를 촉진했다. 김영삼 정부가 추진한 이른바 '신농정'이란 국내외 자본의 요구에 부응하는 '시장지향적 농업자립정책'이었는데, 이로 인해 농업은 파탄 직전으로 내몰리게 되었다.[18] 이에 따라 김영삼 정부하에서 농민들은 전농을 중심으로 우루과이라운드 투쟁과 쌀수매가 인상투쟁을 지속적으로 벌였다.

1993년 2월 15일 서울 동국대에서 개최된 '쌀 수입 저지 전국농민대회'에는 한국농어민후계자연합회와 함께 회원 7,000여 명이 참가했는데 진주지역에서는 6명이 참가했다. 7월 10일 명동성당에서 1,000여 명의 농민들이 모인 가운데 열린 '클린턴 방한 반대 및 신농정 전면 수정을 위한 전국농민대회'에는 진양군 농민회원 39명이 집회와 가두시위에 참여했다. 12월 7일에는 서울역에서 열린 '쌀과 기초농산물수입 저지를 위한 전국농민대회'가 3만여 명의 농민과 시민이 참여한 가운데 열렸다. 그 후 12월 18일에는 지역별로 농민대회가 개최되었는데, 진주 남강 고수부지에서 열린 '쌀과 기초농산물수입 저지를 위한 경남도민대회'에는 2,000여 명의 농민이 참가했다.

1994년 전농은 김영삼 정부의 신농정에 대해 구체적인 대안을 가지고 투쟁을 전개했다. 전농은 개방농정하에서 제기된 농업개혁 과제를 '농업 대개혁을 위한 농정개혁 7대 조치'로 집약했다.

① 사회보장적 성격을 실현하기 위해 지역조합과 직장조합을 일원화하는 통합의료보험을 실시해야 한다. ② 양정제도의 기본목표는 양곡자급을 통한 물가안정에 두어야 하고, 양곡자급도 34%(쌀과 보리를 제외할 경우 9%)에서 식량자급도 80% 수준으로 향상시켜야 한다 ③ 협동조합개혁은 전문조합의 육성과 체계화에 두어야 한다 ④ 생산물 가격

---

18) 장상환·정진상, 앞의 책, 422쪽.

보장으로 소득수준을 높이는 것뿐만 아니라 학비면제, 농기계 저가공급, 농민병원 운영 등 농민지출을 줄이는 보호수단을 강구해야 한다. ⑤ 농지는 최소한 식량자급화를 유지할 수 있도록 확보하고, 농지에 대한 규제강화 및 다양한 농지보전대책을 강구하며, 비농가가 소유하고 있는 농지는 농민적 소유로 환원해야 한다 ⑥ 1992년도의 한해, 1993년의 냉해, 1994년 54년 만의 대가뭄 등 농업재해가 계속되고 있어 농업재해보상법을 시급히 제정해야 한다. ⑦ 농어촌구조 개선사업에 투자되는 42조 원 중 실투자액은 21조 원에 불과하므로 나머지 재원을 확보하고 농민소득 보장을 통한 생산성 증가에 투자될 수 있도록 투자계획을 수립해야 한다.19)

1994년에 2월 1일 전농은 '우루과이라운드 재협상 쟁취, 국회비준 거부와 농정개혁을 위한 전국농민대회'를 개최했다. 우루과이라운드 협상이 타결된 후 1993년 12월부터 농민들은 수입개방에 반대하는 국민들과 함께 전국적으로 격렬한 투쟁을 벌여왔다. 전농을 비롯한 농민단체들은 정부가 2월 15일에 제출할 최종 이행계획서를 공란으로 제출하고 재협상에 나설 것과 국회비준 동의 거부를 요구했다. 이 대회는 전농만이 아니라 한국낙농육우협회, 대한양돈협회, 대한양계협회, 축산농가를 포함하여 가톨릭농민회, 기독교농민회, 농어민후계자연합회 등 여타 단체들도 참여한 범농민적 투쟁으로서 해방 후 최대의 농민 상경투쟁이었다.

대학로에서 있었던 이 대회에는 농민 2만 2,000명과 시민학생 1만 3,000명 등 총 3만 5,000여 명이 참석했다. 진주지역 농민들도 이 대회에 대거 참석했는데, 참석 도중 전농 경남도연맹의 김순복, 손구룡 간사20)가 교통사고로 사망하는 사고가 발생했다.

---

19) 장상환·정진상, 앞의 책, 423쪽.
20) 이날 불의의 사고로 사망한 두 사람은 경상대학교에서 학생운동을 하다가

4월 9일에는 '우루과이라운드 재협상 촉구 및 국회비준 저지를 위한 국민대회'를 전국 각 시·도별로 동시에 개최했다. 11개 도시에서 10만 명이 참가하여 정부의 굴욕적인 수정계획서 제출과 미국의 패권적 개방압력을 규탄했다. 4월 23일에는 진양군 농민회원 15명이 반성장과 대곡 공판장에서 국회비준 거부를 위한 서명운동을 전개했고, 4월 30일에는 수곡면민 단합대회에서 서명운동을 벌였다.

11월 29일에는 '쌀생산비 보장과 WTO 비준 반대 1994 농민대회'를 개최했다. 보라매공원에서 10개 농민단체 주최로 3만여 명이 모인 가운데 열렸다. 본 행사 후 여의도까지 평화행진을 진행했다. 집회중에 농민 200여 명이 청와대로 진격투쟁을 벌이기도 했고, 집회 후에는 경남 등 200여 명 농민들이 여의도 민주당사에서 무기한 농성에 돌입했다. 대회 뒷날인 11월 30일에 전농 의장과 부의장 등 대표단 4명이 민자당사를 항의방문했으나 WTO와 관련한 민자당의 입장은 완강했다. 쌀수매가와 수매량은 농민요구를 수용하고자 노력하겠다는 답변을 받아낸 후 경제기획원을 항의방문했다.

12월 2일 전농대표단은 김영삼 대통령 면담을 요구하며 청와대를 방문했으나 청와대 정문 앞 도로에서 전농 의장 등 38명이 강제로 연행되었다. 국회를 항의방문한 농민 40여 명은 국회의사당 앞 도로에서 쌀수매가, 수매량 날치기통과 저지를 요구하며 경찰과 몸싸움을 전개하고 전원 연행되었다.

1995년 1월 1일부터 GATT 체제가 종료되고 WTO(세계무역기구)가 출범함에 따라 농업위기는 더욱 심각해졌다. 농민들은 1994년에 끈질긴 투쟁 끝에 WTO 이행 특별법을 제정토록 했으나 미국의 개방압력

농민운동에 투신한 젊은이로 진주농민회에서는 매년 추모행사를 하고 있으며, 1997년 11월 28일 준공된 농민의 집(금산면 삼거리) 3층에 김순복, 손구룡 열사 추모회관을 마련했다.

과 정부의 의지 여하에 따라 특별법이 사문화될 수 있다고 보고 새로운 정세하에서 WTO 이행 특별법 이행과 통합의료보험 실현 등 농정개혁 7대 과제를 쟁취하기 위한 투쟁을 전개했다. 1995년 4월 23일 'WTO 이행 특별법 조기실시와 통합의료보험 쟁취를 위한 전국농민대회'를 농번기, 관광철이라는 불리함에도 2,000여 명의 농민이 모인 가운데 개최했고, 4월 24일에는 전농 창립 5주년을 맞아 '지방화시대 농정의 전략과 과제'라는 주제로 심포지엄을 개최하여 농민의 지방농정 참여에 대한 관심을 높였다.

전농은 1996년에 들어와서는 국제적 식량난 사태를 배경으로 쌀자급과 수입쌀 저지투쟁, 직접지불제도 쟁취, 농산물 제값 받기 투쟁을 꾸준히 전개했다. 2월 1일 농민 6,000여 명, 시민·학생 2,000여 명 등 8,000여 명이 모여 '의료보험통합, 쌀자급과 직접지불제도 쟁취 및 농산물 제값 받기 96 전국농민대회'를 보라매공원에서 가졌다. 8월 14일부터 9월 20일까지 수입쌀 입항저지, 입고저지 색출투쟁이 전개되었다. 연인원 3,000여 명이 참가하여 여천, 부산, 인천, 동해 등에서 전개된 이 투쟁은 국민여론을 조성하는 데 상당한 역할을 했다. 전농 경남도연맹은 8월 22일 식용쌀 수입저지를 위해 부산역 광장에서 집회를 가졌다.

9월 1일부터 10일까지 통합의보, 쌀자급을 위한 전국 도보행진이 한라산 기원제를 시작으로 전국을 무대로 전개되었다. 동군은 제주를 출발하여 창원, 고성, 진주, 거창, 김천을 거쳐 여의도로, 서군은 제주를 출발하여 광주, 나주, 순창, 전주를 거쳐 여의도에 가는 행진이었다. 참가인원은 연인원 1,600여 명이었고 전국을 완주한 연인원도 600여 명이었다. 집회지역이 24곳이었고 43개 시·군에서 거리선전전을 전개했다. 1일 평균 이동거리가 25Km로 전농 산하 각 도연맹, 군농민회가 모두 움직이며 전국을 농업문제의 선전과 홍보의 장으로 만들었다.

진주에서는 9월 3일 진주역 광장에서 도보행진단과 함께 시내 선전전이 진행되었다. 도보행진운동 끝에 9월 10일 '의료보험 통합, 쌀자급을 위한 전국농민대회'가 여의도에서 7,000여 명이 모인 가운데 진행되었다. 이날 대회는 도보행진, 입항저지, 입고색출 투쟁을 모아 나가는 정점이었으므로 투쟁열기가 높았다. 정부는 대회를 무산시키려고 대회 전날 전농 사무실을 무장경찰 150여 명이 포위하고 화형식용 수입배 모형을 탈취하려고 했다. 대회중에 청와대 앞에서 150여 명이 항의투쟁을 전개하다 40여 명이 연행되었고, 이 연행으로 대회 후 서울 시가지투쟁이 촉발되었다. 약 3,500명이 참가한 시가지투쟁에서는 연행자 석방과 쌀 자급, 의료보험 통합을 요구했으며 300여 명이 연행되는 등 격렬한 투쟁이 전개되었다.

1997년에는 대통령선거가 있었기에 1월 전농 대의원대회에서는 대선방침을 결정했다. 전농과 한농연은 야당 김대중 후보에 대한 지지 입장을 취했다. 국민회의 김대중 후보가 WTO 이행 특별법 제정, 농가부채 경감, 의료보험 통합 등 전농의 농업 공약을 대부분 수용했다고 보았기 때문이다.[21]

1997년 9월 5일부터 22일까지 소값폭락 규탄, 농산물가격 보장과 농가부채 해결을 위한 전국 동시다발 농민대회가 열렸는데, 진주에서는 9월 12일 차량선전전을 행했다. 11월 18일에는 서울 여의도 한강고수부지에서 전국 각지에서 3만여 농민이 모여 '농축산물가격 보장과 농가부채 해결을 위한 97 전국농민대회'를 열었다. 대통령선거를 앞두고 농가부채 문제가 중요한 쟁점으로 떠올랐다. 이날 국민회의 김대중 후보, 국민신당 이인제 후보, 국민승리 21 권영길 후보 등 3명의 대선후보의 농정공약을 듣고 각 정당 대통령후보들에게 농가부채 등 농업문

---

21) 장상환·정진상, 앞의 책, 426쪽.

제에 대한 해결약속을 얻었다. 진주농민회에서는 12대의 버스에 500여 명의 농민이 참가하여 사상 최대의 상경투쟁을 벌였다.

12월 13일에는 '쌀수매가 인상과 통합의료보험을 위한 제2차 전국농민대회'가 여의도에서 있었다. 경찰은 지역에서 상경하는 농민들을 톨게이트 등에서 방해하고 대회장으로 향하던 버스를 제지했으나 농민 8,000여 명이 대회에 참가했다. 본 대회중에 식량자급, 의료보험 통합을 위한 전농 간부 16명의 삭발식이 있었다. 대회 후 가두시위에서 김성원 등 4명의 진주지역 농민회원이 연행되었다.

4) 고양기(1998~)

1997년 말 외환위기로 성립된 IMF 관리체제하에서 농업, 농가경제는 농자재가격 상승, 농산물가격 폭락, 농가부채 상환불능 등으로 공황상태에 처하게 되었다. 농가소득은 1997년 가구당 연평균 2,349만 원에서 1998년 2,049만 원으로 12.7%(300만 원)나 감소했다. 외환위기 이후 환율상승에 따른 비료·농약 등 영농자재가격의 상승으로 농업경영비는 증가한 반면, 소비감소로 농업조수입은 줄어들어 농업소득이 12.2%나 감소했다. 경기침체와 실업증가로 겸업소득과 취업가구의 임금소득이 크게 줄어들어 농외소득이 19.6% 감소한 결과를 낳았다. 1999년 농가소득은 9% 증가했지만 IMF 구제금융 이전 수준을 회복하지 못했고, 2000년에는 농산물가격 폭락으로 농가소득이 10% 이상 감소할 것으로 추정된다.[22]

1999년 말 현재 전체 농가부채는 35조 7,000억 원에 달했다. 1996년 17조 3,000억 원이었는데 몇 년 사이에 두 배로 늘어난 것이다. 물론 가구당 평균부채도 호당 평균으로 1996년 1,173만 4,000원에서 1999년

---

22) 위의 책, 426~427쪽.

1,853만 원으로 늘었다. 하지만 실제 가구당 빚은 5,000만 원대가 넘는다. 쌀농가, 축산농가, 시설원예농가, 과수농가 등 모든 작목재배 농가들이 심각한 부채문제를 안게 되었다. 쌀수매가 인상 억제, 반복되는 농산물가격 불안정, 열악한 농촌생활환경 때문에 농가부채가 위험수위를 넘은 것이다. 생산성 부채는 작목전환이나 규모확대를 위한 고정투자의 성격이 강한데, 투자에 비례한 소득보장이 되지 않았다. 축산농가의 경우 우유파동, 소값폭락으로 파산상태에 처하게 되었다. 농업부문은 공황상태에 처하게 된 것이다.[23]

1997년 말에 집권한 김대중 정부는 과거에 비해 상대적으로 개혁지향적 국정운영이 될 것으로 기대되었지만 재야 및 민간 개혁세력이 배제된 기존 야당의 공동집권으로 인해 실제 개혁의 내용은 제한적이고 점진적이었다. 농업정책 역시 WTO 이행 특별법 제정, 농가부채 경감, 의료보험통합 등 기존 정권과는 차별화된 정책이 기대되었지만 실제로 나타난 것은 그렇지 못했다. 김대중 정권 경제정책의 성격은 신자유주의로서 IMF 체제하에서 IMF의 구제금융 이행조건을 철저히 추수하는 자세를 견지했다. 이에 따라 김대중 정부는 농업부문에서도 신자유주의 농정을 폈는데, 이는 부분적인 강조점의 차이는 있으나 정부의 역할축소를 핵심으로 하고 있어 김영삼 정부의 신농정이 가진 '시장지향적 농업자립정책'의 성격을 벗어난 것은 아니었다.

농업공황 상태하에서 1998년에는 농가부채 해결투쟁이 격렬하게 전개되었다. 농가부채 문제가 심각해짐에 따라 전농과 한국농업경영인연합회(한농연)가 3월 18일 공동기자회견에서 밝힌 농가부채 민관공동조사위원회 요구에 19개 농업관련 단체가 참여했고, 농림부는 이를 수용함으로써 정부와 생산자단체, 학계가 공동으로 참여하는 농가부채

---

23) 위의 책, 427쪽.

조사협의회가 구성되었다. 그러나 부채조사에 정부의 의도가 반영되어 실제보다 축소된 결과가 나왔고, 전농지도부는 가능한 한 정부와의 교섭으로 문제를 해결하려는 자세를 견지했다.

이에 대해 지역의 농민들이 나서서 농가부채 해결투쟁을 전개하기 시작했다. 진주를 중심으로 하는 경남지역의 투쟁이 두드러졌다. 농가부채투쟁에서 진주를 중심으로 한 경남지역이 주도적일 수 있었던 것은 축산 및 비닐하우스 농가가 많아 부채를 많이 지고 있는 객관적 조건에다가 경남지역 농민운동의 주체적 역량이 상대적으로 컸기 때문이다.[24]

4월 27일 전농 경남도연맹이 주도하여 '농축산물가격 보장과 농가부채 해결을 위한 경남대책위원회'를 결성하고 도청과 농협에 농가부채대책반 구성과 공동조사, 경남대책위와의 연대활동, 농가부채 상환유예, 장기저리 전환 등에 대한 대정부 건의, 농축산물가격 보장정책 등을 요구하는 질의서를 발송했다. 그 후 경남 진주시에서는 면단위로 농축산물 가격보장과 농가부채 해결을 위한 대책위원회를 결성해나갔다.

금산면 5월 19일, 지수면 5월 24일, 수곡면 5월 28일, 문산읍 6월 15일의 순서였다. 면단위 부채대책위원회에는 진주농민회 면지회, 농업경영인연합회, 농업지도자회, 유기농회, 청년회, 농협청년부, 조기축구회 등 거의 모든 지역의 농민단체가 참여했다. 7월 16일에는 '식량자급, 농축산물가격 보장, 농가부채 해결을 위한 진주시대책위원회'를 결성했고, 7월 21일에는 경남예술회관 앞 야외공연장에서 진주시 농민대회를 개최했다.

이러한 시·군단위의 활동을 기초로 7월 28일 창원 실내체육관 앞에서 열린 경남농어민대회에는 전농과 한농연 등 여러 농민단체들이 연

---

24) 그러나 실제로 농민회원들은 상대적으로 부채가 적은 편이라고 한다(정현찬 씨와의 면담, 2002. 3. 16).

대하여 1만여 명이 참가했다. 전국적인 농가부채투쟁의 출발이었다. 9월 15일의 전국농민대회에는 진주농민회 회원 346명을 포함하여 약 3만여 명이 참가했는데, 여기서 국민회의의 김근태 부총재가 정부의 무성의한 부채대책에 분노한 농민들의 계란과 돌맹이 투척세례를 받고 연설 도중 단상에서 내려와야 하는 상황까지 벌어졌다.

이러한 농민들의 투쟁이 작용하여 농림부 부채대책위원회는 10월 13일에 부채대책안을 발표했으나, 4,000억 원 정도의 예산만 배정하는 미흡한 수준이었다. 농민단체 대표들이 합의해준 공동건의안에 대해 소속단체 회원들은 불만을 표출했다. 전농의 경우 일부 도연맹에서 전농 중앙집행 간부들의 타협적인 태도에 대해 비판을 제기했고, 이에 따라 전농 의장과 상임부의장이 사퇴하는 상황이 벌어지기도 했다.[25]

11월 8일 IMF 극복 범국민운동본부 주최로 열린 '생존권 사수! 재벌해체! IMF 반대! 98 민중대회'에는 민주노총, 전농, 한총련, 전국연합 등 4만 명의 민중이 참가했는데, 이 중 전농 회원은 2,000여 명이 참여했다. 진주지역에서는 농민회, 민주노총, 경상대총학생회, 서경연합에서 각각 버스 1대를 대절해서 참가하여 농가부채의 조속한 해결을 촉구했다. 진주농민회는 12월 7에는 금산농협 앞, 진양농협 앞, 북부농협 앞에서, 8일에는 농협 진주시지부 앞에서 농가부채해결 촉구농성을 벌였다. 12월 12일에는 '재벌 해체, IMF 재협상, 민중생존권 사수 서부경남민중대회'가 촉석광장 앞에서 열렸다.

1999년에는 협동조합 개혁투쟁이 강력하게 전개되었다. 농협은 1998년 1월경에 16~18%까지 대폭 인상된 상호금융 대출금리를 1998년 11월 말까지 무려 10여 개월 동안 유지함으로써 농민들로부터 3~4% 높은 이자를 거두어들였다. 농가부채해결 대책의 일환으로 자체 구조조

---

25) 장상환·정진상, 앞의 책, 430쪽.

정을 통해 대출금리를 2% 인하하겠다는 약속도 지켜지지 않았다. 1998년 연말에 있었던 농협 임직원들의 특별보로금 지급은 농협에 대한 농민들의 기대를 짓밟았다.26) 1999년 정부는 농가부채해결을 요구하는 농민들의 대정부투쟁의 화살을 농협으로 돌릴 겸해서 구조조정 차원에서 협동조합 개편작업에 나섰다.

1998년에 정부가 만든 협동조합개혁위원회에서 제출한 협동조합 개혁안에는 현상유지론(경제사업 독립성 강화), 단순통합론(농·축·임·인삼협의 통합), 기능별 분리 통합론(신용사업과 경제사업 분리, 협동조합은행 설립, 전체 협동조합중앙회 설립) 등 3개안이 있었는데, 정부와 농협중앙회는 단순통합론을 밀고 나왔다. 이에 대해 전농은 민주노총, 참여연대, 민교협 등과 연대하여 기능별 분리 통합론을 주장하며 격렬하게 반대했다.

3월 18일 전농이 주도한 '협동조합 개혁을 위한 전국농민조합원대회'에 진주농민회 회원 70여 명 등 1,000여 명의 농민이 참석하여 농협중앙회 앞에서 집회를 가졌다. 정부는 강경 진압하여 진주농민회원 4명을 포함하여 59명의 농민이 연행되었다. 다음날 구속자 석방과 전농탄압을 규탄하는 국민회의 당사 앞 농성이 시작되어 3월 20일에는 진주농민회에서 20여 명이 상경하여 농성에 결합했다. 4월 30일 협동조합개혁 토론회가 국회헌정기념관에서 개최된 이후 초반에는 협동조합 개혁 투쟁의 열기가 높았으나 농번기를 거치면서 소강국면으로 접어들었다.

그러나 6월 말 상환시기를 거치면서 부채에 대한 압박이 가중되면서

---

26) 1998년 12월 18일 농협중앙회는 회원조합에 공문을 보내 '구조조정 과정의 어려움 속에서도 농협예수금 100조 원 달성, 농산물직거래 추진, 연체채권 회수, 건전결산 마무리에 전력을 다하는 회원농협 임직원에 대한 노고 치하와 사기 진작을 위해' 임직원 1인당 100% 이내에서 특별보로금을 지급할 것을 지시한 바 있다.

농민대중의 불만이 높아지고 임시국회 일정 및 정부의 협동조합안 강행처리와 맞물려 투쟁이 다시 고조되었다. 전농은 7월 8~17일까지 국회 앞 농성투쟁을 전개했다. 경남도연맹은 일정에 따라 7월 11일에 상경하여 지역국회의원 면담, 의원감시, 입법감시, 정당압박, 상임위·본회를 방청하면서 매일 국민회의 당사 앞에서 집회와 농성을 진행했다. 7월 11일부터 13일까지 진행된 이 투쟁에는 진주농민회에서 80여 명의 회원이 참여했다.

정부 여당의 강력한 조직력과 국정원, 검찰 등을 총동원한 기득권 유지 차원의 허구적 협동조합개혁 추진에 맞서서 '협동조합개혁 국민연대'를 조직하고 법률안까지 제출한 것은 농민운동의 엄청난 성장이라고 할 수 있다. 그러나 결국 8월에 정부·농협의 단순통합론에 따른 협동조합법개정안이 국회를 통과함으로써 농민 위주의 민주적 협동조합 개혁은 이루어지지 못하고 말았다. 농민주체 역량의 부족이라는 한계 때문이라고 할 수 있다.[27]

11월 14일에는 '생존권 사수, 경제주권 수호! 국가보안법 철폐! 노동시간 단축, 농가부채 해결! 99 1차 민중대회'가 여의도공원에서 열렸다. 이날 대회에는 진주농민회에서 30여 명이 참가했다. 11월 27일 고수부지에서 진행된 진주 민중대회에는 100여 명의 진주농민회원이 참여하여 김대중 정부 농가부채대책의 허구성을 폭로 규탄하고 농가부채특별법 제정을 요구하는 투쟁을 전개했다.

12월 10일에는 전국농민대회/2차 민중대회가 서울역 광장에서 있었는데, 진주농민회에서는 350여 명이 참가했다. 대회를 마친 후 2만여 명의 농민들은 명동성당으로 거리행진을 전개했고, 행진중에 경찰과 심한 마찰을 빚어 30여 명의 농민이 입원했고, 9명이 폭력적으로 연행

---

27) 장상환·정진상, 앞의 책, 432쪽.

되었으며, 100여 명이 경찰의 곤봉과 방패에 찢겨 부상당하는 등 격렬한 투쟁이 벌어졌다. 17일에는 광화문 정부청사 앞에서 2차 농민대회를 열어 구속농민 석방과 농가부채 해결을 촉구했다. 이날 대회에는 80여 명의 진주농민회원이 참가했다.

2000년 농민운동은 농산물가격 보장, 수입개방 반대, 농가부채투쟁을 중심으로 전개되었다. 5월 19일 서울 가락동 도매시장 앞에서 열린 '농축산물가격 보장, 수입개방 반대, 농업재해보상법 제정을 위한 전국 농민결의대회'에는 진주농민회에서 차량 3대에 92명의 회원이 참가했다. 7월 25일 서울 마로니에 공원에서 열린 '농축산물가격 보장, 농가부채 해결, WTO 수입개방 반대 2000년 1차 전국농민대회'에는 차량 22대에 900여 명의 진주지역 농민과 학생이 대거 참여했다.

11월 21일에는 전국 120여 시·군에서 5만여 명의 농민들이 '농촌회생 촉구를 위한 100만 농민 총궐기대회'를 가지고 고속도로 점거시위를 벌이면서 농가부채의 실질적 경감과 농산물가격 보장을 요구했다. 농민궐기대회에 참석했던 농민들은 전국 곳곳에서 경부·중부·호남 고속도로 및 주요 국도 등으로 잇따라 진출, 차량시위를 벌이는 한편 경찰의 제지로 진입이 불가능할 경우 그 자리에서 점거농성을 벌였다.

12월 7일 진주농민회는 2차 전국 동시다발 궐기대회에 부응하여 농산물 도매시장 앞에서 1,300여 명이 참여하여 진주시 농민대회를 열었다. 이날 농민들은 막대한 농가부채와 농산물가격 폭락에 대한 항의표시로 농가부채 이자를 농작물로 납부하는 현물상환 및 농기계 반납투쟁을 전개했으며, 8일에는 고속도로 점거투쟁을 벌였다.

진주 이외에도 중부권의 상당수 시·군과 전남북·경남북지역 농민들이 고속도로 점거시위와 함께 농작물 대납투쟁을 벌였다. 농민들이 고속도로를 점거한 것은 획기적인 일이다. 1985년에 처음으로 농민들이 장터 등 거리에서 옥외집회를 가지기 시작한 이래 대규모 집회시위가 주요 투쟁수단이었는데 고속도로 점거는 투쟁방법이 한 단계 발전한 것을 의미한다. 고속도로 점거는 농가부채 누적의 절박성 때문에 일반농민들과 국민들의 호응을 얻을 수 있다는 자신감이 있었기 때문에 가능했다.

이러한 농민투쟁의 성과로 2000년 12월 20일 「농어업인 부채경감에 관한 특별조치법」이 국회에서 의결되었다. 이보다 먼저 정부가 12월 12일에 발표한 「농어업인 부채경감대책」의 주요 내용은 1999년 말 기준 농어가부채 26조 7,000억 원의 58%에 해당하는 15조 5,500억 원에 대해 상환기간을 연장해주거나 이자율을 낮춰주는 것이다. 정부는 이 대책을 추진하는 데 소요되는 예산이 11년간 총 4조 4,378억 원에 달할 것으로 추정했다.[28]

2001년 3월 5일에는 과천 정부종합청사 앞에서 한-칠레 자유무역협정 저지를 위한 전국 농민대표자대회가 열려 진주농민회원 50여 명이 참석했다. 여기서는 농업붕괴를 초래할 한-칠레 자유무역협정의 중단을 촉구했다. 9월 3일부터 6일까지 진주농민회는 진주 IC와 북부파출소 앞에서 쌀문제 해결과 한-칠레 자유무역협정 저지를 위한 천막농성을 벌였다. 이 농성투쟁에는 200여 명의 농민회원들이 지회별로 날짜를 분담하여 참여했다. 농성투쟁중 진주시내 가두방송과 유인물 선전작업으로 시민들의 관심을 유도했다. 또한 지회별로 농민회원들을 참여시킴으로써 9월 15일로 예정된 영남농민대회 동원에도 조직적인 성과를 냈다.

10월 11일 진주농민회는 농협중앙회 진주시지부를 항의방문하고 점거농성을 벌였다. 정부는 농협을 통해 쌀수매를 대행했는데 수매물량이 제한되어있을 뿐 아니라 수매가가 생산비에도 미치지 않았다. 이에

---

28) 위의 책, 434쪽.

진주농민회는 농가생산비를 보장하는 농협 자체수매가 인상과 전량수매를 요구하면서 농협 점거농성 투쟁을 벌인 것이다. 농성투쟁중에 농협과 지역조합장들이 협상이 진행되었으나 타결되지 못했다.

진주농민회는 10월 30일에는 종합토지세 현물납부투쟁을 벌였다. 정부의 시가수매방침에 따라 쌀값이 하락하자 현물로 종합토지세를 납부하는 투쟁을 벌인 것이다. 농민들은 쌀 2,091kg(종합토지세 315만 9,501원 분에 해당)을 진주시청 세정과에 적재했는데, 시당국에서 현물로 받을 수 없다고 하여 농성투쟁을 벌인 것이다. 11월 8일에는 진주농민회원 80여 명이 진주시청에 나락 1,000여 석을 적재하고 기자회견 후 간부들이 삭발함으로써 쌀문제 해결을 강력하게 촉구했다.

11월 13일에는 여의도에서 2001년 1차 전국농민대회가 열렸다. 진주농민회는 각 읍·면 지회별로 버스 12대에 나누어 타고 상경했으나 경찰이 저지하여 본 행사장에는 참여하지 못하고 국회 진격투쟁에만 결합했다. 12월 2일에는 2차 전국농민대회 및 전국민중대회가 있었다. 이 대회에는 180여 명의 진주농민회원이 참여했다.

3. 농민운동의 조직

1) 진주농민회[29]

(1) 진주농민회의 성립
1980년 7월 정현찬 씨 주도로 결성된 금산면 관방원예작목회가 진주

---

[29] 진주농민회의 정식 명칭은 전국농민회총연맹 경남도연맹 진주시 농민회이다. 1995년 진주시와 진양군의 행정구역 통합으로 진양군 농민회는 진주시 농민회로 승계되었다.

지역 농민운동조직의 모태가 된 것은 앞에서 지적한 바와 같다. 관방원예작목회는 농자재 공동구입과 농산물 공동판매를 위한 조직으로 결성되었으나 을류농지세 인하투쟁, 수세현물납부운동 등 초기의 투쟁을 주도하고 농민들을 동원하는 조직으로서 역할했다. 관방마을이 초기 진주지역 농민운동을 이끄는 데 중심역할을 할 수 있었던 것은 관방원예작목회에 힘입은 바 크다.

1987년 6월민주항쟁 이전까지 태동기의 진주지역 농민운동을 주도한 조직은 가톨릭농민회였다. 1981년 을류농지세 인하투쟁과정에서 관방마을에는 가톨릭농민회 분회가 결성되었고, 이 투쟁의 성공으로 1982~83년에 문산읍 갈촌, 대곡면 송곡 등에서 가톨릭농민회 분회가 결성되었다. 1984년에는 이러한 몇 개 분회가 모여 진주시 가톨릭농민회협의회(초대회장 문영구)가 결성되었고, 1987년 12월에는 가톨릭농민회 경남연합회(초대회장 정현찬)가 결성되었다.

1987년 6월민주항쟁 이후 농민운동이 대중운동으로 전환함에 따라 농민운동조직의 전환도 급속한 속도로 이루어졌다. 1988년부터 전국적 수준에서 농민운동조직 통일 움직임이 나타나 1988년 11월 1일 가톨릭농민회, 기독교농민회, 전국농민협회가 조직통일을 위한 간담회를 소집하면서 통합 논의가 본격적으로 시작되었다.

1989년 3월 1일 82개 군이 참여하여 결성된 전국농민운동연합은 1990년 2월 13일 78개 군대표자회의를 가지고 이후 다섯 차례 전국농민회 총연맹 건설을 위한 추진위원회 회의를 통해 1990년 4월 10일에는 대전 가톨릭농민회관에서 67개 군대표자들이 모인 가운데 전국농민회총연맹(초대의장 권종대)을 발족시켰다.

전국조직은 기존의 조직을 수평적으로 통합하는 상층 통합 방식이 아니라 군농민회가 기본조직 단위로 전농에 가입하는 형식을 취해 농민운동의 기본단위에서 통일이 이루어졌다는 점에서 중요한 의의가 있다.

　진주지역에서는 가톨릭농민회에서 활동하던 인자들의 주도로 1989년 5월 21일 금산면 농민회가 결성되었고, 같은 해에 진양군농민회 준비위원회가 만들어졌으며, 1990년 3월 5일에는 진양군농민회(초대회장 정현찬)가 사무실을 열고 정식으로 결성식을 가졌다. 이어 4월 17일에는 경남지역 12개 군이 참여하여 전농 경남도연맹이 결성되었다. 자주적인 농민대중조직이 결성됨으로써 기존에 가톨릭농민회를 통해 활동하던 농민들은 진주농민회로 활동의 거점을 옮겨왔고, 가톨릭농민회는 생명운동 등으로 활동영역을 바꾸었다.[30] 진주지역에서는 조직통합을 기존의 가톨릭농민회원들이 주도했기 때문에 아무런 불협화음도 없이 순조롭게 진행되었다.[31]

(2) 진주농민회의 조직상황

　금산면 지회(초대 지회장 김성수)를 모태로 조직된 진주농민회는 면지회들이 속속 결성되어 지회체계를 갖추게 되었다. 1991년 8월 21일 대곡면지회(초대지회장 하영오)가 결성되었고, 1991년 11월 29일에는 수곡면지회(초대지회장 조정호), 1992년 8월 11일에는 지수면지회(초대지회장 이천섭), 1995년 3월 30일에는 이반성면지회(초대지회장 이제석), 1995년 4월 18일에는 사봉면지회(초대지회장 정인기), 1996년 8월 19일에는 문산읍지회(초대 지회장 김상중), 1998년 9월 26일에는 명석면지회(초대지회장 이영기), 2001년 4월 11일에는 금곡면지회(초대지회장 강동근)가 결성되었다. 현재 8개 지회가 활동하고 있고, 미천면과 일반성면은 현재 지회건설 노력이 진행중이다.

---

30) 한국가톨릭농민회, 『한국가톨릭농민회 30년사』(1966~1996), 샘인쇄문화사, 1999 참조.
31) 정현찬 씨와의 면담, 2002. 3. 16.

지회별 회원은 약 50명에서 150명 정도로 진주농민회 전체 회원은 약 500명 정도이다. 또한 역량이 큰 지회에서는 마을단위의 분회를 결성하여 읍·면지회의 활동에 참여하는 경우도 있다. 금산면지회의 관방분회, 용심분회, 구암분회, 송백분회의 결성과 활동이 대표적인 사례이다. 이와 같이 진주농민회는 위로 전농 경남도연맹과 전농으로 연결되어있고, 아래로 읍·면 지회와 마을분회로 연결되어있다.

진주농민회의 조직구조는 최고의결기구로 대의원총회가 있고, 상설 의결기구로서 상임위원회가 있다.[32] 대의원총회는 당연직 대의원인 임원과 자문위원, 집행위원회 위원, 각 읍·면지회 임원과 선출직 대의원으로 회원 10명 당 1명의 대의원으로 구성되며 1년에 한 차례 열린다. 상임위원회는 읍·면지회장, 읍·면지회 총무, 각 부서장, 사무국장, 협동사업국장으로 구성되며 매월 한 차례 정기회의와 수시로 임시회의가 열린다. 대의원총회와 상임위원회 아래 집행위원회와 협동사업국이 있다. 사무국에 해당하는 집행위원회는 사무국장 아래 부서로는 정책실, 조직부, 교육부, 문화선전부가 있다. 협동사업국은 '우리영농조합법인'으로 독립되어있는데, 이에 대해서는 나중에 따로 다룬다.

정책실은 농민회의 정책생산, 사업 및 투쟁의 기획조정을 담당하는 부서로 농민운동 방향의 모색, 지역농업의 방향 모색, 변화하는 정세에 대한 연구 등을 과제로 삼고 있다.

조직부는 회원 및 조직관리와 대외협력을 담당하는 부서로서 주로 미조직 면단위 농민회 건설을 위한 노력과 미가입 회원의 교육을 통한 회원 확대사업, 그리고 핵심간부 양성 및 조직화사업을 주요 과제로

---

[32] 진주농민회 회칙은 조직의 확대 발전에 따라 7차례 개정되었다. 2001년 12월 18일 제12차 정기 대의원대회에서 조직구조에 관한 회칙이 상당히 바뀌었다(진주농민회, 『2001년 12차 정기총회 자료집』 참조).

삼고 있다. 위에서 본 바와 같이 읍·면농민회가 계속 늘어나 현재 9개 읍·면농민회가 있고, 미천면과 일반성면 농민회 건설을 추진중이다.

교육부는 일상적인 회원교육, 상급단위 교육에 대한 체계적인 참여, 핵심간부들에 대한 정치사상 교육 등의 사업을 주로 하는 부서이다.

문화선전부는 농민회의 대내외적 선전과 조사, 소식지 발간, 대중행사 기획 등을 담당하는 부서로서 1999년 4월부터 두 달에 한 차례 소식지 『통일농사꾼』을 발간하는 일을 맡고 있다. 농민회 운영은 처음에는 수공업적이었으나 1999년부터 조직운영의 일상화가 이루어져 정기총회 자료집과 정기적으로 소식지를 발간하기 시작했으며, 2001년부터는 각종 회의 의사록을 작성하고 있다.

2) 진주여성농민회

진주농민회에 참여하는 여성농민들이 중심이 되어 여성농민회가 따로 구성되어 활동하고 있다. 여성농민들은 1992년 5월 11일 '들꽃만남'이란 이름으로 첫모임을 가지고 회원들을 규합하여 1993년에는 진주여성농민회를 창립했고, 현재 대곡면, 금곡면, 지수면에 지회가 있으며 회원은 100명 정도이다.

조직구조는 회장(한명자)과 부회장, 사무국장이 있고 그 아래 선전국, 조직국, 정책교육국으로 구성되어있다. 여성농민회의 주요 사업은 문화 교육사업이다. 매월 월례회를 통해 회원교육과 활동방향을 논의한다. 1994년부터 들꽃어린이집을 운영하기 시작하여 이런 성과를 바탕으로 2001년부터 진주여성농민센터를 운영하고 있다.

진주여성농민센터는 농림부에 '진주여성농업인센터'로 등록되어있어 매년 인건비(상담원 1명, 교사 2명, 운전기사 1명, 취사요원 1명)와 사업자금을 합쳐 약 9,000만 원의 보조금을 받아 운영되고 있다. 진주여성농민센터는 진주여성농업인센터와 법적으로 독립적이지만, 실질적으로는 진주여성농민회 산하 기구이다. 여성농민센터가 문을 연 이후 진주여성농민회의 활동이 활발해졌다.

최근에는 활동영역을 넓혀 지수지회에서 '들꽃공부방'을 시작하여 방과후에 초중학생들을 모아 공동체생활을 익히게 하는 한편, 사설학원에서 실시하는 학과공부도 겸한다. 여기에는 회원들뿐만 아니라 학부모들도 교사로 참여시키고 있는데, 일정하게 성과가 있어 다른 지회에서도 공부방을 열 준비를 하고 있다. 또 올해부터 '여성농민대학'이라는 프로그램을 운영하여 정기적으로 농민교육사업을 시작했다. 여성농민회 자체 역량을 동원하여 2002년 4월부터는 두 달간 여성농민 실태조사 예정이라고 한다.[33]

3) 연대조직과 연대투쟁

진주지역의 농민운동은 지역운동에서도 중요한 위치를 차지하고 있다. 1980년대 중반부터 진주지역 농민운동의 선진적 인자들은 가톨릭농민회를 통해 시국선언 등에 참여하여 민주화운동에 가담했으며, 1987년 6월민주항쟁 때는 농민들이 진주에서 학생들 주도로 전개된 거리시위에 참여했다. 1988년 2월 '서부경남민주시민협의회'라는 진주지역의 연합운동이 시작되었는데 농민대표는 처음부터 여기에 적극적으로 참여했다. 1989년에는 '진주지역민주단체대표자협의회'가 구성되어 진주지역 연합운동조직 논의가 본격화되었다. 1991년 4월 21일 농민들을 비롯한 민주시민단체에서 300여 명이 참가한 가운데 '서부경남국민연합준비위'가 발족되었고, 1992년 2월에는 '민주주의민족통일 서

---

33) 박미정(진주여성농민회 사무국장) 씨와의 면담, 2002. 3. 16.

부경남연합'이 창립되었다.

　진주농민회는 진주지역 민주노동조합연합, 진주민주청년회, 경상대학교총학생회 등 진주지역 민주단체와 함께 서부경남연합 창립 초기부터 적극적으로 결합하여 현재까지 연합운동 주도세력의 하나가 되었다. 당시 진주농민회장이었던 정현찬 씨는 1기(1992년)부터 3기(1994년)까지 서부경남연합 공동의장을 맡았으며, 4기(1995년)부터 10기(2001년)까지는 상임의장을 맡아 연합운동을 주도했다. 2002년부터는 역시 진주농민회장을 지낸 하해룡 씨가 김재명 민주노총 진주지역협의회 의장과 함께 공동의장을 맡고 있다.

　서부경남연합은 1991년의 5월 투쟁, 1992년의 대통령선거 투쟁, 1994년 『한국사회의 이해』사건 진주지역공동대책위원회 활동, 1995년 광주학살주범 처벌촉구 투쟁, 1996년 노동법 및 안기부법 날치기 개악철회 투쟁, 1997년 경제주권 수호와 고용안정촉구 투쟁, 1998년 통일선언운동, 1999년 국가보안법철폐 투쟁, 2000년 양민학살 진상규명 투쟁 등 전국적 사안의 투쟁을 지역적 차원에서 수행하는 역할을 하는 데 앞장섰다.

　진주농민회는 진주지역에서 지역운동을 이끄는 데서도 핵심적인 역할을 수행했다. 농촌지역에서는 농민회 외에 이렇다할 운동조직이 없기 때문에 자연스럽게 농민회가 지역운동의 중심에 서게 된 것이다. 1991년 3~5월의 대곡면 쓰레기 투쟁, 1993년 8월의 초전동 쓰레기 매립장 투쟁, 1994년 4월의 대곡면 용토피해 보상투쟁, 1994년 5월의 집현면 폐기물매립 철거투쟁, 1997년 7월 둔철골프장건설 반대투쟁, 1998년 2월 문산읍 철로이설 투쟁, 1998년 1월 수곡면 한전피해 보상투쟁, 1998년 9월의 진산농조 투쟁, 1999년 5월의 지리산 식수댐건설 반대투쟁, 1999년 8~11월의 수곡면 상수원보호구역 지정 반대투쟁, 2000년 1월의 농협 하나로마트 수입농산물판매 항의투쟁 등이 진주농민회가 주도한 주요한 지역투쟁이다.

진주농민회는 이러한 지역운동의 성과를 바탕으로 농업경영인연합회, 농업지도자회, 기술자협회 등 다른 농민단체들과의 연대틀을 모색하여 2001년 3월 30일에는 '진주시 농민단체협의회'를 구성하는 한편 각 면별로 농민단체협의회를 구성하는 데 주도적인 역할을 했다. 2001년 4월 16일에는 문산읍, 5월 12일에는 수곡면, 5월 18일에는 명석면 농민단체협의회가 속속 결성되었다. 농민단체협의회는 농촌지역에 흩어져있는 조직역량을 모아 농업문제와 지역문제에 공동 대처하기 위한 농촌지역 연합조직이다.

대학생들의 '농촌활동'은 학생운동의 외연을 확장하는 것일 뿐 아니라 농민운동을 넓혀나가는 장이기도 하다. 학생들은 농민들과의 접촉을 통해 농업과 농민운동의 중요성을 깨치는 기회를 가지고, 농민들은 학생들과의 접촉을 통해 농민문제가 전체 사회의 문제와 연관되어있음을 확인하는 기회를 갖게 된다.

진주지역은 다른 지역에 비해 대학생들의 농촌활동이 가장 활발한 지역 중 하나이다. 이는 진주의 농촌지역이 경상대학교와 인접해있다는 점에서 기인하는 면이 크다. 경상대학교 학생회는 농촌활동을 학생회 활동의 주요한 영역으로 실천하고 있는데, 1990년대 초반 대학생들의 농촌활동이 가장 활발할 때는 물론이고 학생운동이 상대적으로 위축되어있는 현재에도 농촌활동의 열기는 여전하다.

2000년에도 경상대학교 학생들은 단과대학, 학과단위로 14팀 약 300명의 학생들이 진주지역 농촌마을에서 농촌활동을 수행했다.[34] 학생들은 매년 9~10일간의 여름 농촌활동뿐 아니라 봄, 가을에도 3~4일

---

[34] 1998년 한국총학생회연합의 자료에 의하면, 전남·전북을 제외한 지역에서는 한 대학에서 평균 3~5개 팀이 농촌활동을 한 것을 비추어보면 경상대학교가 농촌활동이 상대적으로 활발하다는 것을 알 수 있다.

동안 한 마을을 지정하여 농촌활동을 하고 수년간 지속적으로 같은 마을을 방문하기 때문에 농민들과 깊은 유대를 맺는 경우가 많다.

경상대학교 학생들 중에는 농촌 출신이 상대적으로 많기 때문에 학생들이 농촌활동 경험을 토대로 하여 졸업 후에 농민운동에 투신하는 경우도 많은 편이다. 이들은 진주농민회의 실무를 맡거나 농사를 지으면서 농민들의 조직화에 힘쓰고 있다.

4. 협동사업 : 우리영농조합법인

진주지역 농민운동의 독보적 존재 중 하나는 진주농민회가 협동사업으로 운영하는 '우리영농조합법인'이다. 과거 여러 지역에서 자주적인 협동조합운동을 시도했으나 대부분 실패하고 말았는데 우리영농조합은 경이적인 성공을 거두었다. 우리영농조합은 진주농민회의 외연의 확장일 뿐 아니라 농민운동의 새로운 지평을 여는 새로운 시도라고 할 수 있다.

1) 우리영농조합법인 창립과정

진양군농민회는 1990년 창립 이후 주로 전농 산하조직으로서 쌀 투쟁, 수입개방반대 투쟁, 의료보험개혁 투쟁 등 전국적 수준의 투쟁에 결합하는 운동을 벌여왔으나 소수의 선진적 인자들만이 투쟁에 참여하는 등 운동의 대중적 확대에 늘 한계를 느껴왔다. 어떻게 하면 농민 대중을 농민회 활동과 운동에 끌어들일 수 있을까? 이러한 고민이 협동사업을 시작한 동기였다.[35]

농민대중에게 생활상의 이익을 줌으로써 대중으로부터 농민회의 신뢰를 확보하는 것이 협동사업의 가장 중요한 원칙이었다. "농민회가 비용을 마련하기 위해 재정사업(장사)을 하려는 목적으로 하면 협동사업은 해서도 안되고 성공할 수도 없다. 지역농민들을 중심에 놓고 사업을 해야 한다." 이 원칙은 영농조합법인으로 성공을 거둔 이후에도 관철되고 있다.

시작은 매우 소박했다. 비닐하우스 농가에서 많이 사용하는 영양제가 턱없이 비싸다는 사실을 알고 영양제를 농민회 사무실에 갖다놓고 농민회원들을 중심으로 농민들에게 공급했다. 개인적으로 사면 1만 원 하는 것을 공동구매로 공급하니 3~4,000원 정도였다. 농민들의 반응이 좋아 다음에는 몇 가지 농약을 공동으로 구매하여 공급했다. 효과가 금방 나타났다. 조합을 만들자는 논의가 시작되었다. 1980년 관방 원예작목회의 공동구매사업 경험이 있었기 때문에 쉽게 일을 시작할 수 있었다. 출자자를 모아 사무실을 마련하기로 했다.

1993년 2월 20일 진양군 농민회는 금산면 삼거리에 30여 평의 독자적인 사무실을 마련하고 협동사업을 본격적으로 시작했다. 이때부터 농약과 농자재뿐 아니라 비닐하우스 농가에서 많이 쓰는 면세유류를 취급하기 시작했다. 면세유류는 농협과 일반주유소에서 공급하고 있었으나 유류의 질에 문제가 있었고 양을 속이는 경우가 많았다. 가격도 지역마다 달랐다. 면세유를 취급하기 위해서는 주유소가 있어야 했다. 그래서 재출자를 받았다. 이번에는 일반농민들도 상당수 출자에 참여했다. 출자금으로 지수에 있는 폐업 직전의 주유소를 임대하고 금산면에 저장 탱크를 마련했다. 정품의 면세유를 낮은 가격에 양을 속이지 않고 정직하게 판매했다. 이를 통해 농민들로부터 "농민회 사람

---

35) 정현찬 씨와의 면담(2002. 3. 16). 협동사업을 제기하고 추진한 사람은 당시 진양군농민회장을 맡고 있던 정현찬 씨였다. 그와의 면담을 통해 우리영농조합의 여러가지 새롭고 특이한 면모를 알 수 있었다.

들은 정직하다"는 신뢰를 획득했다. 초기 협동사업이 성공한 것이다.
 물론 어려움이 없었던 것은 아니다. 농민들에게 시중가격보다 싸게 판매해야 하는데, 농협이나 큰 상회에서는 공장 직거래를 하는 반면 농민회에서는 도매상에서 물건을 살 수밖에 없었기 때문에 가격경쟁이 힘들었다. 이러한 어려움을 돌파할 수 있었던 것은 농민회 회원들의 헌신이었다. 농민회 회원들은 협동사업이 상업이 아니라 농민운동의 일환이라는 점을 이해하고 형편없이 낮은 급료에도 불구하고 성실하게 판매와 배달노동을 해냈다. 내부의 어려움은 바깥으로부터의 도전에 비하면 아무것도 아니었다. 농협이 덤핑 판매로 협동사업에 위협을 가했다. 농민회는 손해를 감수하면서 몇 달을 버텼다. 그리고는 가격이 원상으로 회복되었다.
 이러한 어려움을 극복하고 1994년 4월 11일에는 우리영농조합이 창립총회를 열고 법인으로 등록했다. 정식으로 협동조합 사업이 시작된 것이다.

2) 우리영농조합의 조직과 사업

 우리영농조합은 법적으로 여느 조합과 비슷하다. 그러나 실제로는 진주농민회라는 운동조직의 산하조직이라는 점에서 특별하다. 앞에서 본 바와 같이 우리영농조합법인은 진주농민회 산하기구인 협동사업국이다. 법적으로 우리영농조합법인의 대표이사가 책임을 맡고 있지만 실질적으로는 진주농민회가 운영주체이다. 따라서 조합의 운영원칙과 방식 및 사업은 진주농민회의 농민운동관에 의해 일차적으로 규정된다.
 우리영농조합은 현재 농약, 농자재와 면세유를 취급하고 있다. 1997년에는 독자적인 퇴비공장을 설립하여 퇴비를 판매하고 있다. 금산에

본점을 두고 현재 읍·면단위로 6개의 분소(대곡, 지수, 명석, 문산, 금곡, 금산)를 두고 있다. 몇 군데 분소를 더 열 계획이다. 조합에는 5만 원을 1좌로 하여 가입할 수 있는데, 출자 최고한도를 5%로 정하여 소수에 의해 장악되는 것을 막고 있으며, 현재 759명이 조합원이 참여하고 있다. 대표이사(현재 하해룡) 아래 31명의 직원이 있다.

우리영농조합은 1994년 법인등록 이후 사업이 비약적으로 확대되어 농약, 농자재의 경우 매출이 1994년 8,400만 원에서 2000년에는 21억 5,400만 원으로, 면세유의 경우 1994년 3만 2,000드럼에서 2000년에는 6만 2,000드럼으로, 퇴비의 경우 1996년 4만 포에서 2000년에는 23만 포로 급증했다. 총매출고는 1994년 16억 원이었으나 2000년에는 81억 원으로 증가했고, 2001년에는 약 100억 원을 돌파했다. 이러한 사업확대는 우리영농조합이 정확한 품질로 시장가격보다 싼값으로 농민들에게 농약, 농자재와 면세유, 퇴비 등을 공급하기 때문이다. 특히 공장폐기물을 전혀 쓰지 않고 직영공장에서 생산하는 '무공해 퇴비'는 품질로 정평이 나 있다. 또한 우리영농조합은 '에나 제도'[36]를 두어 만약 제품의 질에 문제가 있거나 시중가격보다 비쌀 경우 전액 보상하고 있어 농민들에게 신뢰를 주고 있다.

사업확장으로 많은 이익금이 나오면서 사업이익금 배분이 가장 큰 문제로 떠올랐다.[37] 이해 당사자는 셋이다. 조합원을 주로 하는 농민, 조합의 실무를 담당하는 직원 그리고 농민회이다. 조합원들에게는 출자배당과 이용고배당으로 이익을 돌려준다. 직원들에게는 임금을 지급한다. 농민회에는 월 500만 원 정도의 운영비를 지원한다.[38] 이 중

---

36) '에나'라는 말은 진짜, 정말이라는 뜻의 진주지역 사투리이다.
37) 정현찬 씨는 이를 "조합이 망해도 큰 일이고 돈을 벌어도 큰 일이다"라고 표현했다(2002. 3. 16. 면담에서).
38) 많을 때는 연간 8,000만 원이 될 때도 있었다고 한다(정현찬 씨와의 면담, 2002. 3. 16).

조합원에게 지급하는 배당금과 농민회지원금은 큰 문제가 없는데, 직원의 임금책정이 가장 큰 문제였다고 한다.

1년여 이상 논의 끝에 마련한 '급여규정'은 매우 특이하다. "기준을 어디에 두어야 하는가 하는 문제의 해답을 구하기가 어려웠다. 농협이나 다른 조합의 급여규정을 기준으로 하려고 시도하기도 했다. 마침내 '우리 식으로' 임금체계를 마련하기로 했다."[39] 우리영농조합법인의 직원 임금체계가 특이한 몇 가지 점을 지적하면 다음과 같다.

첫째로 직원급료는 농민의 하루일당을 초과하지 못한다. 현재 농촌에서 남자의 하루 일당은 5만 원, 여자는 2만 5,000원이다. 따라서 직원의 급료는 총 150만 원을 넘지 못한다. 이러한 원칙은 "농민들의 삶과 같은 삶을 살아야 한다"는 원칙에서 나온 것이라고 한다.[40]

둘째로 속인급 원리에 따라 임금이 최대한 생계비에 충당되도록 고려되고 있다. 급료체계는 본봉과 가족수당 및 직책수당으로 구성되어 있다. 본봉은 호봉제인데 1호봉의 본봉은 60만 원이고 2년 근속에 한 호봉씩 올라가도록 되어있다(호봉간격은 5만 원). 본봉에는 연차·월차수당, 생리수당, 식비, 초과근무수당 등 제수당이 포함되어 있고, 따로 추가로 지급하는 수당은 가족수당과 직책수당(소장과 부장 10만 원, 과장 5만 원)뿐이다. 가족수당은 고등학생과 대학생이 있는 경우 1인당 10만 원, 그외는 1인당 5만 원을 지급한다.

셋째로 근속연수에 따라 호봉체계를 채택하되 학력은 완전히 무시하고 사회운동경력(4호봉), 농사경력(3호봉), 직장경력(2호봉), 군대경력(2호봉)이 초봉 책정에 고려되고 있다.[41]

---

39) 정현찬 씨와의 면담, 2002. 3. 16.
40) 이러한 원칙은 1871년 빠리꼬뮌이 꼬뮌의 모든 의원, 공직자들의 봉급을 노동자 임금수준을 초과하지 못하게 한 최고임금제를 채택한 것과 같은 맥락에 있는 것이라고 하겠다(맑스, 「프랑스 내전」, 『프랑스 혁명사 3부작』, 소나무, 318쪽 참조).

이러한 급여규정은 우리영농조합이 직원의 조합이 아니라 농민의 조합이어야 한다는 기본원칙에 입각해있는 것이다. 현재 실제로 30여 명의 직원이 받는 임금은 평균 100만 원에도 미치지 못하는데, 이는 다른 직종의 임금보다 낮은 편이다.[42] 조합의 이익이 많이 남을 경우 이 중 소액만을 성과상여금으로 직원에게 배분하고 대부분은 조합원인 농민들에게 출자배당금과 이용고배당금으로 돌려준다. 우리영농조합의 이러한 임금체계가 유지되는 가장 중요한 이유는 물론 직원들이 협동사업을 농민운동의 일환으로 보고 이에 헌신적으로 참여하기 때문이라고 할 수 있다.

3) 협동사업의 의의

우리영농조합이 사업에 성공함으로써 거둔 가장 큰 성과는 진주농민회가 농민대중의 신뢰를 확보했다는 점이다. 이전에는 많은 농민들이 농민회를 좀 특별한 사람들이 하는 것으로 여겼으나 영농조합에는 쉽게 참여했고 영농조합 참여를 통해 농민회에 가입하는 농민들도 늘어났다. 농민회가 대중속으로 파고들 수 있었던 것이다. 각 면단위의 분소는 면지회 활동의 중요한 거점이 되고 있다. 이러한 신뢰를 바탕으로 최근에는 수곡면 농협조합장선거에서 진주농민회 수곡지회장을 지낸 조정호 씨가 조합장으로 당선되기도 했다.

우리영농조합이 있는 곳에서는 기존의 농협과 중소 유통업자의 착취와 횡포가 근절되었다. 우리영농조합이 농약, 농자재, 유류 등을 싼

---

41) 우리영농조합법인, 「급여규정」, 2001 참조.
42) 영농조합법인 대표이사도 월 150만 원이 급료의 한도이다. 작년까지 대표이사가 한도인 150만 원을 받았으나, 올해 새로 취임한 하해룡 대표이사는 100만 원을 받고 있다.

값으로 공급하게 되자 상인들도 가격을 인하할 수밖에 없었다. 우리영 농조합이 시장가격을 인하하는 작용을 한 것이다. 가령 다른 지역의 경우 면세경유 가격이 1리터 당 300원이 넘는데 우리영농조합 본점이 있는 금산면의 면세경유 가격은 245원이다. 심할 경우에는 리터당 130원까지 차이가 난다. 농약과 농자재의 경우도 시장가격을 내려 진주지역의 농약, 농자재가격이 전국적으로 가장 싸다. 물론 우리영농조합은 진주지역 농약사의 가격보다 더 싼값으로 농약과 농자재를 농민들에게 공급하고 있다.

　진주농민회의 우리영농조합이 성공을 거둘 수 있었던 데는 여러가지 이유가 있겠지만, 다음 세 가지 점은 분명한 것 같다. 첫째로 무엇보다 사업을 추진한 주체가 올바른 방향설정을 하고 일체의 사욕을 버리고 헌신적으로 봉사했다. 영농조합이 단순히 농민회를 위한 재정사업이 아니라 농민대중을 위한 사업이라는 원칙을 철저히 관철함으로써 대중들을 끌어들이는 데 성공할 수 있었다. 즉 협동사업을 농민운동의 일환으로 접근한 점이 성공의 비결이었다. 나아가 지도부는 그러한 원칙을 각종 규정을 통해 제도화시켰다.

　둘째로 직원으로 참여하는 인자들의 헌신성이 중요하게 작용했다. 조합의 규모가 커지고 이익이 남게 되면 조합이 관료화되는 경향이 있고 직원들이 개인적인 이해관계를 내세우게 마련인데 우리영농조합의 경우 그러한 우를 피할 수 있었다. 직원 충원구조가 여느 조합과 다르다는 점을 주목할 필요가 있다. 직원 31명 중 경상대학교에서 학생운동을 경험하고 농촌에 투신한 사람들이 19명으로 대부분을 차지하고 있고 농사현장 출신이 4명이다. 이들은 다른 직장과 비슷한 일을 하지만 상대적으로 낮은 급료에도 불구하고 협동사업이 농민운동의 일환이라는 문제의식을 잃지 않음으로써 희생을 감내하고 있는 것이다.

　셋째로 진주지역이 전국적인 비닐하우스 밀집지역으로 협동사업의 시장이 상대적으로 크고 밀집되어있다는 점도 유리한 조건으로 작용했다고 할 수 있다. 이 점은 영농조합 성공에 결정적 요인은 아니라 하더라도 사업규모 확대에 일정한 영향을 미쳤을 것이라고 볼 수 있다.

우리영농조합이 성공을 거두자 이 사실이 전국적으로 알려지게 되었고 협동사업이 확산되기 시작했다. 다른 지역에서 조합의 운영실태를 견학하러 오는 사례가 늘어났고, 현재 전국적으로 진주를 포함하여 거창, 고성, 창원, 나주, 담양, 보성, 상주, 철원, 춘천에서 10개 영농조합이 활동하고 있다. 이 지역들은 모두 농민회활동이 활발한 지역이다.

전농[43])에서는 최근 경제협동사업단을 발족하여 진주농민회의 우리영농조합을 모델로 체계적으로 보급하려는 시도를 하고 있다. 그러나 다른 지역의 경우 협동사업이 농민회와 독립적으로 이루어지고 있어 이를 지역농민회 산하로 편입하는 것이 과제이다. 협동사업이 분리되어있으면 자본주의사회에서는 자본의 논리가 지배하게 되어 출자자 중심의 사업으로 변질될 가능성이 항상 있기 때문이다. 그래서 전농은 진주농민회의 성공사례를 모델로 하여 협동사업에 관한 지침을 상위규정으로 마련하는 중이라고 한다.

이러한 시도는 '제2농협 건설론'이라 할 만하다.[44]) 국가가 위로부터 시작한 농협이 고유사업인 경제사업을 등한시하고 신용사업에 주력함으로써 농민들의 이익을 대변하지 못하고 있다는 것은 잘 알려진 사실이다. 앞에서 본 바와 같이 1999년에 김대중 정부가 협동조합 개혁을 시도했으나 단순 기구통합으로 그치고 말았다. 민주화는커녕 농협을

---

43) 올해는 마침 우리영농조합을 성공으로 이끈 장본인인 정현찬 씨가 제9기 전농 의장으로 선출되어 활동하고 있다.

44) 1990년 당시 전국노동조합협의회 건설 당시 한국노총민주화론과 제2노총 건설론이 대립하다가 결국 제2노총론으로 전노협이 결성되고, 결국 1995년 민주노총이 건설된 과정은 타산지석이 될 것이다.

통한 농민의 지배는 오히려 강화되었다. 이를 민주화하는 것은 현재로선 요원한 과제처럼 보인다. 농민회의 협동사업은 협동조합 고유의 경제사업을 통해 농민들의 이익을 결집시켜나감으로써 현재 농협이 하고 있는 역할을 대체할 수 있다. 그것이 전국적 조직망을 갖춘다면 기존의 농협을 무력화시키고 진정한 협동조합으로 자리잡을 수 있다. 진주농민회의 우리영농조합은 이러한 제2농협 건설의 전초기지가 될 수도 있는 것이다.

5. 맺음말

1862년 진주농민항쟁이 전국적으로 번져간 농민항쟁의 효시를 이룬 역사적 전통에 부끄럽지 않게 진주지역은 오늘날에도 농민운동이 전국에서 가장 활발하게 전개되는 지역 중 하나이다. 진주농민회는 조직 규모가 크고 조직 내적 통일성이 높은 것은 물론이고 투쟁에서도 선도적 역할을 해왔으며, 특히 협동사업에서 독보적인 성공을 거두어 전국적으로 모범이 되고 있다. 또한 지역 사회단체와의 연대투쟁에도 소홀하지 않아 지역운동에서도 주요한 역할을 수행해왔다.

이제 진주지역 농민운동은 내부적 역량을 더욱 증대시켜 지역적 한계를 벗어나 전국적인 농민운동과 민주화운동에 더욱 힘을 쏟아야 할 때가 되었다. 이를 위해 진주지역 농민운동은 다음 몇 가지 점을 염두에 두어야 할 것이다.

첫째, 농민대중 속으로 더욱 깊이 파고들어가 이들을 조직화함으로써 농민운동의 주체를 다수의 중소농 중심으로 강화해야 한다. 이를 위해 농민회 지회가 건설되어있지 않은 면단위에 면농민회를 조직하고 영농조합법인의 분소를 개설하는 노력을 기울여야 할 것이다.

둘째, 활동가들의 헌신성에 주로 의존해온 조직운영을 농민대중이 직접 참여하는 운영방식으로 전환시키고, 조직 내 민주주의를 발전시켜나가야 한다.

셋째, 연대활동을 더욱 강화해야 한다. 농업문제는 한국자본주의의 구조와 밀접히 얽혀있고 전체 국민 중 농민들 수가 소수이기 때문에 농민들 힘만으로는 농민문제를 해결하기 어렵다. 소비자단체와의 연대, 노동운동단체와의 연대를 높여야 할 것이다.

넷째, 지방정치에 적극 참여하여 지방자치단체와 농협의 민주화에 힘쓰는 한편 지방정치의 주도세력으로 서도록 노력해야 한다.

다섯째, 민중의 진보정치역량을 강화하는 데 농민운동이 적극 참여해야 한다. 지금까지 농민회는 합법적 대중정당운동인 민주노동당에 참여하는 것을 미루어왔는데 더이상 지체하지 말고 민주노총, 빈민연합과 연대하여 민주노동당을 조직적으로 강화하는 데 적극 참여하여 민중의 정치적 진출을 앞당겨야 할 것이다.

종합토론 : 진주지역 농민운동 연구의 현황

사회자(김중섭) 이제 종합토론을 시작하겠습니다. 저는 사회를 맡게 된 경상대학교 사회학과 김중섭입니다.

오늘 학술대회는 진주농민항쟁 140주년을 기념하여 열린 것입니다. 지난 140년의 역사를 불과 몇 시간 만에 다 훑어본다는 것이 결코 쉽지 않다는 것을 다시 확인했습니다. 그렇지만 대단히 의미있는 발표였다고 생각합니다. 실제로 140년 전에 일어난 농민항쟁이 오늘날 우리에게 주는 의미를 되새겨보았습니다. 현재 진주지역의 농민운동에 이르기까지 시대별 농민운동을 점검하면서 진주농민항쟁이 과거의 역사로 남아있는 것이 아니고 오늘날에도 살아있고 또 앞으로도 살아갈 대단히 중요한 역사였다는 것을 다시 확인할 수 있어 저로서도 참으로 기뻤습니다.

시간이 많이 지체되었기 때문에 토론순서를 간략하게 말씀드릴까 합니다. 먼저 토론에 참여해주실 네 분을 소개해 드리겠습니다.

먼저 연세대학교 국학연구원 연구교수로 계시는 김선경 선생을 소개합니다. 김선경 선생은 송찬섭 선생이 발표한 「1862년 농민항쟁과 진주」와 관련하여 토론해주시겠습니다. 다음 역사학연구소 연구원으로 계신 박준성 선생을 소개합니다. 박준성 선생은 김준형 선생이 발표한 「1894년 진주 인근에서의 동학군 봉기」에 대해 토론해주시겠습니다. 세번째로 동아대학교 사학과의 홍순권 선생께서는 「1920년대 진주지역의 농민운동」을 발표한 오미일 선생의 글에 대해 토론해주시겠습니다. 마지막으로 진주교육대학교 도덕교육과의 최문성 선생께서는 진주지역에서 일어난 해방 직후부터 오늘날까지의 농민운동을 포괄적으로 토론해주시겠습니다.

먼저 네 분 토론자께서 각각 10분씩 의견을 말씀해주시고, 장내에 계신 청중 여러분들의 질의를 받도록 하겠습니다. 그런 다음에 발표자들의 의견을 5분 정도 듣도록 하겠습니다.

김선경 오늘 140여 년에 걸친 진주지역의 농민운동에 대한 발표를 듣고 많은 생각을 했습니다. 전체적인 느낌은 각 시대의 운동들이 단절적으로 연구되고 있지 않나 하는 것입니다. 실제 운동은 그렇게 단절적으로 전개되었던 것이 아닐 터인데요. 앞으로 진주지역을 중심으로 보건 전체 운동을 생각하건 간에, 한 시대의 운동이 다음 시대의 운동과 어떻게 관련되는지, 운동의 연속성에 관한 고민이 있어야 될 것 같습니다.

당해 시기에 농민들이 어떻게 대응했고 당시의 역사에 어떤 영향을 미쳤는가를 추구하는 것도 매우 중요합니다만, 그것이 이후 농민들의 의식이나 경험을 통해 주체 자체를, 주체의 상호관계를 어떻게 변화시켰는가를 파악해야만 운동의 연속성 문제를 추구해볼 수 있지 않을까 하는 생각에서 송찬섭 선생 발표에 대해 간단하게 질문드리겠습니다.

사실 1862년 농민항쟁을 바라보는 견해가 발표자와 그다지 다르지 않아서 발표내용을 논박하는 질문이라기보다 같이 고민해볼 문제들을 제기한다는 생각으로 질문드리고자 합니다.

1862년 진주농민항쟁은 관련자료가 많이 남아있는 편이고, 이 자료들에는 많은 사람들이 등장합니다. 이 사람들 개개인의 역할을 잘 드러내면서 농민항쟁 과정을 구성한다면, 진주농민항쟁의 역동성이 훨씬 잘 드러나고 당시 사람들의 의식과 경험, 사회적 관계도 좀더 드러날 수 있지 않을까 하는 생각입니다.

그런 재구성을 위한 접근방식의 하나로 농민들을 항쟁에 나서게 했던 항쟁의 주요 대상인 진주목이나 경상우병영과 농민항쟁 참여자들의 관계를 구체적으로 상정해볼 수 있겠습니다. 예를 들어 진주에 병영이 있다는 사실은 다른 지역과는 다른 진주의 특수한 상황입니다. 다른 지역은 목이건 군이건 현이건 대개 지방행정 관청만 있는데 비해, 진주는 병영이라고 하는 군사기관이 있었습니다. 일반 지방관청은 어떤 의미에서 지방인민과 상당히 밀착된 관계를 맺고 있습니다. 관이라고 하지만 수령도 중앙정부에 대해 민과 공동으로 책임지는 부분이 많기 때문입니다.

  진주병영의 경우 농민들과 어떤 관계를 맺었을까? 병영은 진주지역만 관할하는 것이 아니었지만, 진주는 병영에 좀더 많은 부담을 지고 있었던 것이 사실입니다. 진주의 일정 지역을 분할하여 병영에 직속시키고 각종 잡역을 부담지웠을 가능성이 높습니다. 혹시 진주 가운데서도 병영과 특수한 관계를 맺는 지역의 농민들이 농민항쟁에 좀더 주도적이었을 가능성은 없을까요?

  또 진주 사족층의 경우도 목과의 관계가 진주병영과의 관계와 동일하지 않았을 것 같습니다. 목의 경우 진주 사족들이 향회를 통해 그 지배체제의 일부를 담당했는데, 병영의 경우는 어떠했을까요? 이런 점들이 궁금합니다.

  또 하나의 접근방식은 농민들의 일상적인 생활공간인 마을을 넘어서 진주라는 목단위의 투쟁이 어떻게 조직화되었는지를 세밀하게 추구해보는 것입니다.

  최근 우리 역사학계에서는 향회, 즉 기존의 사족 중심 지방기구인 향회가 새롭게 성장하는 요호부민들을 바탕으로 해서 농민항쟁 때 저항, 조직화했다는 것이 통설로 받아들여지고 있습니다. 송선생께서는 이에 반대 입장을 표명하셨고, 저도 마찬가지로 반대 입장입니다. 진주에서 잘 드러나듯이 농민들이 사족 명망가 한두 사람을 불러냈다고 해서 그 명망가들이 자신의 기존 조직을 가지고 농민항쟁을 주도했던 것은 분명히 아니고, 농민들이 명망가를 불러내어 이용했다는 측면이 강하기 때문에 농민항쟁과 기존 향회를 곧바로 연결시키기는 힘듭니다. 농민항쟁의 민중 주도성이 좀더 강조될 필요성이 있다고 봅니다. 그런데 향회설 입장에 서면 향회가 목단위의 조직이기 때문에 농민항쟁이 목단위로 조직되었다는 사실이 문제거리가 되지 않습니다. 하지만 향회설을 부정하면 일상적인 생활경험이 마을을 벗어나기 어려운 농민들이 어떻게 목단위의 항쟁을 조직했는가에 대한 문제설정이 필요하고, 이에 대한 세밀한 추구가 요청됩니다.

농민들이 마을단위를 벗어나 진주목 차원에서 상호 연대할 수 있는 관계들이 이미 어느 정도 존재했다고 볼 수 있을 터인데, 기존의 관계를 근거로 새로운 관계를 형성해나가는 과정에 대한 정치(精緻)한 분석들이 필요합니다. 가령 장시를 매개로 몇 개 마을의 사람들은 이미 상당히 안면이 있고, 문제를 공유해온 과정도 있었다는 것을 상정해볼 수 있습니다.

또 진주는 초군청을 통해 일반 소·빈농층이 이미 목단위로 조직적인 관계를 갖고 있었던 것 같고, 또 이전에 고을문제 해결을 위한 등소운동에도 민들이 어떤 식으로든지 참여했겠지요. 농민들을 주체로 하여 농민항쟁을 재구성하고자 할 때 지배층과 달리 일반민중의 경우 그들의 활동영역과 시야가 적어도 목단위 정도는 확보되었을 것이라는 것이 당연히 전제되지 않았습니다. 이것이 존재한 가능성을 현실화시킨 것이 농민항쟁이었겠지요. 진주의 경우 일반민들이 마을을 넘어 좀더 넓은 단위에서 문제를 제기하고 조직화해가는 과정이 자료를 통해 어느 정도 추적될 수 있으리라고 봅니다. 진주농민항쟁에서 이 점을 잘 설명해낸다면 당시 일반민들의 사회적 활동방식, 상호관계에 농민항쟁이 어떤 영향을 미쳤을지, 그리고 그것이 이후 농민들에게 어떤 유산으로 남았을지를 해명하는 데 중요한 기여를 하리라고 생각합니다. 이상입니다.

사회 앞에서 말씀드렸듯이 시간관계상 토론을 먼저 다 듣고 발표자들의 의견을 나중에 모아서 듣도록 하겠습니다. 송선생께서는 토론 내용을 잘 기억해두셨다가 이따가 요점을 간단하게 답변해주시면 고맙겠습니다. 그러면 박준성 선생께 토론을 부탁드릴까요?

박준성 1862년 농민항쟁 이후 지금까지 진주라는 한 지역에서 계속된 농민들 투쟁의 역사를 보면서 많은 것을 배우고 느꼈습니다. 1894년 농민전쟁 당시 집강소를 설치했던 농민들이 지향했던 세상의 모습, 해방 후 지방인민위원회에서 농민들이 세우려던 권력과 염원, 이런 실천과 바람들이 지금까지 면면히 이어져 이곳 진주지역 영농조합 활동으로 계속되고 있다고 느낍니다.

김준형 선생의 발표를 듣고 나서 1894년 농민전쟁 때 농민군의 반봉건 반침략 투쟁이 일본군과 개화파정권 그리고 보수 민보군, 이들 3자 연합의 탄압으로 실패로 돌아갔고, 이후 서구열강에 의해 수많은 이권이 본격적으로 침탈당한 사실이 새삼 떠오릅니다. 그때 침탈당했던 이권 가운데 중요한 것이 철도와 전기였습니다. 두 가지 모두 산업의 주요 동력이지요. 그런데 100여 년이 지난 지금 철도, 전력, 발전이 다시 공기업 민영화라는 이름으로 팔려나갈 위기에 처해있습니다. 공기업 민영화, 사유화는 해당 업종 노동자들의 절박한 생존의 문제일 뿐 아니라 우리 시대 전체의 문제이기도 합니다.

예나 지금이나 농민, 노동자, 민중에게 가장 절박하고 절실한 문제는 먹고살아야 한다는 생존권과 좀더 나은 삶을 살고자 하는 생활권입니다. 따라서 생존권과 생활권 확보투쟁이 모든 민중운동의 핵심입니다. 이 생존권과 생활권을 확보하려는 투쟁이 어떻게 그 시대의 사회모순과 역사적 과제를 해결하는 운동으로 상승되어갔는가를 파악하는 것이 1894년 농민전쟁 연구에서도 중요한 문제입니다.

지금까지 1894년 농민전쟁은 흔히 제1단계 고부농민항쟁, 제2단계가 3월부터 시작된 1차 농민전쟁, 제3단계가 집강소체제 그리고 제4단계가 9월 중순 이후에 전개된 2차 농민전쟁이라는 단계별 전개과정으로 설명해왔습니다. 대략의 흐름을 파악하는 데는 여전히 유효한 구분입니다만, 이것은 전봉준과 1차 농민전쟁 때의 주요 격전지였던 전라도를 중심으로 한 인식체계이기도 합니다. 그러나 2차 농민전쟁이 9월 중순 전라도에서 다시 봉기하여 시작되었다고 보는 것은 전국 수준에서 보았을 때 문제가 있습니다. 김준형 선생이 발표한 진주지역을 보더라도 이 도식에 딱 들어맞는 것이 아니라는 걸 알 수 있습니다.

그리고 지금은 많이 바뀌었지만, 1차 농민전쟁은 반봉건 투쟁, 2차 농민전쟁은 반침략 투쟁으로 확연히 구분되지 않고 섞여 있다는 것이 진주지역을 통해서도 확인할 수 있습니다.

그렇지만 여전히 중요한 쟁점은 진주지역에서 9월부터 본격화되는 농민군의 투쟁을 제2차 농민전쟁의 성격으로 파악해야 할 것인가 아니면 집강소기 활동의 격화과정으로 봐야 할 것인가 하는 문제입니다. 성격을 어떻게 규정할 것인가 하는 문제이겠지요. 또 왜 진주지역 농민군 활동이 9월 초에 전면화되는가 하는 시기의 문제입니다.

이와 함께 1894년 진주지역 농민전쟁을 조직하고 주도해나갔던 주도층이 누구이며, 동학조직과 어떻게 연관되어있었고, 몰락양반들과는 어떻게 관계를 맺고 있었는지 그 연관성도 분명하지 않은 것 같습니다. 진주지역 농민전쟁의 주도층이 제대로 파악되지 않고 있기 때문에 이들이 8월 하순 남원에서 열렸던 농민대회와 이를 주도했던 김개남

세력, 이 세력과 밀접하게 연관되어있던 김인배 세력과 어떤 관계를 맺고 있었는지를 알기가 힘듭니다. 진주까지 들어왔던 김인배 세력은 분명 진주 농민군세력과 연관이 있을 텐데 말입니다. 이들 사이에 연관성이 드러날 때 진주지역 농민군 활동의 성격이 좀더 분명해지지 않을까 합니다.

　그리고 글의 끝부분에서 농민군의 지향과 개혁요구를 제시하면서 민족문제에 지대한 관심을 가지고 척왜양을 전면에 내세웠다고 했습니다. 그 예로 민병사가 신병사로 바뀌는 것에 반대했다는 사실을 들었는데, 물론 그 바닥에 척왜양이라는 의식이 담겨있다고 볼 수 있겠지만 이러한 예만으로 척왜양이 전면화했다고 보기는 부족하다고 생각합니다.

　마지막으로 1894년 농민전쟁에 참여했던 농민군들이 그 뒤 보수유생층이 주도하는 의병운동에 참여했던 것으로 알려진다고 했는데, 어느 정도가 어떻게 참여했는지 궁금합니다. 1896년 의병을 보면 보수 유생의병장들은 대체로 1894년 농민전쟁 때 농민군을 탄압하는 민보군을 조직하고 이끈 자들이 많습니다. 진주지역의 사정도 비슷했다면 농민군이 이런 의병장 밑에 대거 참여하여 의병활동을 했다고 볼 수는 없지 않겠습니까?

　그리고 동학농민세력이 나중에 일진회에 일부 참여한 사실을 지적하고 있습니다. 그러한 사실이 있었던 것은 맞습니다. 1894년 농민전쟁에 참여했던 세력 가운데 일부가 일진회에 참여했습니다. 그런데 의병이나 일진회에 참여한 사람이 일부라고는 하지만, 이렇게 글을 마무리하면 1894년 농민전쟁에 참여했던 농민군이 1896년 보수 의병에 들어갔다가 뒤에는 일진회에 참여했다는 식으로 읽힐 우려가 있습니다. 물론 이런 사실들도 사실대로 파악할 필요가 있겠습니다만, 글 전체의 흐름을 그렇게 마무리지으려는 것은 아니었다고 봅니다. 이 정도로 소감과 몇 가지 의문을 말씀드리겠습니다.

　사회 박선생께서 제기하신 문제는 진주농민항쟁이 진주의 지역사이지만 전국의 역사와 관련되어있다는 점을 지적하는 중요한 쟁점이라고 생각됩니다. 1894년 동학농민전쟁의 성격을 진주의 사례에 비추어서 어떻게 규정할 것인가? 이건 상당히 큰 쟁점이 될 것 같습니다. 이에 대해 김준형 선생께서는 간략하게 답변을 준비해주시기 바랍니다. 그러면 세번째 토론자인 홍순권 선생께 1920년대 진주지역의 농민운동에 관해 토론을 부탁드립니다.

　홍순권 1920년대는 오미일 선생께서 발표한 글에서도 그 내용들이 잘 나와있듯이, 진주라는 지역이 전국적으로 아주 강하게 부각된 시기라고 할 수 있습니다. 일제시기의 농민운동 또는 소작인운동에서뿐만 아니라 이곳 시민이라면 누구나 잘 알고 있는 형평사운동의 발원지도 바로 진주이고, 이 두 운동 모두 1920년대, 특히 그 전반기에 있었던 일들입니다. 당시 전국에서 전개된 사회운동의 중심역할을 한 곳이 진주였다, 이렇게도 얘기할 수도 있을 것 같습니다.
　그러면 왜 진주가 그 시기 사회운동에서 이렇게 중요한 역할을 맡게 되었느냐? 그 배경이 무엇이냐 하는 것을 명확하고 구체적으로 해명하는 것이 오늘 학술발표의 취지와 부합되지 않을까 해서, 그러한 문제들을 중심으로 해서 몇 가지 질문을 던져보겠습니다.
　우선 진주지역의 소작인운동이 특히 노동공제회가 1922년에 치른 그 소작인대회가 전국적으로 영향을 미쳤다는 점은 발표에서도 이야기하고 있습니다만, 구체적으로 어떤 영향을 주었는지, 그 이유와 배경에 대한 해명이 부족한 것 같습니다. 그것은 여러가지 측면에서 고려해볼 수 있겠습니다만, 저는 그 시기에 진주지역의 사회운동이 급격히 발전되어가는 요인 가운데는 농민운동 지도부의 역할과 관련된 어떤 문제가 있지 않았겠느냐 하는 생각을 해보았습니다. 왜냐하면 진주지역의 농민운동을 주도한 세력들이 오선생께서 지적했듯이 주로 청년회 관계자들이고, 동시에 이들이 1920년대 사회주의운동을 주도하는 아주 핵심인물이었기 때문입니다.

특히 강달영은 제2차 조선공산당의 책임비서를 맡은 핵심적 인물로 등장하고 있습니다. 그래서 이러한 점들과 관련지어서 이 문제를 풀어본다면 어떨까 생각하는데, 이 점에 대해 어떤 의견이신지 말씀해주셨으면 좋겠습니다. 제 생각으로는 특히 그러한 지도부의 성격규명이 반드시 필요할 것 같습니다. 그들이 구체적으로 어떤 사람들이었느냐, 어떠한 사회계층적, 이념적 성향을 지녔느냐, 교육수준은 어떠했느냐, 지역사회에서 어떠한 연유로 리더십을 행사할 수 있었느냐 등등의 문제가 정확히 규명될 필요가 있다고 생각합니다.

다음 한 가지 더 관심이 가는 부분은 1920년대 진주지역에서 농민운동이 활발했다고 설명되고 있습니다만, 여기에 제시된 것을 보면 운동조직의 발전, 실제 구체적인 소작쟁의의 전개상황, 농민운동의 전개 등에 관한 구체적인 데이타가 없습니다. 다른 지역과 비교해서 1920년대의 소작쟁의가 이 지역에서 훨씬 더 빈발했던 것인가 아니면 어떤 소작쟁의 운동이 다른 소작쟁의 운동을 이끌어간 선도적 역할을 했다는 지표 같은 것이 없었는지에 대해서도 묻고 싶습니다.

그와 관련해서 대개 소작쟁의 운동이라고 하면 그 요구조건에 여러가지 내용이 있습니다만, 가장 핵심적인 것이 소작료율 인하운동일텐데, 진주지역에서는 그것보다 지세, 공과부담에 대한 소작농민들의 인하 요구가 중심 이슈가 되었던 것으로 밝혀놓고 있습니다. 그러나 실제 언급된 자료의 내용을 면밀히 들여다보면 다르게 해석될 소지도 있습니다. 예를 들면 진주지역은 노동공제회 활동이 강해서 오히려 지주측에서도 소작인들의 결의내용을 지지하는 비율이 높아서 지방에 따라서는 90% 정도의 지주들이 소작인회의 결의사항을 지지했다는 이야기가 있어요. 그러면 나머지 10%는 뭔가? 이런 의문이 당연히 들 것이고, 90%의 지주가 소작인회의 결의를 지지하는 상황 속에서 나머지 10%의 지주에 대해 소작농민들은 어떤 태도를 취했을까? 더 강렬하게 저항하는 것이 자연스럽지 않았겠는가? 이러한 측면에서 소작인대회 이후의 소작인운동 내지 소작쟁의가 실제 어떻게 전개되었는지에 대해 여쭙고 싶습니다.

이외에 한 가지 더 고려할 사항이 있는데, 1920년대 농민운동이라고 하면 오선생의 발표에서처럼 농민조합운동, 전국적으로는 농민총동맹이 지도하는 그런 농민운동도 있었습니다만, 천도교계통의 조선농민사운동이 당시 전국적으로 강력한 조직을 갖고 있지 않았습니까? 이 점과 관련해서 진주를 비롯한 인근 지역의 상황은 어떠했을까? 만일 천도교계통의 조선농민사가 진주지역에 뿌리내리지 못했다면 그 이유는 무엇이었는가 하는 질문을 하나 더 첨가하겠습니다.

사회 홍선생께서 던진 질문은 발표자인 오미일 선생에게 답을 구하는 것이라기보다 진주지역에 사는 사람들이 대답해야 할 것이 많은 것 같습니다. 이를테면 농민운동만의 문제가 아니라 당시의 사회운동 전체에 대해 묻고 있는 것 같습니다. 어떻게 해서 1920년대에 진주지역에서 농민운동이 활발히 이루어졌는가에 관한 질문은 간단하게 답하기 어려운 큰 문제라고 생각됩니다. 아무튼 오미일 선생의 답변은 나중에 듣기로 하고, 마지막으로 최문성 선생께서는 가까운 데서 오셨다는 이유로 두 분의 발표를 묶어서 토론해달라고 부탁드렸습니다.

최문성 장상환 선생과 정진상 선생의 글은 별다른 논평이 필요없는 아주 훌륭한 논문입니다. 따라서 이의를 제기한다기보다 한두 가지 해석을 달리할 수 있는 부분에 대해 같이 의견을 나눠보고자 합니다.

먼저 장상환 선생의 글에 보면, '조선인민공화국 선포는 미군진주에 대비하여 급작스레 추진되어서 대표성이 부족하고, 인민공화국의 정통성에 커다란 약점으로 등장했다'고 지적하셨는데, 사실 인민공화국에 대해 정통성을 부인하거나 대표성의 약점으로 지적하는 학설은 소수의 학설이고, 인공의 정통성에 시비를 거는 경우 임정봉대론을 제시하거나 아니면 미군정의 부인을 추종하는 일부 학자들의 의견이라는 생각이 듭니다. 물론 9월 8일 미군이 도착한다는 소식을 듣고 임정을 추종하는 한민당세력 일부가 갑자기 인공을 부인하고 한민당을 창당하기 시작합니다. 그에 대한 조급증으로 인민위원회에서, 즉 건국준비위원회세력들이 갑작스럽게 인민공화국을 선포하는 것은 사실이지만 그때 이승만을 주석으로 하고 귀국하지도 않은 김구를 내정부장으로 하는 등 나름대로 자리를 배치했습니다. 사실 인공은 한반도 전체의 조직으로서, 어떻게 보면 좌우가 고르게 손잡은 조직이고, 미군정도 법적으로 그 실체를 인정하지는 않았지만 현실적으로 사실상의 정부(de facto government)로서 인정한 — 현실적으로 더 좋다는 것이 아니라 어쩔 수 없는 라이벌이며 실체로서 인정한 — 하나의 민족적 지도체였다고 생각하고 있습니다.

오히려 당시 인민위원회에 대해 우리가 비판할 점이 있다면 정통성에 대한 문제라기보다 전술적 오류로서 중앙과 지방 간의 현실인식에 대한 차이, 도시와 농촌에 대한 일관성 있는 투쟁의 결여, 무원칙한 좌우연합, 토지문제 등에 대한 농민들의 현실적 요구에 대한 무반응, 진보적 민주주의, 반민주주의적 반동세력에 대한 대중투쟁 등의 애매모호한 말로서 명확한 강령을 이끌어내지 못한 데 있다고 인공을 비판해야 한다고 생각합니다.

그 다음 모스크바삼상회의 결정을 통한 좌우대립을 서술하면서, "당시 공산당이 신탁통치안을 반대하다가 갑자기 지지하게 되었다. 그래서 조금 안타깝다. 그때부터 대중과 급격히 유리되었다. 몽양 여운형 선생처럼 탁치는 반대하고 모스크바삼상회의는 받아들이는 것이 어떻겠느냐?"고 발언하셨는데, 단일 사건이기 때문에 한 개는 받아들이고 한 개는 받아들이지 않는 것은 탁상의 논리로는 가능하나 현실적으로는 문제가 있다고 봅니다. 여기서 제가 의문을 제기하고 싶은 것은, 만약 당시 반탁으로 통일했다면, 즉 모든 정파세력들이 반탁을 했다면 어떻게 되었을까? 그러면 우리가 자율적인 민족통일국가를 수립할 수 있었겠는가? 저는 역시 안 되었을 것이라고 봅니다. 오히려 모든 사람들이 탁치를 받아들였더라면 오히려 자주국가가 들어섰을 것이라고 해석하고 있습니다.

당시 미국의 의도는 최소한 한반도에 미국에 우호적인 정부가 들어서거나, 그나마 안된다면 최소한 남한이라도 강력한 반공국가가 들어서는 것이었습니다. 그래서 1945년 10월부터 빈센트를 중심으로 한 국무성세력들이 탁치의 당위성을 설명하고 다니고, 한국에 주둔하고 있던 하지 등이 탁치는 안된다고 한민당을 부추기고 돌아다니는 이중정책(double policy)을 펼치고 있었던 것입니다. 그래서 만약 탁치를 반대했다 하더라도 통일적인 자주민족국가가 들어서기는 힘들지 않았겠는가 하는 생각을 갖고 있습니다. 혹시 민족자결권으로서 자주민족독립국가가 들어섰다 하더라도 제1차 세계대전 이후 폴란드라든지, 체코슬로바키아, 헝가리 등의 경험을 보면 민족자결권으로 독립을 했지만 미국과 영국과 프랑스의 금융자본에 예속된, 실질적으로는 식민지 비슷한 반(半)식민지적 독립국가에 지나지 않았다는 역사적 현실을 상기할 필요가 있습니다. 그래서 저는 오히려 탁치를 현실적으로 받아들였어야 하는 것이 옳았다고 생각합니다.

그 이유는 첫번째로 전전(戰前)의 회담에서 이미 연합국가들이 탁치하기로 합의하고 있었고, 장상환 선생이 적절히 지적하신 대로, 모스크바삼상회의의 내용은 3항이 신탁통치안 문제이고, 그 1항에서 자율적 민주국가를 세우기 위해 먼저 임시정부를 구성해야 하는데, 친일파를 배제하는 것이 큰 항목으로 들어있습니다. 당시 남한의 힘관계를 현실적으로 분석하면 친일파를 배제하는 것이 거의 불가능했는데, 탁치를 받아들일 경우 친일파 배제는 거의 저절로 이루어집니다. 그래서 당시 한민당을 중심으로 하는 세력들이 강력히 탁치에 저항하고 있었고, 12월 중순부터 동아일보, 조선일보 등 한민당세력은 의도적으로 악의적인 여론을 조작해놓았던 것입니다. 소련은 탁치를 찬성하고 미국은 자율적 독립을 주장하는 것처럼 거짓된 여론을 조작해나갔기 때문에, 오히려 저는 해석을 달리하는 부분이 조금 있습니다.

다음 정진상 선생의 발표에 대해서는, 사실 저는 진주농민운동에 대해 잘 몰랐는데 이 글을 보고 진주농민운동의 선도성과 진보성에 대해 많은 정보도 알게 되고 지식을 얻게 되어 기뻤습니다. 정진상 선생은 진주농민운동의 태동기, 형성기, 성장기, 고양기라는 단계별로 구분하여 적절히 설명하고 있는데, 이 부분에 대해 한 가지 의견을 나눠보고자 합니다.

먼저 한국의 경우 일반적인 선진국과 다르기 때문에, 즉 토지소유가 없으므로 보수적 성격을 탈피했고 토지개혁이 이루어지지 않은 다른 후진국과 달리 자본주의적 지배에 대한 저항으로서 농민들이 나타났다고 하면서 농민들의 '진보성' 혹은 '변혁성'을 강조하시는데, "반드시 그러한가?" 저는 좀 다르게 생각하고 있습니다.

최근의 연구결과에 의하면 1950년대 한국농민들의 이승만 정권에 대한 지지는 강압적이었다기보다 오히려 자발적인, 다르게 표현하면 수동적 지지였다는 것으로 쓰고 있습니다. 1948년 5·10 총선거에서도 한민당이 몰락하고 독립촉성협의회는 약간 승리하고 1955, 1956년 선거에서도 여촌야도(與村野都) 현상으로 자유당이 도시에서 지고 농촌에선 이기고, 이런 준봉투표(遵奉投票) 성향이 많이 나타나고 있습니다. 물론 1956년 조봉암과 이승만의 대결에서는 도시에선 조봉암이 이기지만 전반적으로 농촌에서는 집니다. 그러면 농민이 다 보수화되었는냐? 그렇지는 않습니다. 옛날에 적색농조라든지 인민위원회가 활발했던 지역에서는 물론 조봉암이 이깁니다. 당시 진주에서는 약 15,000 : 5,000으로 조봉암이 압승하고 진양에서도 약 30,000 : 10,000으로 압승합니다. 옛날부터 농민운동이 활발하게 이루어졌던 지역은 여전히 농민이 진보적이고 변혁적이지만, 그렇지 않은 지역은 국가체제 내로 편입되어나갔던 것이 아닌가 생각합니다. 그래서 남미의 경우도 토지개혁에 실패했기 때문에 여전히 지주에 장악되어있던 농민 대신에, 국가가 농민을 포섭할 수 없으니까 노동자를 포섭하는 소위 말하는 포퓰리스트체제(populist regime)로, 민중주의체제로 가는 것이고 우리나라처럼 농민을 일정정도 체제 내로 편입할 수 있었던 체제는 보나파르티스트체제(Bonapartism)로 가지 않았나 하는 생각을 합니다.

마지막에서 정선생이 대안으로 제시하면서 민주노동당 당원이시니까 민노당을 중심으로 뭉치자는 표현을 써놓으셨는데, 민노당을 중심으로 뭉치자면 어떠한 관계로 뭉치는 것인지, 독일이나 프랑스공산당처럼 당이 농민조직위에 있는 것인지, 일본사회당과 일본농민조합처럼 농민조직이 당 위에 헤게모니를 가질 것인지, 어떤 관계설정을 생각하고 계신지 고견을 듣고 싶습니다.

또 많은 대안을 제시하면서 소비자연대, 지방자치에 적극 참여 등을 제시하고 있는데, 우리 진주농민운동이 한국에서 갖는 선도성이라든지 1860년대의 선도성, 혹은 최근 우리 영농법인 등의 문제점을 고려해서 제가 생각해본 것은 사실 쌀값투쟁, 소몰이투쟁, 농가부채투쟁 등은 즉자적 문제의 해결인데, 우리가 좀더 구체적으로 요즘 말하는 자립형, 순환형 모델로써 일본이나 독일에서 채택하고 있는 지산지소 (地産地消)형 즉 자기 땅에서 생산된 것은 자기 땅에서 소비하는 그런 모델로서 단체장 선거도 다가왔으니까 진주시에서 조례화시키기 위한 법제정 투쟁을 전개해서 진주시의 학교급식이라든지 공공건물의 급식을 진주지역에서 생산된 산물로써 한다는 것을 조례화시키면 어떨까 하는 생각도 해보았습니다. 아무튼 두 분의 글을 읽고 많은 것을 느끼고, 많은 생각을 해보았습니다. 감사합니다.

사회 네 분 선생님의 토론 고맙습니다. 지적해주신 문제들은 모두 심층적 논의가 필요한 쟁점이라고 생각됩니다. 깊이 있는 토론을 위해서는 시간이 필요한데 현실적으로 그렇지 못한 것이 아쉽습니다. 일단 장내에 계신 분들께서도 질의하실 내용이 있으면 말씀해주십시오.
청중석에서 별다른 질문이 없으시면, 토론자들이 제기하신 문제에 대해 발표자들께서 짤막하게 답해주시면 고맙겠습니다. 토론에서는 구체적인 역사적 사실에 대해서, 또 각 시대에 대한 논의과제들이 많이 제기된 것 같습니다. 종합적으로 진주농민항쟁에 대한 역사적 의미나 역사적 과정에 대한 해석 등에 관해 논의할 수 있다면 좋을 것 같습니다. 먼저 송찬섭 선생께서 말씀해주시죠.

송찬섭 한 시대, 한 사건만을 대상으로 하는 단절된 연구가 되지 않도록 했으면 좋겠다는 것은 여기 모인 발표자나 토론자들이 같은 마음이라고 생각합니다. 앞으로 계속 그런 생각을 가지고 연구하도록 하겠습니다.
먼저 첫번째 질문하신, 여기에 참여한 개개 사람들에 대한 파악을 통해 역동적으로 사건을 재구성하는 것은 당연히 필요한 문제입니다.

진주지역의 경우 김준형 선생께서 관계되는 사람들과 그 가문들을 많이 찾아주셔서 상당히 도움이 되었는데, 사실 사람 찾는 일이 제일 어려운 것 같습니다. 그 지역에 살면서 찾아나서야 가능한 부분인 것 같은데, 아무튼 이 부분도 항상 염두에 둘 필요가 있겠습니다.

진주지역의 특성으로 병영과 목의 관계를 질문하셨는데, 다른 지역의 사례를 보면 울산 같은 경우 수령이 지배하는 지역과 병영에서 관할하는 지역이 적어도 부세에서는 나누어져 있다고 볼 수 있는데, 진주의 부세에 대해서는 구체적으로 어떻게 병영에서 관여하는가 하는 것을 아직 자료에서 보지 못했습니다. 이것도 상당히 필요한 부분이므로 염두에 두도록 하겠습니다.

그리고 농민들이 보통 마을단위를 벗어나기 힘들다고 말씀하시면서, 한 군현을 주도해나갈 때 그 과정이 어떠한가에 대한 연구도 필요하지 않은가라고 하셨는데, 이것도 상당히 중요하리라 생각됩니다. 다만 지금까지의 사료를 보면, 진주에서는 이회(里會) 단위에서 처음 시작했습니다. 다른 지역도 이회에서 다른 마을에 통문 형식으로 도회를 하겠으니 모이라고 하는데, 그런 모임이 가능하다는 거죠. 이런 것을 볼 때 공동의 이해관계가 걸려있기도 하고, 그래서 이미 이(里)라는 생활단위의 공간을 넘어서 농민들이 서로 결집해나가는 단계이지 않겠느냐 하는 생각이 듭니다. 전체적으로 저에 대한 질문은 앞으로 이런 점에 더 유의해서 공부하고 연구하라는 지적이라고 생각하고, 1862년을 넘어 1894년에 이르는 시기까지 농민들의 움직임들을 찾아보고 이것을 연결지어보도록 노력하겠습니다.

사회 송선생님의 답변을 들으면서 19세기 후반에 관한 역사학적 연구가 필요하다고 느꼈습니다. 그런 역사가 자료를 통해 더 많이 역동적으로 설명되어야 하고, 구성원들과의 관계가 어떻게 이루어지는가

하는 것이 밝혀져야 할 것 같습니다. 송선생의 발표에는 진주농민항쟁 140주년을 기념해서 이 학술대회가 열리고 있다면서 앞으로 150주년에 대한 기대감을 크게 써놓으셨는데, 이것이 우리 모두에게 부과된 책무라고 생각합니다. 송선생님의 말씀은 막중한 임무를 수행하는 데 필요한 좋은 채찍이 될 것이라 생각합니다. 진주사람들만이 아니라 한국사람 모두가 관심을 가져서 차제에 농민항쟁기념관 같은 것이 건립되었으면 좋겠다는 생각을 해보았습니다. 다음 김준형 선생의 답변을 듣도록 하겠습니다.

김준형 몇 분 토론자께서 진주지역에서 민중운동, 농민운동의 맥을 설명하는 데서 단절된 느낌을 받는다, 좀더 체계적인 정리가 필요하다고 말씀하셨는데, 그건 아무래도 장기적인 과제로서 우리가 계속 주시하고 노력해가야 할 것 같습니다. 이제 시작에 불과하니까요. 사실 이렇게 하나의 맥을 짚어나가는 학술대회가 그전에는 전혀 없었습니다. 이번이 첫 행사이기 때문에 처음부터 많은 것을 바라기는 힘들 것 같습니다.

제가 1992년에 발표한 「1894년 진주 인근의 동학군 봉기」 이후에도 다른 연구가 별로 없었습니다. 전국적으로 동학농민전쟁이라 해서 여러가지 방대한 연구업적이 나왔지만, 진주 인근의 동학군 봉기에 대해서는 새로운 자료가 제시되지 않고 제가 서술한 것이 그대로 반복되는 형태밖에 안되었습니다. 저도 더이상 자료를 많이 발굴하지 못하고 반복하는 형태가 되어버렸는데, 자료적 한계로 어쩔 수가 없습니다.

앞으로 농민항쟁이든 동학군봉기든 여러가지 자료를 발굴해내는 일과 또 농민항쟁이든 동학군 봉기든 여기에 참여했던 분들을 하나하나 찾아내는 작업을 해야 합니다. 지금 구전되어 향토지에 실린 인물들이 많지만 그 인물들도 과연 확실한지 분석해봐야 합니다. 그 근거를 확실히 제시할 수 없는 상황에서 무조건 학계에서 받아들여서 쓸 수는 없습니다. 하나하나 치밀한 검토작업이 있어야 됩니다.

그러나 이것은 방대한 작업이기 때문에 우리가 장기적으로 수행해 가야 할 과제라고 생각합니다. 특히 당시 동학농민군들이 제기했던 요구사항, 개혁 요구사항이라든가 거기에 참여했던 사람들의 계층적 성격 등에 대한 것들도 여러가지 자료들이 새롭게 나오고 인물들을 구체적으로 찾아가면서 하나씩 밝혀가는 작업이 앞으로 이루어져야 되겠습니다. 장기적 과제로 남아있을 수밖에 없겠다고 생각합니다.

사회 토론이 계속될수록 장기적 과제라는 짐이 점점 더 커지는 것 같습니다. 홍순권 선생의 토론에 대해 오미일 선생께서 답변해주시기 바랍니다.

오미일 적절하게 많은 지적을 해주셨는데, 아직 제 연구가 정치하게 완성된 단계가 아니라는 점을 먼저 밝혀둡니다. 우선 1922년 9월에 개최된 소작인대회의 내용과 배경 및 영향에 대해 말씀해달라고 하셨는데, 소작인대회는 전국에서 처음으로 열렸습니다. 그런데 이 소작인대회라는 것은 당시 소작인이라고 해서 특별한 의식을 갖고 있는 상황이 아니었는데, 소작인대회를 개최하여 이들을 의식화시킨 데 중요한 의의가 있습니다. 즉 대회 초반에 당시 소작인들이 처해있던 상황을 강연을 통해 정확히 깨우쳐주고 그 의식을 고조시켰습니다.

다음으로 조선노동공제회 진주지회는 창립 직후부터 각 면을 단위로 해서 소작문제 조사위원을 파견하여 각 지역의 악질지주와 마름을 파악하고 소작인들의 구체적인 생활상태와 소작조건, 가령 소작료율, 지세 및 공과금 부담 문제, 고초(藁草)의 소유 문제 등에 관한 조사를 해왔습니다. 그리고 그 결과를 소작인대회에서 발표하여 소작인들이

처한 상황을 구체적 자료에 근거하여 보고하고 난 다음에, 현재 소작인들이 처해있는 상황을 타개해나갈 수 있는 방안에 관해 토의했습니다. 그런 결과 바로 8개 조항을 발표하게 됩니다. 8개 조항은 제 발표문에 나와있습니다. 그 중 지세공과금 문제라든가 소작료율 문제라든가, 이런 것들에 대한 개선안을 제기하고 있습니다.

다른 지역의 경우 대개 소작료율 문제가 많이 제기되었는데, 왜 진주지역에서는 지세부담 문제가 중심이 되었느냐고 물으셨는데, 제 생각은 이렇습니다.

투쟁이 격렬했던 순천이나 암태도 같은 전라도지역에서는 특히 소작료율이 문제가 되고 있습니다. 50% 내지 40%, 심지어 순천과 같이 30%까지 주장하는 곳도 삼남지방에서는 더러 있었습니다. 그러나 진주의 경우 소작료율보다 지세부담 문제가 가장 많이 제기되고 있습니다. 그 이유 내지 배경이라면, 실제로 소작료율이라는 것은 동리단위마다 그리고 동리 내에서도 각 개별 경작지마다 일정하지 않았을 겁니다. 당시 소작료 징수방법에 따라 토지는 정조지(定租地)와 조정지(調定地)로 나뉘었습니다. 처음부터 소작료율을 정해놓고 하는 것이 정조지이고, 추수 후에 간평(看坪)해서, 즉 작황을 봐서 정하는 것을 조종지라고 합니다. 이 두 가지 방법에 의해 소작료를 정하게 되는데, 이렇듯 소작료를 정하는 방법이 달랐기 때문에 일정한 소작료율로 똑같이 감하(減下)하는 것을 슬로건으로 내세워서는 진주노동공제회에서 조직적으로 운동을 해나가기가 힘들었다고 생각됩니다. 그렇기 때문에 소작운동에서 쉽게 일치단결을 볼 수 있는 사안이 바로 지세공과의 지주부담 문제였다고 생각됩니다. 따라서 진주노동공제회의 조직적 지도에 의해 지세문제가 대개 소작쟁의의 주요 현안이 되었던 것 같습니다. 지세가 거부되니 지주들은 당연히 거기에 대해 소작권을 이동하게 되는 거죠. 그래서 지세부담 문제와 소작권 이동 문제가 진주지역의 소작쟁의에서 주로 부각된 것입니다.

　소작인대회는 발표에서 언급했듯이 전국 최초로 개최된 것으로서 막 도정에 오른 농민운동의 일대 방향을 제시한 것으로 큰 의의가 있습니다. 특히 1923년 1월부터 하반기까지 격렬했던 전남 순천의 소작투쟁은 진주의 소작노동자대회로부터 직접적으로 영향을 받았습니다. 순천의 소작인 1,000여 명이 소작인대회를 열고 소작료율 40%(나중에는 30% 주장도 나옴), 지세공과금의 지주부담, 소작권 이동 반대 등을 제시하며 투쟁했는데, 여기에 미친 진주의 소작노동자대회의 영향을 무시할 수 없습니다.

　다음 진주지역에서 소작쟁의가 다른 지역에 비해 훨씬 더 빈발했느냐, 혹시 다른 소작운동을 선도하는 역할을 한 어떤 소작쟁의가 있었느냐고 질문하셨습니다. 신문자료에 의하면 진주지역에서는 시기별로 보아 1923년부터 1924년의 기간에 소작쟁의가 가장 빈발했는데, 모두 개별 지주별로 쟁의가 발생했고 쟁의사례별로 처리되었습니다. 다시 말하면 전남 순천의 경우 소작인대회에서 제시된 요구조건의 관철을 둘러싸고 쟁의구도가 전체 소작인 대 전체 지주의 대결구도로 장기간에 걸쳐 쟁의가 전개되었으나, 진주에서는 그렇지 않았습니다. 이는 이 시기 진주지역에서는 진주노동공제회와 지주 간의 역관계에서 진주노동공제회가 일방적으로 강했기 때문이라고 볼 수도 있고, 또 지세부담 문제가 초점이 되었기 때문에 이에 대해서는 군 당국에서도 지주측에 양보를 권유하는 입장이었기 때문에 지주측에서도 양보했기 때문인지 모르겠지만, 하여튼 장기간의 대규모 쟁의는 없었습니다. 그리고 지역 내 다른 소작운동을 유발하거나 선도한 특정 쟁의를 거론할 수 있을 정도로 두드러진 쟁의도 없었던 것 같습니다. 쟁의의 거의 대부분은 신문에 1회 내지 2회 정도 언급되는 단발성이었습니다.

　그리고 맨 처음에 지적하셨던 부분인데, 진주지역에서 농민운동이 활발했던 배경으로 지도부의 역할을 언급하시고, 그에 대한 분석을 요구하셨습니다. 농민운동을 지도했던 진주노동공제회의 유력 간부는 대개 사회주의자였습니다. 인물에 대한 추적은 상당히 지난한 작업입니다. 특히 사회주의계열 인물일 경우 더군다나 굉장히 추적하기 어렵습니다. 일제경찰에 체포된 적이 있으면 심문기록이나 판결자료가 있어서 인적사항에 대한 기본적인 파악이 그나마 가능합니다. 물론 조서도 주로 범죄행위를 구성하는 내용에 국한되어있기 때문에 자세한 경력이나 사회신분, 집안에 대해서는 추적이 힘듭니다. 이런 지역인물에 대해서는 물론 역사학자도 인터뷰·현장조사를 통해 밝혀야겠지만, 지역사정에 밝은 향토사가들이 나서주는 것이 좋지 않을까 생각합니다. 지도부 분석은 앞으로 더 보완되어야 할 부분입니다.

다음 질문으로 조선농민사운동 같은 민족주의계열의 농민운동은 없었느냐고 하셨는데, 저도 아직 그 부분에 대해서는 꼼꼼하게 보지 못했습니다. 그런데 진주노동공제회 지도부에는 김재홍·조우제·이상석과 같이 천주교청년회 쪽에서 활동한 인물이 더러 있었습니다. 기독교 쪽은 일반적인 문화계몽운동은 있었으나 그다지 영향력이 강하지 않았던 것 같습니다. 민족주의계열의 농민운동으로는 천도교계열의 농민공생조합, YMCA계통의 협동조합, 비타협민족주의계열인 전진한의 협동조합운동사 등이 있었습니다. 천도교의 조선농민사와 농민공생조합운동은 기존 연구에서 지적했듯이 주로 북부 관서지역에서 활발했는데, 진주지역에 대해서는 제 관심이 미처 미치지 못했습니다. 한번 살펴보도록 하지요.

사회 오선생께서도 예외없이 여기 오셔서 짐을 많이 안고 가시게 되었습니다. 전국의 농민운동, 일제시기 농민운동 전문가로 우리가 알고 있는데, 진주지역과 다른 지역을 연관시켜 많은 연구를 해주시면, 진주지역을 파악하는 데 도움이 되리라 생각합니다.

저도 1920년대 진주지역의 사회운동에 대해 관심을 가지고 형평운동을 공부해보았고, 기독교운동이나 3·1운동, 도청이전 문제 등을 가지고 글을 써보았는데, 제일 많이 질문받는 것 중 하나가 어떻게 해서 진주에서 그런 선각적 운동이 많이 일어나게 되었는가에 관한 것입니다. 나이 많은 진주 분들은 대개 이런 자랑을 하십니다. 최초의 아동·어린이운동이 진주에서 일어났고, 형평운동은 물론 3·1운동에서도 서부경남의 중심지였고, 농민운동, 소작인운동이 최초로 일어난 곳도 진주라고요. 이렇게 자랑할 거리가 굉장히 많은데, 과연 그 바탕이 무엇이었는가? 이것을 우리의 숙제로 안읍시다. 시간이 없으니 장상환, 정진상 선생께도 역시 짤막한 답변을 부탁드립니다.

장상환 저는 최문성 선생과 견해가 좀 다른 것 같습니다. 저는 인민공화국을 주도했던 흐름이 정통성을 갖고 있었다는 것을 부정하는 것이 아닙니다. 내용에 맞는 적절한 형식이 중요하고, 또 미군정과의 관계를, 내용을 더 강화하는 쪽으로 그에 맞는 형식을 취했어야 하는데, 이 부분이 졸속으로 추진되었다고 보는 것입니다. 이를테면 이승만을 인민공화국의 주석(대통령인 셈)으로 하고 했는데, 정작 이승만 자신은 승인하지 않는 어이없는 일이 벌어진 겁니다. 그리고 지방인민위원회에서 대표자를 뽑고 인민공화국을 세워서 무엇을 할 것인가에 대해서도 밑으로부터 충분한 토론을 거치는 등 절차와 내용이 부족한 상태에서 무리하게 구성하다 보니까 미군정으로부터 격하당하는 결과를 초래했다는 것이지요. 과도한 형식이 오히려 내용을 손상하는 측면이 있었다는 것입니다.

그리고 중앙인민위원회는 지방인민위원회와 달리 미군정에 대해 상당히 타협적인 태도로 나왔습니다. 이것도 조직이 밑으로부터 힘에 충분히 근거하지 못하고, 그냥 위에다가 씌워놓은 한계 때문이라는 점을 지적하고자 합니다. 어떤 사회이든 혁명이나 전환기에 일반적으로 하듯이 국가를 선포하기 전에 잠정적으로 임시정부라든지 임시인민위원회 같은 준행정기구를 만들어서 사회를 운영해나가고 일정한 요건을 갖추었을 때 국가를 건설하고 공포하는 것이 정상적인 절차이겠지요. 이런 절차를 거치지 않고 조급히 추진했을 때 나타나는 문제들을 지적한 것입니다.

두번째로 모스크바삼상회의 결정에 대해서 강대국이 결정해놓은 것을 수용할 수밖에 없지 않느냐? 그리고 신탁통치 문제하고 친일파 배제 문제는 연결되는 것이다, 이렇게 말씀하신 것으로 해석되는데, 지금도 우리는 이러한 강대국들의 영향력 속에 처해있습니다. 이런 상황에서 우리가 어떤 걸 취해야 하느냐? 강대국 간의 모순에서 비롯되는 긍정적 측면은 최대한 활용하고, 그렇지 않은 부분에 대해서는 반대하는 주체적인 자세가 필요하다고 생각합니다. 당시에 좌익 중심의 운동 주체들이 모스크바삼상회의를 접하고 처음에는 신탁통치에만 반대하고 나머지 부분은 받아들였습니다. 그러다가 "모스크바삼상회의 결정 절대 지지" 즉 신탁통치 찬성으로 바뀌는데, 그 과정이 과연 대중들의 충분한 의견수렴 등 민주적 과정에 기초했느냐, 소련이나 북한측의 요구에 입각해서 위로부터 기층 민중에게 내려 매겨지는 경향이 강하지 않았느냐 하는 반성을 해보는 겁니다. 그래서 소련에 대해 과도한 기대를 갖게 된 것이 주체역량의 한계를 드러낸 것이 아니냐? 이런 입장에서 썼습니다. 이런 의문에 대해서는 아주 정밀한 연구가 필요하다고 봅니다. 신탁통치에 대해 반대냐 찬성이냐? 이런 단순한 논리가 아니라 당시 정치세력들이 아주 정치한 대응이 필요했는데, 섬세하지 못했다는 생각에서 그렇게 썼습니다.

정진상 우선 첫번째로 우리나라의 농민, 현대 한국사의 농민운동이 자본주의적 지배에 대한 저항으로 나타난다는 것에 대해 이견이라고 하셨는데, 제가 말씀드린 것과 다른 측면을 지적한 것이 아닌가 생각합니다. 최선생께서 말씀하신 대로 우리나라 농민이 이승만 정권 당시에 강압적 지지가 아니고 상당히 자발적 지지의 측면이 컸다는 점에 이의가 없습니다. 그래서 선거를 농촌에서는 여당이 이기고 도시에서는 야당이 이기는 현상이 나타났는데, 이는 불철저하기는 했지만 농지개혁이 중요한 원인으로 작용했다고 생각합니다. 그런데 제가 지적하려고 했던 문제는 바로 그런 농지개혁 후의 토지제도하에서 우리나라의 농민운동이 농촌 내부의 계급투쟁으로 전개된 것이 아니라는 것입니다. 농지개혁으로 농촌은 일단 자작농체제가 되었는데, 그 농민들에게 다가오는 모순 혹은 수탈구조가 농촌 내부에 보이는 적이 아니라 자본주의적 시장메커니즘에 의해 형성되었기 때문이라는 것이죠.

두번째 문제는 다소 심각한 것입니다. 사실 이 이야기를 결론에서 하고 싶었는데, 최선생께서 미리 지적해주셔서 감사하게 생각합니다. 민주노동당 문제인데요. 이 문제는 세번째 것부터 간단히 답변드리고 나서 말씀드리겠습니다.

농민운동을 지역운동과 결합시켜 진주에서 나오는 농산물을 진주에서 쓰게 하는 조례 제정운동이 필요하다는 지적에 대해서는 저도 공감합니다. 사실 발표에서는 말씀을 못드렸습니다만, 농민회가 만들어지고 농민운동이 역량이 커지니까 각 면별로 일어난 여러가지 지역투쟁 사례들이 있었습니다. 쓰레기투쟁이라든지 한전 정전사태에 대한 투쟁 등인데, 그걸 상세히 서술하지 못했고 지적만 해놨습니다. 그런 투쟁은 농민회가 조직되어있지 않았을 때는 생각할 수 없었던 일들이죠. 피해를 보고 억울해도 술 한잔 먹고 마는 그런 문제였는데, 농민회가 생긴 후에는 그런 문제들이 발생하면 각 지역의 농민회가 중심이 되어 지역대중들을 동원, 조직화해내는 모습들이 나타났습니다. 좀더 발전된 형태로, 다음에는 당연히 법 제정운동으로 가리라 생각하고, 그 가장 중요한 매개가 바로 정당운동이라고 생각합니다.

　결국은 정치권력의 문제인데, 지방정치권력이라는 문제를 정당을 통해 접근해들어갈 만한 역량은 지금 현재 진주농민운동이 가진 주체적 역량으로도 충분하다고 생각합니다. 지금 현재 노동운동에서 시작된 민주노동당의 운영은 아직 운동 형식으로 진행되고 있습니다만, 이 정당운동에 진주지역의 농민운동이 적극적으로 참여하지 못하는 이유는 역량의 미성숙 때문이 아니라 운동노선상의 차이로 인해 빚어지고 있다고 생각됩니다. 좀더 허심탄회하게 토론하는 과정을 통해 그런 한계를 뛰어넘어야 된다고 생각합니다. 여기서 자세히 말씀드리기는 힘들겠습니다만, 최근의 양상을 보면 그런 방향으로 가닥을 잡아가고 있다는 느낌을 받습니다. 저도 그 점을 농민운동을 하는 분들과 계속 이야기하고 있습니다. 만약 운동노선상의 대립에서 전국적 대립이 잘 안 풀릴 때는 오히려 지역에서부터 실질적으로 풀어내고 일을 해냄으로써 돌파해나가는 방법도 생각해볼 수 있을 것입니다.

　토론에 대한 답변은 이 정도로 하고, 제가 정말 하고 싶었던 이야기를 못한 것이 있어서 조금 시간을 더 쓰겠습니다. 발표에서 계속 과제로 미루었던 이야기가 뭐냐하면, 연속성 그리고 인물을 추적해내는 데 따르는 자료상의 어려움을 말씀하셨습니다. 그런데 실상 따져보면 140년이라는 세월은 길기도 하지만 대단히 짧은 기간입니다. 특히 해방 직후 같은 경우 50년밖에 안됐단 말이에요. 그런데 당시 자료가 거의 없습니다. 특히 사회운동사 자료는 더욱 부족합니다. 운동을 한 주체들이 스스로 남긴 자료는 거의 전무하다시피 합니다. 가령 1862년 농민항쟁 때도 정부기관에서 보고하는 문서나 양반들의 간접적인 기록들만 있을 뿐, 유계춘 같은 주체세력들의 기록은 전혀 없습니다. 제가 갑오농민전쟁 연구를 할 때도 사료로 쓸 수 있었던 것은 정부가 토벌하면서 남긴 병영일지, 일본공사관에서 남긴 첩보기록 등들이 주자료였습니다. 전봉준이 재판을 받으면서 나온 피고인 진술 외에 주체세력들의 직접적인 자료를 찾을 수 없었습니다. 일제시기는 말할 것도 없고 해방 직후도 사정은 비슷합니다.

지금의 농민운동도 앞으로 10년 혹은 20년만 더 지나면 마찬가지 문제에 봉착하리라 생각합니다. 그래서 진주지역 농민운동이 전국적으로 모범적이라고 한다면, 지금 운동하시는 분들이 기록을 반드시 남겨야 한다고 생각합니다. 조금만 여유를 가지면 지금 우리가 역사를 살고 있다는 의식도 가질 수 있다고 생각합니다. 지금 현재 가지고 있는 최근의 기록을 정리하는 것이 대단히 중요합니다. 지금 진주농민회라는 조직도 있으니까 더 늦지 않게 서둘러야 합니다. 최근의 진주지역 농민운동에 대해서도 그렇습니다. 제가 이번 연구를 하면서도 벌써 자료부족을 느꼈습니다. 운동의 기록이라는 측면을 강조하고 싶습니다.

사회 지금 정진상 선생께서 말씀하신 부분에 100% 동의할 뿐만 아니라 그 이상입니다. 이제 청중석에서 질문하실 분이 계신지요? 네, 두 분이 손을 드셨네요. 간략하게 말씀해주시죠.

청중 1 질문이라기보다 부탁을 드리고 싶은 것이 있습니다. 지금 지하수 오염으로 먹을 물이 없고 지구의 온난화현상으로 벚꽃이 14일 앞당겨 피고 있는 판국에 대한민국의 수도 서울에서는 아파트 한 평에 1,600만 원이나 된다고 합니다. 그리고 1억 5,000만 원이나 나간다는 BMW 승용차를 수입을 하지 못해서 못 판다고 합니다. 정치가나 공무원들이 민족관, 국가관이 망각된 상태에서 정치를 하다보니 지금 대한

민국의 전망이 어둡습니다. 솔직히 희망이 없습니다. 이런 시점에 진주농민항쟁 140주년 기념을 맞이해서 진주농민운동의 정신이 전국적으로 확산되면, 우리 대한민국이 더 나은 삶을 유지할 수 있지 않을까 생각합니다.

특히 농수산부장관이 농대나 수산대 출신이 아닌 공대 출신이 나와서 문구병이 어떤 건지, 나락이 어떻게 생겼는지, 보리가 어떻게 생겼는지 그리고 멸구가 뭔지 또는 바다의 적조현상이 무엇인지, 쌍거리, 외거리가 무엇인지도 모르는 사람이 일본사람과 같이 앉아가지고 경제수역을 긋고 있습니다. 일본사람들은 경제수역을 긋기 위해 가짜 섬을 만들어서 거리를 재고, 어느 지역에서 자기들이 좋아하는 고기가 잡히고 어느 지역에 값비싼 고기가 있는지를 연구한다는데, 우리나라 농수산부장관이나 거기 대표로 참석하는 사람들은 쌍거리, 외거리도 모른다고 하니 일본사람과 상대가 되겠습니까. 대학생과 국민학생이 공차는 것과 똑같아요. 그러니까 대한민국이 이 모양 이 꼴이라고 볼 수 있습니다. 더 나은 대한민국의 삶을 추구하기 위해서 농민항쟁정신이 여기서 끝날 것이 아니고, 전국적으로 확산될 수 있게끔 노력해주셨으면 고맙겠습니다.

청중 2 오늘 많이 배웠습니다. 평소 의문을 갖고 있던 문제들을 공부하는 시간이 되었습니다. 그런데 제가 몇 가지 답변을 듣고자 하는 것이 있습니다. 또 이런 문제를 생각해봤음 하는 것이 있어서 몇 가지 제의를 해봅니다. 송찬섭 선생이 발표하신 글에 보면 향회라는 것이 있습니다. 이 향회에 대해 의문이 있습니다. 제가 금년에 진주향안을 가지고 경남도 문화재 307호를 받았는데, 거기 보면 향규가 나와있습니다. 그런데 제가 향규에 대해 잘 모르니, 그 원본을 보시고 이 문제를 해결해주시면 감사하겠습니다.

두번째로 김준형 선생의 글에는 마동이라는 것이 나오는데, 그 사람은 마동리, 진양군 대평 사람입니다. 진양에서 발행한 책자에 보면 그 이름이 나와있습니다. 누구누구 집을 불태웠다는 내용도 나와있습니다. 연구하시면서 마동리에서 일어난 사건을 좀더 상세히 조사해서 내년에 알려주시면 고맙겠습니다.
　다음 오미일 선생의 글에 강상호라는 분이 나오는데, 이 분이 명석면(鳴石面)에서 나온『면사(面史)』에도 나와있는데 거기서 읽은 거랑 오늘 발표하신 내용이 조금 차이가 있지 않나 하는 생각이 들어서 한번 챙겨보시고 내년에 답변을 주시면 고맙겠습니다.
　마지막으로 장상환 선생의 글에 대평면 면장 살해사건이라고 하는 것이 나오는데, 내년에는 이 살해사건에 연루된 인명을 밝혀주셨으면 고맙겠습니다. 제가 대평 사람이고 6·25 후에 거기서 살았습니다. 제가 알기로 면장이 아닌데 살해되었다고 하는 것으로 아는데, 조금 차이가 있습니다. 대단히 감사드립니다.

　사회 고맙습니다. 이번 학술회의가 올해로 그치면 안될 것 같군요. 벌써 내년에 꼭 다루어야 할 주제가 여러 개 나왔습니다. 사실 우리 지역의 역사는 좁은 한 구석의 역사가 아니라 우리 민족이 살아온 역사입니다. 특히 농민들은 조선시대에 가장 중요한 인물이었습니다. 그들은 백성들이었고 '민'이었습니다. 그들의 삶 그 자체를 보여주는 것이 농민항쟁입니다. 그 지역의 역사이며, 어떤 의미에서는 전국의 역사보다 우리 민족의 역사를 보여주는 좋은 사례라고 생각합니다. 진주농민항쟁이 과거에 묻혀있거나 박제화된 그런 역사가 아니라 살아있는 역사라는 것을 오늘 다시 확인할 수 있어서 대단히 기뻤습니다. 140년이라는 시간을 이렇게 몇 번 왔다 갔다 하니까 우리의 근세 역사과정을 보는 눈이 크게 떠진 것 같습니다. 마지막으로 진주농민항쟁 기념사업회를 대표해서 정현찬 농민회 의장님께 한 말씀 부탁드리고자 합니다.

정현찬 장시간 자리 뜨지 않고 이렇게 끝까지 함께 해주신 여러분께 진심으로 감사의 말씀을 드립니다. 그리고 오늘 좋은 의견을 주신 여러 선생님들께도 감사의 말씀을 드립니다. 저도 여기 앉아서 느낀 것이 많습니다. 그동안 우리는 선조들이 삶을 위해 몸부림치고 살아왔던 것들을 잊고 살아왔는데, 오늘 진주농민항쟁 140주년을 기념해서 이를 재조명해보는 시간을 가졌습니다. 오늘을 살고 있는 우리들이 앞으로 어떤 삶을 살아야 되는가, 어떤 가치관을 중심에 두고 살아야 되는가 하는 것들을 다시 생각해보는 중요한 계기가 된 것 같습니다.

정말 좋은 시간이었습니다. 우리 지역에도 많은 훌륭한 분들이 자신의 본모습대로 살려고 끊임없이 노력하신 모습을 다시 한번 알게 되었습니다.

이번과 같은 학술대회는 사실 처음입니다. 이 행사도 어려운 가운데 준비를 했습니다. 그러나 여러분들이 말씀하신 것처럼 앞으로도 계속 이런 준비를 하겠습니다. 어렵겠지만 앞으로도 계속 이런 계기를 만드는 것이 상당히 소중하다는 생각입니다. 다시 한번 감사의 말씀을 드리겠습니다.

진주 농민운동의 역사적 조명

찍은날 2003년 1월 15일
펴낸날 2003년 1월 31일

지은이 진주농민항쟁기념사업회, 경상대학교 경남문화연구원
펴낸이 장두환
펴낸곳 역사비평사

등록번호 제1-669호(1988. 2. 22)
서울시 종로구 계동 140-44
전화 02) 741-6123, 6124(영업) / 741-6125(편집)
팩시밀리 02) 741-6126
Email yukbi@chollian.net

값 12,000원

* 잘못된 책은 구입하신 서점에서 바꾸어 드립니다.